重庆工商大学数学与统计学院资助出版

Actuarial Study on Payment Risk of
Elastic Delayed Retirement Social

BASIC PENSION
INSURANCE FUND

弹性延迟退休社会基本养老
保险基金支付风险精算研究

孙 荣 ◎著

中国财经出版传媒集团
经济科学出版社
Economic Science Press
·北京·

图书在版编目（CIP）数据

弹性延迟退休社会基本养老保险基金支付风险精算研
究/孙荣著 . -- 北京：经济科学出版社，2024. 3
ISBN 978 - 7 - 5218 - 5600 - 2

Ⅰ.①弹…　Ⅱ.①孙…　Ⅲ.①城镇 - 职工 - 养老保险
制度 - 风险管理 - 研究 - 中国　Ⅳ.①F842. 67

中国国家版本馆 CIP 数据核字（2024）第 039757 号

责任编辑：刘　莎
责任校对：杨　海
责任印制：邱　天

弹性延迟退休社会基本养老保险基金支付风险精算研究
孙　荣　著
经济科学出版社出版、发行　新华书店经销
社址：北京市海淀区阜成路甲 28 号　邮编：100142
总编部电话：010 - 88191217　发行部电话：010 - 88191522
网址：www. esp. com. cn
电子邮箱：esp@ esp. com. cn
天猫网店：经济科学出版社旗舰店
网址：http://jjkxcbs. tmall. com
固安华明印业有限公司印装
710×1000　16 开　15. 25 印张　200000 字
2024 年 3 月第 1 版　2024 年 3 月第 1 次印刷
ISBN 978 - 7 - 5218 - 5600 - 2　定价：56. 00 元
（图书出现印装问题，本社负责调换。电话：010 - 88191545）
（版权所有　侵权必究　打击盗版　举报热线：010 - 88191661
QQ：2242791300　营销中心电话：010 - 88191537
电子邮箱：dbts@ esp. com. cn）

前　　言

　　由第七次全国人口普查数据可知，2020年我国人口已达14.1亿，出生人口与2019年相比则减少了260万，下降了18%，65岁及以上人口占比达13.5%，人口发展变化表现出老龄化、少子化、不婚化、城市群化、阶层固化五大新特征、新趋势。鉴于中国人口老龄化和少子化的现状，我国近年来出生率与死亡率的变化导致劳动力短缺等问题出现，这对我国的社会保障制度带来巨大的挑战。《中国社会保障发展报告（2019）》指出我国的劳动年龄人口每年正以三四百万的速度下降，而每年达到退休年龄的新增人口近千万。除此之外，我国养老保险制度经历了由企业保险向社会保险的历史发展过程，相应的制度转变成本需要由社会养老保险基金消化。加之现有退休年龄，特别是女性退休年龄，相较于预期寿命而言表现出退休年龄低龄化、退休待遇的刚性调整等，制度性因素的叠加导致养老金面临支付危机。从全国来看，不少城市均出现了养老基金收不抵支的现象，基金运行中面临不同程度的支付风险。中国社科院2019年上半年发布的《中国养老金精算报告2019～2050》也预见我国的城镇职工基本养老保险基金的累计结余在2035年或将耗尽。

　　被誉为社会的"稳定器"、经济运行的"减震器"、实现社会公平的"调节器"的社会保障制度具有保障基本生活、维护社会稳定、调节经济运行和促进经济发展的功能。社会养老保险支付风险已经成为制约我国社会保障事业高质量发展的重大"瓶颈"问题。习近平总书记在 2022 年第 8 期《求是》杂志刊发的重要文章《促进我国社会保障事业高质量发展、可持续发展》中直面社会保障制度中的痛点、难点、堵点，对深化社会保障制度改革作出了一系列重要部署。党的二十大报告也提出社会保障体系是人民生活的安全网和社会运行的稳定器。从未来发展趋势来看，我国的老龄化程度仍在不断加深，"十四五"期末，我国将全面进入中度老龄化社会，而步入深度老龄化社会的城市也在不断扩容。这对养老保险体系造成的压力不小。在目前的养老金缴纳和支付体系下，进行退休制度改革是我国发展的必然趋势。为应对人口老龄化对我国现有社会基本养老保险制度的冲击，中央正在进行新的顶层制度设计，延迟退休成为改革的大方向。延迟退休可以有两种方式，即"一刀切式"的延迟或弹性延迟。从国际经验来看，增强灵活性是一个重要的改革方向，即引入弹性延迟退休制度。弹性延迟退休的最大特点是有弹性空间，公民拥有选择权，即采取自愿的原则，让公民在制度框架内自行选择退休年龄。鉴于我国的人口年龄结构、人口的教育水平以及人口抚养比等因素的变化等实际情况，弹性延迟退休具有可行性，且应当是未来我国社会养老保险制度改革的选项之一。本书所提出的"弹性延迟退休"是指国家规定一个高于现有退休年龄的法定最低退休年龄，让公民在一定的退休年龄区间自行选择退休年龄，达到延迟退休的目的。与简单的"一刀切式"延长退休年龄的做法相比，"弹性延迟"更符合我国实际。从世界其他较早进入老龄化国家的实践来看，探索实行弹性的延迟退休制度，以减轻人口老龄化给社会带来的压力，已经成为国际大趋势。

　　有效防控支付风险，建立更加公平、可持续的养老保险制度，是实现"老有所养"的基础，关系到经济发展、社会稳定和国家长治久安，而精准分析养老基金的支付风险，对基金的运行进行有效监管是保证我国基本养老保险制度可持续性、高质量运行的关键。本书着力从不同角度研究弹性延迟退休社会养老保险基金的支付风险问题，具体而言，主要包括如下几点：

1. 研究了弹性延迟退休城镇企业职工基本养老保险的财政负担问题

按现有企业职工基本养老保险的制度安排，参保人个人缴费的积累额仅够用于发放计发月数内的个人账户养老金或遗产继承。而参保人员退休后余命超过计发月数后领取的个人账户养老金是由统筹账户支付的，本书所界定的个人账户财政负担指的就是由统筹账户支付的这部分负担。我国人口寿命的延长会进一步加重未来个人账户养老金的支付负担。本书基于我国企业职工基本养老保险不同年龄的参保人群，建立了弹性延迟退休个人账户养老金替代率及财政负担的精算模型。依据精算假设，模拟测算了 2030 年初、2040 年初及 2050 年初个人账户养老金的财政负担及 2030 年初的养老金替代率水平，研究了计发月数、缴费率、工资增长率及增值率等对个人账户养老金财政负担的影响程度。利用精算方法测算弹性延迟退休养老金个人账户未来支出及财政负担，有利于分析养老金个人账户的长期财务状况，发现潜在支付风险，为制订财务可持续的保证公平性的弹性延迟退休政策方案提供重要的精算依据。

2. 引入金融风险测度理论研究了弹性延迟退休企业职工基本养老保险基金的支付风险测度问题

现有文献对养老金账户支付风险的测度研究从分析模型角度看主要是运用精算模型、支持向量机模型及系统动力学模型。运用这些模型对我国养老金账户支付风险评价的结论很不一致，同时评估标准简单，估计水平无法给出置信度的支持。本书引入金融风险测度理论，在假定基金收入与支出相依条件下利用 Copula 函数提出了在一定置信度下基金支付风险的两种测度工具。在此基础上，运用我国 1997～2020 年的相关经济指标数据对不同置信水平的 2022～2040 年城镇职工基本养老保险基金不同置信度水平的支付风险进行了测算。

3. 建立了弹性延迟退休基本养老保险基金长期精算平衡相关模型，从动态角度对基金账户的长期支付风险是否可控进行精算评价

养老保险账户的长期精算平衡研究一般是对 20 年以上（比如 50 年或 75 年内）的长期综合收入率、长期综合成本率等的估计，对基金账户平衡进行精算评价，用于分析在长期内计划财务收支的平衡状态，即长期支付风险是否可控。基本养老保险制度涉及面广，影响每个参保公民的养老保障水平。建立更加公平、更可持续的养老保险制度，是实现"老有所养"的基础，关系到经济发展、社会稳定和国家长治久安。基本养老保险制度可持续运行的关键，在于基金账户能否保持长期收支平衡，所以要保障基金安全，必须坚守长期精算平衡原则。本书建立了我国弹性延迟退休城镇企业职工基本养老保险账户年度收益率、成本率和年度平衡值等相关精算模型，并对 2025 ~ 2075 年之间各年的收益率、成本率和年度平衡值进行了测算，在此基础上，对未来各年的长期精算评估状态进行了精算分析。

本书是受到国家社科基金项目"弹性延迟退休城镇职工基本养老保险账户的长期精算平衡研究"（课题编号：19BTJ020）、教育部人文社会科学研究项目"弹性退休制下的社会养老保险隐性债务随机精算模型及应用研究"（课题编号：13XJC910001）、国家统计局全国统计科学研究项目"基于人口大数据的弹性退休制下社会养老保险精算模型与应用研究"（课题编号：2016LY28）等项目资助的研究成果。杨志胜、杨子龙参与了本书的数据收集、稿件修改、校正及第一章部分内容的写作等工作。本书的主要目的是希望通过对我国弹性延迟退休基本养老保险账户财务状况进行精算分析，对基金的支付风险进行定量评价，从而为论证弹性延迟退休在我国实施的可行性提供精算依据，为相关部门在弹性延迟退休相应积累基金的建立、防范养老账户债务风险决策等方面提供有效的精算参考。

多年来，作者一直从事与弹性延迟退休相关的养老保险精算问题研究，为此付出了许多艰辛与努力。国内还未发现有其他学者进行这一领域的研究。社会养老保险精算问题涉及数学、统计学、金融学、人口学等多学科问题，由于水平所限，书中难免存在疏漏之处，恳请广大读者提出宝贵意见。

目　　录

第1章　弹性延迟退休社会养老保险精算的基础理论

与商业养老保险精算原理类似，社会保险精算也需要首先认识保险项目的风险因素，并根据风险水平和承诺的给付水平确定总成本和分摊成本。由于承诺的给付期直至参保人死亡，给付期限较长，因此无论是总成本还是分摊成本，不仅与参保的人口数有关，还与利率等因素均有关，所以，在社会养老保险精算中，必须研究利率、死亡率及相关的年金理论。

1.1　随机过程理论

由于社会养老保险的投保时间一般都较长，利率与死亡率等变量常常会受到许多因素的影响，与传统的寿险精算不同，在现代寿险精算中包括社会养老保险精算，死亡率与利率等因素常常都会做随机化处理，因此随机过程理论在现代寿险精算中有着重要的地位。

本节将对与基本养老保险长期精算平衡分析相关的一些随机过程理论进行分析。主要包括布朗运动、泊松过程以及连续仿射期限结构模型等理论。

1.1.1　布朗（Brown）运动

被分子撞击的悬浮微粒做无规则运动的现象叫作布朗运动。布朗运动是将看起来连成一片的液体放在高倍显微镜下看，发现它其实是由许许多多分子组成的。液体分子不停地做无规则的运动，不断地随机撞击悬浮微粒。当悬浮的微粒足够小的时候，由于受到的来自各个方向的液体分子的撞击作用是不平衡的，在某一瞬间，微粒在另一个方向受到的撞击作用超强的时候，致使微粒又向其他方向运动，这样，就引起了微粒的无规则的运动，即布朗运动。

称实过程 $\{B(t), t \geq 0\}$ 是参数为 σ^2 布朗运动（Brownian motion），也称为维纳过程，如果满足以下性质：

（1）$B(0) = 0$。

（2）独立的增量（independence of increments）。

对于任意的 $t > s$，$B(t) - B(s)$ 独立于之前的过程 $B(u)$：$0 \leq u \leq s$。

（3）正态的增量（normal increments）。

即 $\forall 0 \leq s \leq t$，$B(t) - B(s) \sim N[0, \sigma^2(t-s)]$。

$\sigma^2 = 1$ 时称为标准布朗运动。

在保险精算中，布朗运动常常用来描述利率与死亡率变化的随机过程。

设 $\mu \in R$，$\sigma > 0$，定义 $B_t^\sigma = \mu t + \sigma B_t$，$\forall t \geq 0$。$\{B_t^\sigma, t \geq 0\}$ 为 (μ, σ^2) 布朗运动。其均值函数为：

$$EB_t^\sigma = \mu t$$

其自相关函数为：

$$R_{B_t^\sigma}(s, t) = \mu^2 st + \sigma^2 \min(s, t)$$

若 $B_t^{ge} = \exp(B_t^\sigma)$，$\forall t \geq 0$，称 B_t^{ge} 为几何布朗运动。

其均值函数为：

$$EB_t^{ge} = E\exp\left(B_t^{\sigma}\right)$$

$$= \int_{-\infty}^{+\infty} e^{\mu t + \sigma x} \frac{1}{\sqrt{2\pi t}} e^{-\frac{x^2}{2t}} \mathrm{d}x$$

$$= e^{\mu t} \int_{-\infty}^{+\infty} \frac{1}{\sqrt{2\pi t}} e^{-\frac{x^2 - 2t\sigma x}{2t}} \mathrm{d}x$$

$$= \exp\left\{\left(\mu + \frac{\sigma^2}{2}\right)t\right\}$$

其自相关函数为：

$$R_{Bge}(s,\ t) = E e^{\mu s + \sigma B(s)} e^{\mu t + \sigma B(t)}$$

$$= E e^{\mu(s+t) + \sigma(B(s) + B(t))}$$

$$= e^{\mu(s+t)} E e^{\sigma(B(s) + B(t) - B(s) + B(s))}$$

$$= e^{\mu(s+t)} E e^{2\sigma B(s)} E e^{\sigma(B(t) - B(s))}$$

若 $B_t^{re} = |B(t)|$，$\forall t \geqslant 0$，称 B_t^{re} 为反射布朗运动。

其均值函数为：

$$EB_t^{ge} = E(|B(t)|)$$

$$= \int_{-\infty}^{+\infty} |x| \frac{1}{\sqrt{2\pi t}} e^{-\frac{x^2}{2t}} \mathrm{d}x$$

$$= \frac{2t}{\sqrt{2\pi t}} \left(-e^{-\frac{x^2}{2t}} \Big|_0^{+\infty}\right)$$

$$= \sqrt{\frac{2t}{\pi}}$$

方差函数为：

$$D_{Bre}(t) = E\left(|B(t)|\right)^2 - \left(E|B(t)|\right)^2$$

$$= E(|B(t)|)^2 - \frac{2t}{\pi}$$

$$= t - \frac{2t}{\pi}$$

1.1.2 泊松 (Passion) 过程

在离散随机过程中，计数过程在可靠性工程中运用很广泛，可以用于描述失效、完全修复数等。在保险精算中常用于死亡率与利率的描述。所谓计数过程是非负且取值为整数的随机过程 $\{N(t), t \geqslant 0\}$，如果 $N(t)$ 表示时间间隔 $[0, t]$ 内事件发生的总数，并满足如下两条特性，

（1）若 $t_1 < t_2$，则 $N(t_1) \leqslant N(t_2)$；

（2）若 $t_1 < t_2$，则 $N(t_1) \leqslant N(t_2)$ 为时间间隔 $[t_1, t_2]$ 间事件发生的总数。

Passion 过程是计数过程最重要的类型，Passion 过程具有如下性质：

（1）$N(0) = 0$；

（2）过程具有独立增量；

（3）在任一长度为 t 的区间中事件的个数服从均值为 λt 的 Passion 分布。即对于一切 $s, t \geqslant 0$，有：

$$P(N(t+s) - N(t) = n) = e^{-\lambda t} \frac{\lambda t^m}{m!}$$

根据泊松过程与标准布朗运动的性质，可以得到结论：

结论 1.1 $Ee^{-\gamma N(t)} = \exp\{\lambda t(e^{-\gamma} - 1)\}$

证明：由于 $N(t)$ 服从参数为 λ 的泊松分布，故

$$P(N(t) = k) = e^{-\lambda t} \frac{(\lambda t)^k}{k!}$$

$$Ee^{-\gamma N(t)} = \sum_{k=0}^{\infty} e^{-\lambda t} \frac{(\lambda t)^k}{k!}$$

$$= e^{-\lambda t} e^{-\gamma \lambda t} \sum_{k=0}^{\infty} \frac{(e^{-\gamma} \lambda t)^k}{k!} e^{-\gamma \lambda t}$$

$$= \exp\{\lambda t(e^{-\gamma} - 1)\}$$

证毕。

结论 1.2　$Ee^{\gamma(N(t) + N(s))} = \exp\{\lambda(e^{-\gamma} - 1)(t + se^{-\gamma})\}$

证明：$Ee^{\gamma(N(t) + N(s))} = Ee^{\gamma(N(t) - N(s) + 2N(s))} = Ee^{2\gamma N(s)} Ee^{\gamma(N(t) - N(s))}$

由性质 b 可知，过程具有独立增量，$N(t) - N(s)$ 服从均值为 $\lambda(t-s)$ 的 Passion 分布。

故有：
$$Ee^{\gamma(N(t) - N(s))} = \sum_{k=0}^{\infty} e^{-\lambda k} \frac{(\lambda(t-s))^k}{k!} e^{-\lambda(t-s)}$$

$$= e^{-\lambda(t-s)} e^{-\gamma\lambda(t-s)} \sum_{k=0}^{\infty} \frac{(e^{-\gamma}\lambda(t-s)^k}{k!} e^{-\gamma\lambda(t-s)}$$

$$= \exp\{\lambda(t-s)(e^{-\gamma} - 1)\}$$

$$Ee^{\gamma(N(t) + N(s))} = \exp\{\lambda(t-s)(e^{-\gamma} - 1)\} \cdot \exp\{(\lambda s)(e^{-2\gamma} - 1)\}$$

$$= \exp\{\lambda(e^{-\gamma} - 1)\} \cdot \exp\{t - s + s(e^{-\gamma} - 1)\}$$

$$= \exp\{\lambda(e^{-\gamma} - 1)(t + se^{-\gamma})\}$$

1.1.3　关于布朗运动的积分

本节定义关于布朗运动的积分 $\int_0^T X(t)\mathrm{d}B(t)$ 或简记为 $\int X(t)\mathrm{d}B(t)$。

首先考虑一个非随机的简单过程 $X(t)$，即 $X(t)$ 是一个简单函数（不依赖于 $B(t)$）。由简单函数的定义，存在 $[0, T]$ 的分割 $0 < t_0 < \cdots < t_n = T$ 及常数 $c_0, c_1, \cdots, c_{n-1}$，使得

$$X(t) = \begin{cases} c_0 & \text{当 } t = 0 \\ c_i & \text{当 } t_i < t < t_{i+1}, \ i = 0, 1, \cdots, n-1 \end{cases}$$

于是，可定义其积分为

$$\int_0^T X(t)\mathrm{d}B(t) = \sum_{i=0}^{n-1} c_i [B(t_{i+1}) - B(t_i)]$$

由布朗运动的独立增量性可知，上式所定义的积分是 Gauss 分布

的随机变量，其均值为 0，方差为

$$Var\left[\int X(t)\mathrm{d}B(t)\right] = E\left\{\sum_{i=0}^{n-1}c_i[B(t_{i+1}) - B(t_i)]\right\}^2$$

$$= E\left\{\sum_{i=0}^{n-1}\sum_{j=0}^{n-1}c_ic_j[B(t_{i+1}) - B(t_i)][B(t_{i+1}) - B(t_i)]\right\}$$

$$= \sum_{i=0}^{n-1}c_i^2(t_{i+1} - t_i)$$

用取极限的方法可以将这一定义推广到一般的非随机函数 $X(t)$。但是要定义的是随机过程的积分，因此将简单函数中的常数 c_i 用随机变量 ζ_i 来代替，并要求 ζ_i 是 F_{t_i} 可测的。这里 $F_{t_i} = \sigma\{B(u), 0 \leq u \leq t\}$。于是，由布朗运动的鞅性质得

$$E[\zeta_i B(t_{i+1}) - B(t_i) | F_{t_i}] = \zeta E[_i B(t_{i+1}) - B(t_i) | F_{t_i}] = 0$$

因此

$$E[\zeta_i B(t_{i+1}) - B(t_i)] = 0。$$

定义 1.1 设 $\{X(t), 0 \leq t \leq T\}$ 是一个简单随机过程，即存在 $[0, T]$ 的分割 $0 < t_0 < \cdots < t_n = T$，随机变量 $\zeta_0, \zeta_1, \cdots, \zeta_{n-1}$ 使得 ζ_0 是常数 ζ_i 依赖于 $B(t)$，$t \leq t_i$，但不依赖于 $B(t)$，$t > t_i$，$i = 0, 1, \cdots, n-1$。此时，Ito 积分 $\int_0^T X(t)\mathrm{d}B(t)$ 定义为

$$\int_0^T X(t)\mathrm{d}B(t) = \sum_{i=0}^{n-1}\zeta_i[B(t_{i+1}) - B(t_i)]$$

简单过程的积分是一个随机变量，满足下述性质：

（1）线性如果 $X(t)$，$Y(t)$ 是简单过程，则

$$\int_0^T [\alpha X(t) + \beta Y(t)]\mathrm{d}B(t) = \alpha \int_0^T X(t)\mathrm{d}B(t) + \beta \int_0^T Y(t)\mathrm{d}B(t)。$$

（2）$\int_0^T I_{[a,b]}(t)\mathrm{d}B(t) = B(b) - B(a)$

其中，$I_{[a,b]}$ 是区间 $[a, b]$ 的示性函数。

（3）零均值性如果 $E(\zeta_i^2) < \infty(i = 0, 1, \cdots, n-1)$，则

$$E\left[\int_0^T X(t)\,\mathrm{d}B(t)\right] = 0。$$

（4）等距性如果 $E(\zeta_i^2) < \infty\,(i = 0, 1, \cdots, n-1)$，则

$$E\left[\int_0^T X(t)\,\mathrm{d}B(t)\right]^2 = \int_0^T E[X(t)^2]\,\mathrm{d}t。$$

证明：性质（1）、性质（2）和性质（3）是简单的，这里只证明性质（4）。利用 Cauchy – Schwarz 不等式，得到

$$E\big[\,|\zeta_i B(t_{i+1}) - B(t_i)|\,\big] \leqslant \sqrt{E(\zeta_i) E[B(t_{i+1}) - B(t_i)]}$$

于是

$$\mathrm{Var}\left[\int X(t)\,\mathrm{d}B(t)\right] = E\left\{\sum_{i=0}^{n-1} \zeta_i [B(t_{i+1}) - B(t_i)]\right\}^2$$

$$= E\left\{\sum_{i=0}^{n-1} \zeta_i [B(t_{i+1}) - B(t_i)] \cdot \sum_{j=0}^{n-1} \zeta_j [B(t_{j+1}) - B(t_j)]\right\}$$

$$= \sum_{i=0}^{n-1} E\big[\zeta_i^2 \left(W(t_{i+1}) - W(t_i)\right)^2\big]$$

$$+ 2\sum_{i<j}^{n-1} E\big[\zeta_i \zeta_j (B(t_{i+1}) - B(t_i))(B(t_{j+1}) - B(t_j))\big]$$

由布朗运动的独立增量性以及关于 ζ_i 的假定，有

$$E\big[\zeta_i \zeta_j (B(t_{i+1}) - B(t_i))(B(t_{j+1}) - B(t_j)\big] = 0$$

所以，由布朗运动的鞅性质，

$$\mathrm{Var}\left[\int X(t)\,\mathrm{d}B(t)\right] = \sum_{i=0}^{n-1} E\big[\zeta_i^2 \left(B(t_{i+1}) - B(t_i)\right)^2\big]$$

$$= \sum_{i=0}^{n-1} E\big[E\big[\zeta_i^2 \left(B(t_{i+1}) - B(t_i)\right)^2\big] | F_{t_i}\big]$$

$$= \sum_{i=0}^{n-1} E\big[\zeta_i^2 E\big[(B(t_{i+1}) - B(t_i))^2\big] | F_{t_i}\big]$$

$$= \sum_{i=0}^{n-1} E(\zeta_i^2)(t_{i+1} - t_i)$$

$$= \int_0^T E[X(t)^2]\,\mathrm{d}t$$

定义 1.2　设 $\{X(t), t \geqslant 0\}$ 是随机过程，$\{F_t, t \geqslant 0\}$ 是 σ 代

数流，如果对任何 t，$X(t)$ 是 F_t 可测的，则称 $\{X(t)\}$ 是 $\{F_t\}$ 适应的。

记 B 为 $[0, \infty)$ 上的 Borel σ 代数，$V = \{h: h\}$ 是定义在 $[0, \infty)$ 上的 $B \times F$ 可测的适应过程，满足 $E\left[\int_0^T h^2(s)\mathrm{d}s\right] < \infty$。可以将随机积分的定义按下述步骤扩展到 V。

定义 1.3 设 $f \in V(0, T)$，则 f 的 Ito 积分定义为

$$\int_0^T f(t, \varpi)\mathrm{d}B(t, \varpi) = \lim_{n \to \infty} \int_0^T \varphi_n(t, \varpi)\mathrm{d}B(t, \varpi) \ (L^2(P) \ \text{中极限})$$

这里 φ_n 是初等随机过程的序列，使得当 $n \to \infty$ 时，

$$E\int_0^T (f(t, \varpi) - \varphi_n(t, \varpi))^2 \mathrm{d}s \to 0。$$

在实际问题中，常常会遇到的过程并不满足 V 中的可积性条件而仅仅满足下述的 V^* 中的条件。事实上，Ito 积分的定义可以推广到更广泛的过程 $\{h(s): s \geqslant 0\}$ 类：$V^* = \{h: h\}$ 是 $B \times F$ 可测的适应过程，且 $T > 0$ 满足 $E\left[\int_0^T h^2(s)\mathrm{d}s\right] < \infty$，$a.s.$。

1.1.4 Ito 积分过程

设对任何实数 $T > 0$，$X \in V^*$，则对任何 $t \leqslant T$，积分 $\int_0^t X(s)\mathrm{d}B(s)$ 是适定的。因为对任何固定的 t，$\int_0^t X(s)\mathrm{d}B(s)$ 是一个随机变量，所以作为上限 t 的函数，它定义了一个随机过程 $\{Y(t)\}$，其中 $Y(t) = \int_0^t X(s)\mathrm{d}B(s)$，可以证明，Ito 积分 $Y(t)$ 存在连续的样本路径，即存在一个连续随机过程 $\{Z(t)\}$，使得对所有的 t，有 $Y(t) = Z(t)$，$a.s.$。因此，积分都假定是其连续的样本路径。

Ito 公式在随机分析中的变量替换公式或链锁法则，是随机分析中的一个主要工具，许多重要的公式，例如 Dynkin 公式、Feynman-Kac 公式以及分部积分公式，都是由 Ito 公式导出的。

因为布朗运动在 $[0, t]$ 上的二次变差为 t，即在依概率收敛的意义下

$$\lim_{\delta_n \to 0} \sum_{i=0}^{n-1} [B(t_{i+1}^n) - B(t_i^n)]^2 = t$$

这里 $\{t_i^n\}$ 是 $[0, t]$ 的分割，$\delta_n = \max\limits_{0 \leqslant i \leqslant n-1} (t_{i+1}^n - t_i^n)$ 形式上，上式可表示为 $\int_0^t [dB(s)]^2 = \int_0^t ds = t$

或

$$[dB(s)]^2 = dt$$

更一般地，我们有下面定理：

定理 1.1　设 g 是有界连续函数，$\{t_i^n\}$ 是 $[0, t]$ 的分割，则对任何 $\theta_i^n \in (B(t_{i+1}^n), B(t_i^n))$ 依概率收敛意义下的极限

$$\lim_{\delta_n \to 0} \sum_{i=0}^{n-1} g(\theta_i^n)(B(t_{i+1}^n) - B(t_i^n))^2 = \int_0^t g(B(s)) ds$$

证明：首先取 $\theta_i^n = B(t_i^n)$，由 g 的连续性和积分的定义，有

$$\sum_{i=0}^{n-1} g(B(t_i^n))(t_{i+1}^n - t_i^n) \to \int_0^t g(B(s)) ds$$

在 L^2 中成立。记 $\Delta B_i = B(t_{i+1}^n) - B(t_i^n)$，$\Delta t_i = t_{i+1}^n - t_i^n$，则布朗运动的独立增量性和取条件期望的方法得到

$$E \sum_{i=0}^{n-1} g(B(t_i^n))[(\Delta B_i)^2 - (\Delta t_i)^2]^2$$

$$= EE[\sum_{i=0}^{n-1} g^2(B(t_i^n))[(\Delta B_i)^2 - (\Delta t_i)^2] | F_{t_i}]$$

$$= E[\sum_{i=0}^{n-1} g^2(B(t_i^n)) E[(\Delta B_i)^2 - (\Delta t_i)^2 | F_{t_i}]]$$

$$= 2E\Big[\sum_{i=0}^{n-1} g^2(B(t_i^n))(\Delta t_i)^2 \Big]$$

$$\leqslant 2\delta E \sum_{i=0}^{n-1} g^2 B(t_i^n) \Delta t_i \to 0 \text{（当 } \delta_n \to 0 \text{ 时）}$$

因此，在均方收敛的意义下

$$\sum_{i=0}^{n-1} g^2(B(t_i^n))\big[(\Delta B_i)^2 - (\Delta t_i)^2 \big] \to 0$$

这样 $\sum_{i=0}^{n-1} g(B(t_i^n))(B(t_{i+1}) - B(t_i^n))^2$ 与 $\sum_{i=0}^{n-1} g(B(t_i^n))(t_{i+1}^n - t_i^n)$

有相同的极限 $\int_0^t g(B(s)) \mathrm{d}s$。

对任意的 $\theta_i^n \in (B(t_{i+1}^n), B(t_i^n))$，当 $\delta_n \to 0$ 时，

$$\sum_{i=0}^{n-1} g(\theta_i^n) - g(B(t_i^n))(\Delta B_i)^2$$

$$\leqslant \max_i (g(\theta_i^n) - gB(t_i^n)) \sum_{i=0}^{n-1} (B(t_{i+1}^n) - B(t_i^n))^2$$

由 g 和 B 的连续性，有 $\max g(\theta_i^n) - g(B(t_i^n)) \to 0$，$a.s.$。由布朗

运动二次变差的定义得 $\sum_{i=0}^{n-1} (B(t_{i+1}^n) - B(t_i^n))^2 \to 0$，$a.s.$，于是当

$\delta_n \to 0$ 时，$\sum_{i=0}^{n-1} g(\theta_i^n) - g(B(t_i^n))(\Delta B_i) \to 0$。因此 $\sum_{i=0}^{n-1} g(\theta_i^n)(\Delta B_i)^2$ 与

$\sum_{i=0}^{n-1} g(B(t_i^n))(\Delta B_i)^2 \to 0$ 具有相同的依概率收敛意义的极限

$\int_0^t g(B(s)) \mathrm{d}s$。

定理 1.2　如果 f 是二次连续可微函数，则对任何 t，有

$$f(B(t)) = f(0) + \int_0^t f'(B(s)) \mathrm{d}B(s) + \frac{1}{2} \int_0^t f''(B(s)) \mathrm{d}s$$

证明：易见上式中的积分都是适定的。取 $[0, t]$ 的分割

$\{t_i^n\}$，有

$$f(B(t)) = f(0) + \sum_{i=0}^{n-1} (f(B(t_{i+1}^n)) - f(B(t_i^n)))$$

对 $f(B(t_{i+1}^n)) - f(B(t_i^n))$ 应用 Taylor 公式得

$$f(B(t_{i+1}^n)) - f(B(t_i^n)) = f'(B(t_i^n))(B(t_{i+1}^n)) - B(t_i^n)$$
$$+ \frac{1}{2} f''(B(\theta_i^n))(B(t_{i+1}^n)) - B(t_i^n)$$

其中，$\theta_i^n \in (B(t_{i+1}^n), B(t_i^n))$。于是

$$f(B(t)) = f(0) + \sum_{i=0}^{n-1} f'(B(t_i^n))(B(t_{i+1}^n)) - B(t_i^n)$$
$$+ \frac{1}{2} \sum_{i=0}^{n-1} f''(B(\theta_i^n))(B(t_{i+1}^n)) - B(t_i^n)$$

令 $\delta_n \to 0$ 取极限，则上式中的第一个和收敛于 Ito 积分 $\int_0^t f'(B(s)) \mathrm{d}B(s)$。利用定理 1.1 可知上式中的第二个和收敛于 $\frac{1}{2} \int_0^t f''(B(s)) \mathrm{d}s$。

上式称为布朗运动的 Ito 积分公式。由此看出布朗运动的函数可以表示为一个 Ito 积分加上一个具有有界变差的绝对连续过程，称这类过程为 Ito 过程，严格地，有下面定义

定义 1.4　如果过程 $\{Y(t), 0 \leqslant t \leqslant T\}$ 可以表示为

$$Y(t) = Y(0) + \int_0^t \mu(s) \mathrm{d}(s) + \int_0^t \sigma(s) \mathrm{d}B(s), \quad 0 \leqslant t \leqslant T,$$

其中过程 $\{\mu(t)\}$ 和 $\{\sigma(t)\}$ 满足

（1）$\mu(t)$ 是适应的并且 $\int_0^t |\mu(s)| \mathrm{d}(s)$，$a.s.$；

（2）$\sigma(t) \in V$。

则称 $\{Y(t), 0 \leqslant t \leqslant T\}$ 为 Ito 过程。

有时也将 Ito 过程记为微分的形式

$$\mathrm{d}Y(t) = \mu(t) \mathrm{d}(t) + \sigma(t) \mathrm{d}B(t), \quad 0 \leqslant t \leqslant T。$$

如果用微分形式表示定理中的 Ito 公式则为

$$\mathrm{d}f(B(t)) = f'(B(t))\mathrm{d}B(t) + \frac{1}{2}f''(B(t))\mathrm{d}t$$

下面定理给出了关于 Ito 过程的 Ito 公式。

定理 1.3　设 $\{X(t)\}$ 是由

$$\mathrm{d}X(t) = \mu(t)\mathrm{d}(t) + \sigma(t)\mathrm{d}B(t)$$

给出的 Ito 过程，$g(t, x)$ 是 $[0, \infty) \times R$ 上的二次连续可微函数

$$\{Y(t)\} = \{g(t, x)\}$$

仍为 Ito 过程，并且

$$\mathrm{d}Y(t) = g'_t(t, X(t))\mathrm{d}t + g'_x(t, X(t))\mathrm{d}X(t)$$
$$+ \frac{1}{2}g''_x(t, X(t)) \cdot (\mathrm{d}X(t))^2,$$

其中 $(\mathrm{d}X(t))^2 = (\mathrm{d}X(t)) \cdot (\mathrm{d}X(t))$，运算规则为

$$\mathrm{d}t \cdot \mathrm{d}t = \mathrm{d}t \cdot \mathrm{d}B(t) = \mathrm{d}B(t) \cdot \mathrm{d}t = 0, \quad \mathrm{d}B(t) \cdot \mathrm{d}B(t) = \mathrm{d}t$$

即上式可以改写为

$$\mathrm{d}Y(t) = [g'_t(t, X(t))\mathrm{d}t + g'_x(t, X(t))\mu(t)]$$
$$+ g'_x(t, X(t))\sigma(t)\mathrm{d}B(t) + \frac{1}{2}g''_x(t, X(t))\sigma(t)\mathrm{d}t。$$

特别地，如果 $g(t, x) = g(x)$ 只是 x 的函数，则可简化为

$$\mathrm{d}Y(t) = [g'(X(t))\mu(t) + \frac{1}{2}g''(X(t))\sigma^2(t)]\mathrm{d}t$$
$$+ g'(X(t))\sigma(t)\mathrm{d}B(t)$$

1.1.5　连续仿射期限结构模型

定义 1.5　假设 Y 是一个 n 维的状态向量，r 是短期利率，称一个模型是仿射的即状态向量是下面的发散的随机微分方程的解：

$$dY = k(\theta - Y)dt + \Sigma VdB,$$

$$r = \delta_0 + \delta_1'Y \tag{1.1}$$

其中，$k \in R^{n \times n}$，$\theta \in R^{n \times 1}$，$\Sigma \in R^{n \times n}$（常数矩阵），$\delta_0 \in R$，$\delta_1 \in R^{n \times 1}$，$V$ 是 $R^{n \times n}$ 的对角阵满足 $VV' = diag(\alpha_i + \beta_i'Y)$，$B \in R^{n \times 1}$ 是一标准的维纳过程。假设等价鞅测度存在。随机微分方程（1.1）意味着状态向量 Y 的联合条件矩生成函数（CMGF）是指数仿射的，即

$$\phi(u, t) = E_t[e^{u'Y(T)}] = e^{u_0(\tau) + u_1(\tau)'Y(t)}$$

其中 $\tau = T - t$。

引理 1.1 假设状态向量 Y 满足（1.1）。下面的边界值问题

$$\frac{\partial f}{\partial t} + [k(\theta - Y)]'\partial_Y f + \frac{1}{2}tr[V'\Sigma'\partial_{YY'}f\Sigma V] - \alpha r(t, Y)f = 0 \tag{1.2}$$

$$f(T, Y) = e^{u'Y} \tag{1.3}$$

有随机解

$$f(t, Y) = E_t[\exp - \alpha \int_t^T r(s, Y(s))ds + u'Y(T)]$$

$$= e^{\varphi_0(\tau) + \varphi_1(\tau)'Y(t)} \tag{1.4}$$

满足初始条件：$\varphi_0(0) = 0$，$\varphi_1(0) = u$

证明：对函数

$$Z_w = f(w, Y)\exp(-\alpha \int_t^w r(s, Y(s))ds)$$

运用 Ito 公式可知，

$$Z_T = f(T, Y(T))\exp(-\alpha \int_t^T r(s, Y(s))ds)$$

$$= f(t, Y(t)) + \int_0^T \partial_Y f\Sigma VdB(s)(s, Y(s))ds$$

$$+ \int_0^T \left\{ \frac{\partial f}{\partial s} + [k(\theta - Y)]'\partial_Y f \right.$$

$$\left. + \frac{1}{2}tr[V'\Sigma'\partial_{YY'}f\Sigma V] - \alpha r(s, Y) \right\}ds$$

对两边取条件期望后，等式右边前两个积分为 0，则有

$$f(t, Y(t)) = E_t\left[\exp\left(-\alpha\int_t^T r(s, Y(s))\,\mathrm{d}s\right)f(T, Y(T))\right]$$

$$= E_t\left[\exp\left(-\alpha\int_t^T r(s, Y(s))\,\mathrm{d}s\right) + u'Y(T)\right]$$

为了证明公式（1.2）的指数仿射形式解公式（1.4）。假设仿射形式解公式（1.4）成立，将 $f(t, Y) = e^{\varphi_0(\tau) + \varphi_1(\tau)'Y(t)}$ 代入公式（1.2）得到

$$\partial_t\varphi_0(\tau) + \partial_t\varphi_1(\tau)'Y + [k(\theta - Y)]'\varphi_1(\tau)'$$

$$+ \frac{1}{2}r[V'\Sigma'\varphi_1(\tau)\varphi_1(\tau)'\Sigma V] - \alpha(\delta_0 + \delta'_1 Y) = 0$$

等式的左边是一个仿射函数。因为方程对任意的向量 Y 成立，故函数中的所有参数必须为 0。这个条件为 $\varphi_0(\tau)$ 和 $\varphi_0(\tau)$ 产生了两个 Riccati 常微分方程：

$$\partial_t\varphi_0(\tau) + k\theta\varphi_1(\tau) + \frac{1}{2}\varphi_1(\tau)'H_0\varphi_1(\tau) - \alpha\delta_0 = 0$$

$$\partial_t\varphi_1(\tau) - k\varphi_1(\tau) + \frac{1}{2}\varphi_1(\tau)'H_1\varphi_1(\tau) - \alpha\delta_1 = 0$$

其中 H_0 和 H_1 满足：

$$\Sigma VV'\Sigma' = \Sigma diag(\alpha_i)\Sigma' + \Sigma diag(\beta_i Y)\Sigma'$$

$$= H_0 + H_1 Y$$

由公式（1.3）可知初始值是

$$\varphi_0(0) = 0,\ \varphi_1(0) = u_。$$

当 $\alpha = 0$ 时，上式恰为仿射发散过程的矩生成函数：

$$\phi(u, t) = E_t\left[e^{u'Y(T)}\right] = e^{u_0(\tau) + u_1(\tau)'Y(t)}$$

其中的系数满足下列 Riccati 常微分方程：

$$\partial_t u_0(\tau) + k\theta u_1(\tau) + \frac{1}{2}u_1(\tau)'H_0 u_1(\tau) = 0,$$

$$\partial_t u_1(\tau) - k u_1(\tau) + \frac{1}{2}u_1(\tau)'H_1 u_1(\tau) = 0,$$

$$u_0(0) = 0, \ u_1(0) = u。$$

利用连续的仿射期限模型，在等价鞅测度存在的前提下，可以用一个发散的 Gauss – Markov 过程来描述无违约债券价格变化

$$\mathrm{d}r(t) = \mu(t)\mathrm{d}t + \sigma(t)\mathrm{d}B(t),$$

其中，$\{B(t), 0 \leqslant t \leqslant T\}$ 是一个标准布朗运动过程，$\mu(t)$ 和 $\sigma(t)$ 是合适的 $\mathcal{F}_t = \{B(u), 0 \leqslant u \leqslant t\}$ 适应过程。假设 $\mu(t)$ 和 $\sigma(t)$ 是 $r(t)$ 的简单函数即：

$$\mu(t) = \mu(r(t), t), \ \sigma(t) = \sigma(r(t), t)。$$

定理 1.4　对于 Hull – White 模型：

$$\mathrm{d}r(t) = (\alpha(t) - \beta(t)r(t))\mathrm{d}t + \sigma(t)\mathrm{d}B(t) \tag{1.5}$$

其中，$\alpha(t)$，$\beta(t)$ 和 $\sigma(t)$ 是 t 的非随机函数，满足

$$\int_0^T |\alpha(t)| + |\beta(t)| + \sigma^2(t)\mathrm{d}t < \infty \tag{1.6}$$

则在 T 时支付额为 1 的零息票无违约债券 t 时的价格为：

$$D(t, T) = \exp(A(t, T)) - r(t)C(t, T),$$

其中：

$$A(t, T) = \frac{1}{2}\int_t^T \left\{\int_s^T \frac{g(u)}{g(s)}\sigma(s)\mathrm{d}u\right\}^2 \mathrm{d}s - \int_t^T \left\{\int_t^u \frac{g(u)}{g(s)}\sigma(s)\mathrm{d}s\right\}\mathrm{d}u\mathrm{d}s$$

$$C(t, T) = \frac{1}{2}\int_t^T \frac{g(u)}{g(s)}\mathrm{d}u，这里 g(t) = \exp\left(-\int_0^t \beta(s)\mathrm{d}s\right)。$$

可见：Merton 模型，Vasicek 模型以及 Ho – Lee 模型都是公式 (1.5) 的特例。

证明：

在定理条件的假定下，公式 (1.5) 有唯一的强解：

$$r(t) = g(t)\left(r_0 + \int_0^t \frac{\alpha(s)}{g(s)}\mathrm{d}s + \frac{\sigma(s)}{g(s)}\mathrm{d}B(s)\right)$$

由于 $r = (r(t))_{t \leqslant T}$ 是一个 Gauss – Markov 过程，因此有

$$D(t, T) = E\left[\exp - \int_t^T r(s)\mathrm{d}s \,\middle|\, r(t)\right]$$

$$= E[\exp - I(t, T) \,|\, r(t)]$$

其中，$I(t, T) = \int_t^T r(s)\,\mathrm{d}s$ 是条件正态分布的，其条件均值、条件方差以及 Laplace 变化为：

$$E[I(t, T) \,|\, r(t)] = r(t)\int_t^T \frac{g(u)}{g(s)}\mathrm{d}u + \int_t^T \left\{ \int_t^u \frac{g(u)}{g(s)}\alpha(s)\,\mathrm{d}s \right\}\mathrm{d}u \,,$$

$$\mathrm{Var}[I(t, T) \,|\, r(t)] = \int_t^T \left\{ \int_s^T \frac{g(u)}{g(s)}\sigma(s)\,\mathrm{d}u \right\}^2 \mathrm{d}s$$

$$E[\exp - I(t, T) \,|\, r(t)] = \exp\left[\frac{1}{2}\mathrm{Var}(I(t, T) \,|\, r(t))\right.$$

$$\left. - E(I(t, T) \,|\, r(t)) \right]$$

因此在 T 时支付额为 1 的零息票无违约债券 t 时的价格为：

$$D(t, T) = \exp(A(t, T)) - r(t)C(t, T)$$

当 $\mu(t) = \alpha(\beta - r(t))$，$\sigma(t) = \sigma(\alpha > 0)$，这样 $\alpha(t) = \alpha\beta$，$\beta(t) = \alpha$，$\sigma(t) = \sigma$ 模型（1.5）就变为 Vasicek 模型，由引理 1.1 可知

$$C(t, T) = e^{\alpha t}\int_t^T e^{-\alpha y}\mathrm{d}y = \frac{1}{\alpha}(1 - e^{-\alpha(T-t)})$$

$$A(t, T) = \int_t^T e^{\alpha t}\alpha\beta\left[\int_v^T e^{-\alpha y}\mathrm{d}y - \frac{1}{2}e^{2\alpha v}\sigma^2(\int_v^T e^{-\alpha y}\mathrm{d}y)^2\right]\mathrm{d}v$$

$$= \alpha\beta\int_t^T C(v, T)\,\mathrm{d}v - \frac{1}{2}\sigma^2\int_t^T C(v, T)^2\,\mathrm{d}v$$

$$= -\frac{(C(t, T) - T + t)}{\alpha^2} + \frac{\sigma^2 C(t, T)^2}{4\alpha}。$$

定理 1.5 对于 Cox – Ingersoll – Ross（CIR）模型，利率过程

$$\mathrm{d}r(t) = (\alpha - \beta r(t))\mathrm{d}t + \sigma\sqrt{r(t)}\mathrm{d}B(t)$$

则在 T 时支付额为 1 的零息票无违约债券 t 时的价格为：

$$D(t, T) = e^{-r(t)C(t,T) - A(t,T)}$$

其中：

$$C(t, T) = \frac{\sin(\gamma(T-t))}{\gamma\cos(\gamma(T-t)) + \frac{1}{2}\beta\sin(\gamma(T-t))}$$

$$A(t, T) = -\frac{2\alpha}{\sigma^2}\log\left[\frac{\gamma e^{\frac{1}{2}\beta(T-t)}}{\gamma\cosh(\gamma(T-t)) + \frac{1}{2}\beta\sinh(\gamma(T-t))}\right]$$

其中：$\gamma = \frac{1}{2}\sqrt{\beta^2 + 2\sigma^2}$

证明：债券价格过程为

$$D(t, T) = E[\exp - \int_t^T r(u)\,\mathrm{d}u \mid \mathcal{F}(t)]$$

$$\exp(-\int_0^t r(u)\,\mathrm{d}u)D(t, T) = E[\exp - \int_0^T r(u)\,\mathrm{d}u \mid \mathcal{F}(t)]$$

这显示其为鞅. Markov 性质表明 $D(t, T) = D(r(t), t, T)$. 由于 $\exp(-\int_0^t r(u)\,\mathrm{d}u)D(r(t), t, T)$ 是鞅，故其微分不存在飘移项。

同时由 Ito 公式可知

$$\mathrm{d}[\exp(-\int_0^t r(u)\,\mathrm{d}u)D(r(t), t, T)]$$

$$= \exp(-\int_0^t r(u)\,\mathrm{d}u)[-r(t)D(r(t), t, T)\mathrm{d}t + D'_r(r(t), t, T)\mathrm{d}r(t)$$

$$+ \frac{1}{2}D'_{rr}(r(t), t, T)\mathrm{d}r(t) + D'_t(r(t), t, T)\mathrm{d}t]$$

$$= \exp(-\int_0^t r(u)\,\mathrm{d}u)[-r(t)D\mathrm{d}t + D'_r(\alpha - \beta r)\mathrm{d}t + D'_r\sigma\sqrt{r}\mathrm{d}B$$

$$+ \frac{1}{2}D'_{rr}\sigma^2 r\mathrm{d}t + D'_t\mathrm{d}t]$$

因为飘移项是 0，故得偏微分方程

$$-rD(r, t, T) + D'_t(r, t, T) + (\alpha - \beta r)D'_r(r, t, T)$$

$$+ \frac{1}{2}\sigma^2 rD'_{rr}(r, t, T) = 0$$

终端条件是 $D(r, t, T) = 1$, $r \geq 0$. 我们寻找一个形式为 $D(r, t,$

$T) = e^{-rC(t,T)-A(t,T)}$ 的解，其中 $C(T, T) = 0$，$A(T, T) = 0$。这样可得到 $D'_t = (-rC_t, -A_t)D$，$D'_r = -CD$，偏微分方程变为

$$-rD\left(-1 - C_t + \beta C + \frac{1}{2}\sigma^2 C^2\right) - D(A_t + \alpha C) = 0$$

常微分方程变为

$$-1 - C_t(t, T) + \beta C(t, T) + \frac{1}{2}\sigma^2 C^2(t, T) = 0$$

其中，$C(T, T) = 0$，

$$A(t, T) = \alpha \int_t^T C(u, T)\,\mathrm{d}u$$

且 $A(T, T) = 0$，$A'_t(t, T) = -\alpha C(t, T)$

这等同于求

$$\frac{\mathrm{d}C(s, T)}{\left[C(s, T) + \dfrac{\beta - \sqrt{\beta^2 + 2\sigma^2}}{\sigma^2}\right]\left[C(s, T) + \dfrac{\beta + \sqrt{\beta^2 + 2\sigma^2}}{\sigma^2}\right]} = \frac{\sigma^2}{2}\mathrm{d}s$$

对两边关于 s 分别积分得

$$\int_t^T \frac{\mathrm{d}C(s, T)}{C(s, T) + \dfrac{\beta - \sqrt{\beta^2 + 2\sigma^2}}{\sigma^2}} - \int_t^T \frac{\mathrm{d}C(s, T)}{C(s, T) + \dfrac{\beta + \sqrt{\beta^2 + 2\sigma^2}}{\sigma^2}}$$

$$= \sqrt{\beta^2 + 2\sigma^2}(T - t)$$

令 $\delta = \sqrt{\beta^2 + 2\sigma^2}$，则

$$\frac{\sigma^2 C(t, T) + \beta + \delta}{\sigma^2 C(t, T) + \beta - \delta} = e^{\delta(T-t)}\left(\frac{\beta + \delta}{\beta - \delta}\right)$$

因此

$$C(t, T) = \frac{(e^{\delta(T-t)} - 1)(\beta + \delta)}{\sigma^2\left[1 - e^{\delta(T-t)}\left(\dfrac{\beta + \delta}{\beta - \delta}\right)\right]}$$

$$= \frac{2(e^{\delta(T-t)} - 1)}{\left[(\beta + \delta)e^{\delta(T-t)} - (\beta - \delta)\right]} \text{因为 } \sigma^2 = \frac{\delta^2 - \beta^2}{2}$$

$$= \frac{2(e^{2\gamma(T-t)}-1)}{2\gamma(e^{2\gamma(T-t)}+1)+\beta(e^{2\gamma(T-t)}-1)} \qquad \diamondsuit\ \delta = 2\gamma$$

$$= \frac{\sin(\gamma(T-t))}{\gamma\cos(\gamma(T-t))+\frac{1}{2}\beta\sin(\gamma(T-t))}$$

1.1.6　非连续（带跳）仿射期限结构模型

定义 1.6　假设 Y 是一个 n 维的状态向量，r 是短期利率，称一个模型是仿射的即状态向量是下面的发散的随机微分方程的解：

$$dY = k(\theta - Y)dt + \Sigma V dB + J dN \qquad (1.7)$$

其中，$k \in R^{n \times n}$，$\theta \in R^{n \times 1}$，$\Sigma \in R^{n \times n}$（常数矩阵），$\delta_0 \in R$，$\delta_1 \in R^{n \times 1}$，$V$ 是 $R^{n \times n}$ 的对角阵满足 $VV' = diag(\alpha_i + \beta_i'Y)$，$B \in R^{n \times 1}$ 是一标准的维纳过程。N 是泊松计数过程具有状态相依强度，Y 的一个正仿射函数 $(Y) = \lambda_0 + \lambda_1'Y$。$J$ 是跳其大小具有时齐的矩生成函数 $\phi_J(u) = Ee^{u'J}$。假设跳到达时间与跳的大小与发散部分无关。

引理 1.2　假设状态向量 Y 满足公式（1.7），则过程 Y 的联合条件矩生成函数（CMGF）及积分为：

$$f(t, Y) = E_t \left[\exp - \alpha \int_t^T r(s, Y(s)) ds + u'Y(T) \right]$$

$$= e^{\varphi_0(\tau) + \varphi_1(\tau)'Y(t)}$$

其中，$\tau = T - t$。CMGF 是如下边界问题的解

$$\frac{\partial f}{\partial t} + Af - r(t, Y)f = 0$$

$$f(T, Y) = e^{u'Y}$$

这里

$$Af = [k(\theta - Y)]'\partial_Y f + \frac{1}{2}tr[V'\Sigma'\partial_{YY}f\Sigma V]$$

$$+ \lambda(Y) [E_t f(t, Y+J) - f(t,Y)]$$

是 Y 对于函数 f 的无穷小算子。系数 $\varphi_0(\tau)$ 与 $\varphi_1(\tau)$ 是下列常微分方程的解

$$\partial_t \varphi_0(\tau) + [k\theta]'\varphi_1(\tau) + \frac{1}{2}\varphi_1(\tau)'H_0\varphi_1(\tau) + \lambda_0[\phi_J(\varphi_1(\tau)) - 1] - \delta_0 = 0$$

$$\partial_t \varphi_1(\tau) - k'\varphi_1(\tau) + \frac{1}{2}\varphi_1(\tau)'H_1\varphi_1(\tau) + \lambda_1[\phi_J(\varphi_1(\tau)) - 1] - \delta_1 = 0$$

$$\varphi_0(0) = 0, \quad \varphi_1(0) = u$$

证明：证明过程类似于引理1.1。

1.2　利率与生命表

人寿保险的保险标的是以人的生存和死亡为保险事故的保险，被保险人在保险期内死亡或生存到一定年龄，保险人依照契约规定支付保险金。在人寿保险上由于保险费的交付在前而保险金的给付在后以及其他原因，这就要求对投保人的保险费的计算必须考虑到生存率、死亡率及利息的息率等因素。这些是人寿保险精算的重要基础。

1.2.1　精算现值

根据大数定律，保险人所收取的纯保费的总额应与保额支出的总额相等。也就是说，为了计算保费，需要比较纯保费与保额，但因保费与保额的发生并不同时，且在其中涉及被保人的生死状况，所以对二者的比较应在同一时间点上，一般选择在保单生效之时。这样，对保费和保额的比较就不单纯是看其数额的大小，而且需要考虑货币的时间价值、被保人的生死状况以及保险人可能发生的费用，还有可能

存在的风险等因素的影响。也就是说，人寿保险的保险人对保额的支付不仅与预定的利息率和费用率有关，还与被保人的生死的概率密切相关，即保费与保额要在精算现值的意义上相等。

所谓精算现值是指现值的期望值，又称期望现值。精算现值与现值不同的地方在于：精算现值考虑了人的生死概率，是从一个概率的角度来讨论生存、死亡保险的。保额的精算现值是保单的趸缴保费，不过，这一保费不能以任何一种方式反映出由保险公司承担的风险，因此，为了评估这一风险，还需了解它分布的其他特征，如方差等。

1.2.2　利息的度量

利息是使用资本的代价或报酬。资本使用者不一定拥有资本的所有权，他可借入资本来使用。对资本借入者来说，利息就是因他使用资本借出者的资本而支付给后者的代价，对资本借出者来说，利息就是他暂时转让资本的使用权而从资本借入者处得到的报酬。

影响利息的因素主要有本金、时期、通货膨胀和风险四个方面。

（1）本金

用来生息的资本以货币计量时，就称作本金。过了一定时期后收到的总金额称为积累值或终值。终值和本金的差额就是投资期间内的利息金额。在其他因素不变的情况下，本金越多，可得到的利息也越多。通常称时刻 0 时的 1 单位货币到时刻 t 时的积累值为积累函数，记为 $a(t)$。显然，$a(0) = 0$，$a(t)$ 通常是递增函数。如果原始投资额不是 1，则称时刻 0 时的初始投资到时刻 t 时的积累值为金额函数，记为 $A(t)$。若初始投资为 C，则 $A(0) = C$，并且 $A(t) = Ca(t)$。

（2）时期

在理论上，投资的时间可用许多不同的单位来度量，如日、月、年等，最常用的是一年。在其他因素不变的情况下，使用资本的时间越长，可得到的利息就越多。若用 $I(t)$ 表示时间段 $(t-1，t)$ 内的利息额，则 $I(t)=A(t)-A(t-1)$。

（3）通货膨胀

通货膨胀越严重，货币的贬值就越厉害。此时对资本的使用就应得到较高的利息。一般所说的利息率实际上是单纯由时间因素引起的资本增值和由通货膨胀因素引起的资本增值共同作用的结果。

（4）风险

在经济生活中，存在着各种各样的风险，如国家经济政策的变化、资本市场的波动等，这些因素都将影响使用资本得到的收益。

从投资的角度来看，利息率分为三部分：

利息率（投资回报率）＝无风险利息率＋风险利息率＋通货膨胀利息率。

支付利息的方式通常有两种，期末支付和期初支付。期末支付利息的方式又称滞后利息。设在期初投入 1 单位货币资本，则在期末可回收资本 $1+i$，i 就是这一期的利息率，简称利率。以 $i(t)$ 表示时间段 $(t-1，t)$ 上的有效利率，则

$$i(t)=\frac{a(t)-a(t-1)}{a(t-1)}=\frac{A(t)-A(t-1)}{A(t-1)}$$

滞后利息按期初的资本额计算，但在期末支付。期初支付利息的方式又称预付利息。它是在投入资本之时即获得利息。设在期初投入 1 单位货币资本，以 d 表示该方式下获得的预付利息率（又称"贴现率"），则投资者期初实际投入的资本为 $1-d$ 到期末时，该投资者可回收资本 1。以 $d(t)$ 表示时间段 $(t-1，t)$ 上的有效贴现率，则

$$d(t)=\frac{a(t)-a(t-1)}{a(t)}=\frac{A(t)-A(t-1)}{A(t)}$$

预付利息按期末的资本额计算，但在期初支付。利息率 i 与贴现率 d 之间的关系为

$$d = \frac{i}{1+i}$$

计算利息的方法有单利法和复利法。单利法是仅对本金生息，而对产生的利息不再生息。复利法不仅对本金生息，还对产生的利息生息。单利偶尔在短期业务中使用，寿险精算中都采用复利法。设第一年初的本金为 $A(0)$，第 t 年的有效利率为 $i(t)$，如果按单利法计算，n 年内的利息总额为 $A(0)[i(1) + i(2) + \cdots i(n)]$；按复利法计算，$n$ 年内的利息总额为 $A(0)\{[1 + i(1)][1 + i(2)] \cdots [1 + i(n) - 1]\}$。

如果计算利息的期间与基本的时间单位一致，则资本在该段时间内获得利息的能力就是有效利率，又称实际利率或实质利率。即某时期内有效利率是该时期内得到的利息金额与此时期开始时投资的本金金额之比，它度量在一个度量时期内的利息。当计算利息的期间与基本的时间单位不一致时，则称为名义利率。设利息在每 $h(h>0)$ 长的时间内支付一次，称 $i_h(t)$ 为时刻 t 时的每单位时间内的名义利率。显然

$$i_h(t) = \frac{a(t+h) - a(t)}{ha(t)}$$

当 $h = 1$ 时，$i_h(t)$ 就是每单位时间内的有效利率。当 $h = 1/p$（p 为正整数）时，记 $i^{(p)} = i_{1/p}$ 此时在基本的时间单位内计息 p 次，$i^{(p)}$ 是单位时间内的名义利率，假设在单位时间的期初投入单位货币，本单位时间内的有效利率为 i，则

$$1 + i = \left(1 + \frac{i^{(p)}}{p}\right)^p$$

即 $i^{(p)} = p\left[(1+i)^{1/p} - 1\right]$

称 $\delta(t) = \lim_{h \to 0^+} i_h(t)$ 为时刻 t 时每单位时间的利息力。利息力是时刻 t 时瞬时获取利息的能力。由利息力的定义可见，

$$\delta(t) = \lim_{h \to 0^+} i_h(t) = \lim_{h \to 0^+} \frac{a(t+h) - a(t)}{ha(t)} = \frac{a'(t)}{a(t)} = \frac{A'(t)}{A(t)}$$

从而

$$a(t) = e^{\int_0^t \delta(s)ds} \qquad A(t) = A(0)e^{\int_0^t \delta(s)ds}$$

称 $e^{\int_0^t \delta(s)ds}$ 为积累因子，即原始投资 1 到时刻 t 时的值为 $e^{\int_0^t \delta(s)ds}$。设时刻 t 时的资本额为 1，则 0 时需投资 $e^{-\int_0^t \delta(s)ds}$ 才能够保证在时刻 t 的资本额为 1，故称 $e^{-\int_0^t \delta(s)ds}$ 为贴现因子，记为 $v\ (t)$，即

$$v(t) = e^{-\int_0^t \delta(s)ds}$$

当利息力为常数时，$\delta(t) = \delta$ 时，$v(t) = 1/(1+i)$

1.2.3 生命表函数与生命表构造

1.2.3.1 生命表函数

对于新生儿，死亡年龄 X 是一个连续型随机变量。用 $F(x)$ 记 X 的分布函数。生存函数

定义 $\qquad\qquad S(x) = \Pr(X \geqslant x)$

意义：新生儿能活到 x 岁的概率。

与分布函数的关系： $S(x) = 1 - F(x)$

与密度函数的关系： $f(x) = -S'(x)$

由分布函数性质可得到生存函数的一些性质：

（1） $S(0) = 1$，$\lim\limits_{x \to \infty} S(x) = 1$

（2） $S(x)$ 是单调递减函数

新生儿将在 x 岁至 z 岁之间死亡的概率：

$$\Pr(x < X \leqslant z) = s(x) - s(z)$$

剩余寿命

定义：已经活到 x 岁的人（简记 (x)），还能继续存活的时间，称为剩余寿命，记作 $T(x)$。

可以推出：

$$_tp_x = \Pr(T(x) > t) = \Pr(X > x+t \mid X > t) = \frac{s(x+t)}{s(x)}$$

$$_tq_x = \Pr(T(x) \leq t) = \Pr(x < X < x+t \mid X > t)$$

$$= 1 - \frac{s(x+t)}{s(x)} = \frac{F(x+t) - F(x)}{F(x)}$$

其中：$_tq_x$ 表示 (x) 将在 t 年内死亡的概率，它是 $T(x)$ 的分布函数，$_tp_x$ 表示 (x) 至少还能够活 t 年的概率，它是 $T(x)$ 的生存函数。

易见当 $x = 0$ 时，$T(0) = X$，且 $_xp_0 = S(x)$

x 岁的人在 $x+t$ 岁和 $x+t+u$ 岁之间死亡的概率为：

$$_{t|u}p_x = \Pr(t < T(x) \leq t+u) = {}_{t+u}q_x - {}_tq_x = {}_tp_x - {}_{t+u}p_x = {}_tp_x u q_{t+x}$$

记 $K(x) = [T(x)]$ 表示 (x) 未来存活的整数年，则

$$P(K(x) = k) = P\{k \leq T(x) < k+1\} = {}_{k+1}q_x - {}_kq_x$$

$$= {}_kp_x - {}_{k+1}p_x = {}_kp_x q_{x+k} = {}_{k|}q_x$$

死亡力度

定义：是指在达到 x 岁的人当中，在此瞬间里死亡的所占比率。死力也称瞬间死亡率或死亡密度用 μ 表示：

$$\mu_x = -\frac{s'(x)}{s(x)} = \frac{f(x)}{s(x)} = -\ln[s(x)]'$$

死力与生存函数的关系

$$s(x) = \exp\left\{ -\int_0^x \mu_s ds \right\}$$

$$_tp_x = \exp\left\{ -\int_x^{x+t} \mu_s ds \right\}$$

死力与密度函数的关系

$$f(x) = \mu_x \cdot s(x) = \mu_x \cdot \exp\left\{ -\int_0^x \mu_s ds \right\}$$

死力表示剩余寿命的密度函数 $g(t)$

$$G(t) = 1 - {}_tp_x = \frac{s(x) - s(s+t)}{s(x)}$$

$$g(t) = \frac{d}{dt}G(t) = \frac{d}{dt}\left[\frac{s(x) - s(x+t)}{s(x)}\right] = \frac{s(x+t)\mu_{x+t}}{s(x)} = {}_tp_x \cdot \mu_{x+t}$$

d. 期望剩余寿命：(x) 剩余寿命的期望值（均值），简记 $\overset{o}{e}_x$

$$\overset{o}{e}_x = E(T(x)) = \int_0^\infty t d(1 - {}_tp_x) = \int_0^\infty {}_tp_x dt$$

剩余寿命的方差

$$Var(T(x)) = E(T(x)^2) - E(T(x))^2 = 2\int_0^\infty t \cdot {}_tp_x dt - \overset{o}{e}_x^2$$

1.2.3.2　生命表的构造

1.2.3.2.1　有关寿命分布的参数模型

（1）de Moivre 模型（1729）

$$\mu_x = \frac{1}{\omega - x}$$

$$s(x) = 1 - \frac{x}{\omega}, \ 0 \leqslant x \leqslant \omega$$

（2）Gompertz 模型（1825）

$$\mu_x = Bc^x$$

$$s(x) = \exp\{-B(c^x - 1)/\ln c\}, \ B > 0, \ c > 1, \ x \geqslant 0$$

（3）Makeham 模型（1860）

$$\mu_x = A + Bc^x$$

$$s(x) = \exp\{-Ax - B(c^x - 1)/\ln c\}, \ B > 0, \ A \geqslant -B, \ c > 1, \ x \geqslant 0$$

（4）Weibull 模型（1939）

$$\mu_x = kx^n$$

$$s(x) = \exp\{-kx^{n+1}/(n+1)\}, \ k > 0, \ n > 0, \ x \geqslant 0$$

1.2.3.2.2　生命表的起源

（1）参数模型的缺点

①至今为止找不到非常合适的寿命分布拟合模型。这四个常用模型的拟合效果不令人满意。

②使用这些参数模型推测未来的寿命状况会产生很大的误差。

③寿险中通常不使用参数模型拟合寿命分布，而是使用非参数方法确定的生命表拟合人类寿命的分布。

④在非寿险领域，常用参数模型拟合物体寿命的分布。

（2）生命表的起源

①生命表的定义

根据已往一定时期内各种年龄的死亡统计资料编制成的由每个年龄死亡率所组成的汇总表。

②生命表的发展历史

1662 年，琼·格朗特（Jone Graunt）根据伦敦瘟疫时期的洗礼和死亡名单，写过《生命表的自然和政治观察》。这是生命表的最早起源。

1693 年，埃德蒙·霍利（Edmund Halley）《根据 Breslau 城出生与下葬统计表对人类死亡程度的估计》，在文中第一次使用了生命表的形式给出了人类死亡年龄的分布。人们因而把霍利称为生命表的创始人。

（3）生命表的特点

构造原理简单、数据准确（大样本场合）、不依赖总体分布假定（非参数方法）

1.2.3.2.3　生命表的构造

（1）原理

在大数定理的基础上，用观察数据计算各年龄人群的生存概率。（用频数估计频率）

（2）常用符号

①新生生命组个体数：l_0

②年龄：x

③极限年龄：ω

④l_0 个新生生命能生存到年龄 x 的期望个数：l_x

$$l_x = l_0 \cdot s(x)$$

⑤l_0 个新生生命中在年龄 x 与 $x+n$ 之间死亡的期望个数$_n d_x$：特别，当 $n=1$ 时，记作 d_x。

$$_n d_x = l_x - l_{x+n} = l_x \cdot {_n q_x}$$

$$d_x = l_x - l_{x+1} = l_x \cdot q_x$$

⑥l_0 个新生生命在年龄 x 与 $x+t$ 区间共存活年数：$_t L_x$

$$_t L_x = \int_x^{x+t} l_y dy$$

⑦l_0 个新生生命中能活到年龄 x 的个体的剩余寿命总数：

$$T_x = \int_x l_y dy \Rightarrow \overset{o}{e}_x = \frac{T_x}{l_x}$$

在人寿保险中，保险公司所承担的责任，就是在被保险人生存或死亡时，对其受益人支付保险金。因此，保险公司首先必须掌握各个年龄段人群的生存或死亡的规律，作为计算纯保费的基础，这个规律就是生命表。生命表又称死亡表，它是对一定数量的人口自出生直至全部死亡这段时间内的生存和死亡情况的记录。生命表通常包含年龄 x、死亡率 q_x、生存人数 l_x、死亡人数 d_x 的数值，按各年龄列成表格，可能的话还会增加一些衍生函数。假设新生生命组成的群体的个数为 l_0，则生命表各栏目间有如下的关系：

$$l_x - l_{x+1} = d_x, p_x = l_{x+1}/l_x, q_x = d_x/l_x, l_x = l_0 S(x) = \sum_{k=0}^{\infty} d_{x+k}$$

作为表格生存模型，生命表反映在封闭人口（没有人口迁移）条件下，这些人从出生到死亡全过程的一种统计表。在这一封闭人口中，只有人口的出生与死亡变动。它包括一群生存到某一个特定年龄的人，在一年内死亡的人数以及一定年龄的人在一年内的生存率和死亡率。编制人口生命表的资料来源主要有两个：一是在人口调查时所作的人口统计和死亡登记记载，根据这个资料编制的生命表叫做国民生命表；二是根据实际的被保险人中的死亡人数编制的生命表叫做经验生命表。人口统计学家的一项重要任务就是定期构造生命表作为一个群体在一定时期死亡概况的写照，但因为生活习惯和医疗水平的发展，生命表会随着地区和时期的不同而改变，这会对保险公司的定价产生很大的影响。

生命表提供了整数年龄上的寿命分布，但有时我们需要分数年龄上的生存状况，于是我们通常依靠相邻两个整数生存数据，选择某种分数年龄的生存分布假定，估计分数年龄的生存状况。

基本原理：插值法

常用方法：

①均匀分布假定（线性插值）（UDD）

$$s(x+t) = (1-t)s(x) + ts(x+1)，0 < t < 1$$

②常数死亡力假定（几何插值）

$$s(x+t) = s(x)^{(1-t)} \cdot s(x+1)'，0 < t < 1$$

③Balducci 假定（调和插值）

$$\frac{1}{s(x+t)} = \frac{1-t}{s(x)} + \frac{t}{s(x+1)}，0 < t < 1$$

1.3　Copula 函数理论

Copula 函数实际上是一种将联合分布与它们各自边缘分布连接在一起的函数，因此人们也称为连接函数。不仅随机变量的边际分布包含在联合分布中，而且随机变量间的相依信息也包含在联合分布函数中，而 Copula 函数正好将这种复杂的相依关系用边际变量的信息完整表现出来，是一种分析随机变量间相依关系的有力工具。将 Copula 函数理论引入保险精算中分析各风险因素间的相依关系已经成为精算研究中的一个趋势。在社会养老保险精算中亦是如此。

1.3.1　Copula 函数定义与性质

Copula 理论起源于斯克拉尔（Sklar，1959）指出的，一个联合分布可以被分解为 n 个边际分布和一个 Copula 函数，而这个 Copula 函数描述了随机变量之间的相关关系，Copula 函数是将联合分布函数与它们相应的边际分布函数连接在一起的函数，因而又称为连接函数。

定理 1.6（Sklar 定理）：令 $H(\cdot,\cdot)$ 为具有边际分布 $F(\cdot)$ 和 $G(\cdot)$ 的联合分布函数，那么存在一个 Copula 函数 $C(\cdot,\cdot)$，满足：

$$H(\cdot,\cdot) = C(F(\cdot), G(\cdot))$$

如果 $F(\cdot)$ 和 $G(\cdot)$ 连续，那么 $C(\cdot,\cdot)$ 可以唯一确定；反之，如果 $F(\cdot)$，$G(\cdot)$ 为一元分布函数，$C(\cdot,\cdot)$ 为相应 Copula 函数，那么函数 $H(\cdot,\cdot)$ 则为具有边际分布 $F(\cdot)$，$G(\cdot)$ 的联合分布函数。

（1）二维 Copula 函数的定义与性质：

尼尔森（Nelsen，2006）指出二维 Copula 函数定义：

①$C(u,v)$ 的定义域为 I^2，即 $[0,1]^2$。

②$C(u,v)$ 有零基面且是二维递增的。

③对 $\forall u,v \in [0,1]$ 满足：$C(u,1)=u$ 和 $C(1,v)=v$。

假定 $F(x)$，$G(y)$ 是连续的一元分布函数，令 $u=F(x)$，$v=$

$G(y)$，那么 u，v 均服从 $[0, 1]$ 均匀分布，也就是说 $C(u, v)$ 是一个边际分布服从 $[0, 1]$ 均匀分布的二元分布函数，并且对于定义域内的任意一点 (u, v) 均有：$0 \leqslant C(u, v) \leqslant 1$。

尼尔森首先给出了二元 Copula 函数具有的性质：

①对 $\forall u$，$v \in [0, 1]$，$C(u, v)$ 都是非减的。即如果保持一个变量不变，Copula 函数的值将随着另一个变量的增大而增大（或不变）。

②$C(0, v) = C(u, 0) = 0$，$C(u, 1) = u$，$C(1, v) = v$。即只要有一个变量取值为 0，那么相应的 Copula 函数值就为 0；若有一个变量的取值为 1，则 Copula 函数值由另一个变量取值决定。

③对于 $\forall u_1$，u_2，v_1，$v_2 \in [0, 1]$，如果 $u_1 < u_2$，$v_1 < v_2$，那么

$$C(u_2, v_2) - C(u_2, v_1) - C(u_1, v_2) + C(u_1, v_1) \geqslant 0$$

即若变量 u，v 的取值同时增大，则相应的 Copula 函数值也增大。

④对 $\forall u$，$v \in [0, 1]$，$\max(u + v - 1, 0) \leqslant C(u, v) \leqslant \min(u, v)$。令 $C^+(u, v) = \min(u, v)$，$C^-(u, v) = \max(u + v - 1, 0)$，称 $C^+(u, v)$ 和 $C^-(u, v)$ 分别为 Fréchett – Hoeffding 上界和下界，它们给出了任意一个二元 Copula 函数 $C(u, v)$ 的边界。

⑤对 $\forall u_1$，u_2，v_1，$v_2 \in [0, 1]$，有：

$$|C(u_2, v_2) - C(u_1, v_1)| \leqslant |u_2 - u_1| + |v_2 - v_1|。$$

⑥若 u，v 独立，则 $C(u, v) = uv$。

其中性质①、性质②、性质④、性质⑤、性质⑥可以延伸到高维的情况，性质③仅在二维情况下成立。

（2）多维 Copula 函数的定义与性质：

N 维 Copula 函数的定义由二维 Copula 函数拓展而来：

①$C(u_1, u_2, \cdots, u_N)$ 的定义域为：I^N，即 $[0, 1]^N$。

②至少存在一个 $u_k \in [0, 1]$（$k = 1, 2, \cdots, N$），使得 $C(u_1, \cdots,$

u_k, $\cdots$, u_N) $= 0$, 并且 $C(u_1, u_2, \cdots, u_N)$ 是 N 维递增的。

③对 $\forall u_k \in [0, 1]$（$k = 1, 2, \cdots, N$），满足 $C(1, \cdots, 1, u_k, 1, \cdots, 1) = u_k$。

如果对于 $\forall (u_1, u_2, \cdots, u_N) \in I^N$，$C_1(u_1, u_2, \cdots, u_N) \leqslant C_2(u_1, u_2, \cdots, u_N)$，则称 Copula 函数 C_1 小于 Copula 函数 C_2（或 C_2 大于 C_1），记作：$C_1 < C_2$（或 $C_1 > C_2$）。

二维 Copula 函数的 Fréchett – Hoeffding 上界、下界可以扩展到 N 维的情形：

$$C^+(u_1, u_2, \cdots, u_N) = \min(u_1, u_2, \cdots, u_N)$$

$$C^-(u_1, u_2, \cdots, u_N) = \max(\sum_{n=1}^{N} u_n - N + 1, 0)$$

当 $N \geqslant 2$ 时，C^+ 是一个 N 维 Copula 函数，然而当 $N > 2$ 时，严格地说，C^- 并不是一个 Copula 函数。根据多元 Copula 函数的定义，得到了多维 Copula 函数的性质：

①对于 $\forall u_n \in [0, 1]$，$n = 1, 2, \cdots, N$，$C(u_1, u_2, \cdots, u_N)$ 都是单调非减的。

②$C(u_1, u_2, \cdots, 0, \cdots, u_N) = 0$，$C(1, \cdots, 1, u_n, 1, \cdots, 1) = u_n$。

③对于 $\forall u_n$, $v_n \in [0, 1]$，$n = 1, 2, \cdots, N$，均有

$$|C(u_1, u_2, \cdots, u_N) - C(v_1, v_2, \cdots, v_N)| \leqslant \sum_{n=1}^{N} |u_n - v_n|。$$

④$C^- < C < C^+$。

⑤若变量 $u_n \in [0, 1]$，$n = 1, 2, \cdots, N$ 独立同分布，且用 $C^\perp$ 表示独立变量的 Copula 函数，则有

$$C^\perp = C(u_1, u_2, \cdots, u_N) = \prod_{n=1}^{N} u_n。$$

（3）常见的二元阿基米德 Copula 函数：

Gumbel、Clayton、Frank Copula 函数是二元阿基米德 Copula 的三种常见类型，本节将对这几种类型的 Copula 函数及其在相关分析中

的应用特性进行详细说明。

①Gumbel Copula 函数。

Gumbel Copula 函数的分布函数和密度函数分别为

$$C(u, v; \alpha) = \exp - [(-\ln u)^{\frac{1}{\alpha}} + (-\ln v)^{\frac{1}{\alpha}}]^{\alpha}$$

$$c = \frac{C(u, v; \alpha)(\ln u \cdot \ln v)^{\frac{1}{\alpha}-1}}{uv[(-\ln u)^{\frac{1}{\alpha}} + (-\ln v)^{\frac{1}{\alpha}}]^{2-\alpha}} \left\{ [(-\ln u)^{\frac{1}{\alpha}} + (-\ln v)^{\frac{1}{\alpha}}]^{\alpha} + \frac{1}{\alpha} - 1 \right\}$$

$$(1.8)$$

其中, $\alpha \in (0, 1]$ 为相关参数。当 $\alpha = 1$ 时, 随机变量 u, v 独立, 也就是 $C(u, v; 1) = uv$; 当 $\alpha \to 0$ 时, 随机变量 u, v 趋向于完全相关, 且 $\lim_{\alpha \to 0} C(u, v; \alpha) = \min(u, v) = C^+$, 也就是当 $\alpha \to 0$ 时, Gumbel Copula 函数趋于 Fréchet 上界 C^+。Gumbel Copula 函数的相关参数往往与传统的相关性和一致性测度存在着一一对应的关系, 比如 Kendall 秩相关系数 τ 与相关参数 α 的关系为

$$\tau_G = 1 - \alpha$$

此外, 相关参数 α 还与尾部相关系数有对应关系

$$\lambda_{C_G}^{up} = \lim_{u^* \to 1} \frac{\hat{C}(1 - u^*, 1 - u^*)}{1 - u^*} = \lim_{u^* \to 1} \frac{1 - 2u^* + C(u^*, u^*)}{1 - u^*}$$

$$= \lim_{u^* \to 1} \frac{1 - 2u^* + u^{*2\alpha}}{1 - u^*} = \lim_{u^* \to 1} (2 - 2^{\alpha} \cdot u^{*2\alpha - 1}) = 2 - 2^{\alpha}$$

$$\lambda_{C_G}^{lo} = 0$$

Gumbel Copula 函数的密度函数与分布函数 (见图 1 - 1) 意味着: Gumbel Copula 的密度函数是不对称的, 其密度分布呈"J"字型结构, 即上尾高下尾低。Gumbel Copula 函数对分布的尾部变化相当敏锐, 可以第一时间地捕捉与上尾相应的变动。假如两个随机变量间的相依结构能够用 Gumbel Copula 函数来表示, 如此在上尾部的变量间存在极强的相关性, 而在分布的下尾部, 由于各变量间是渐近独立的, Gumbel Copula 函数对变量在分布下尾部的变化影响较小, 难以

捕捉到与下尾有关的变化。Gumbel Copula 函数能够用以刻画金融市场间存在上尾部相关特性的相关关系，例如它能够极佳地描绘牛市阶段股市间相关性增强的情形，即当一个股市的股票价格多数大幅上涨时，另一个股市也出现股票价格多数大幅上涨的概率显著增加，两个股票市场之间偏好于存在更强的相关性。

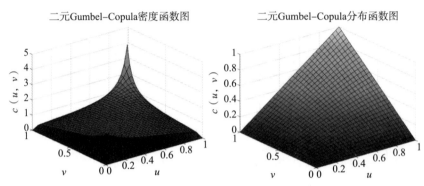

图 1-1   Gumbel Copula 函数的密度函数和分布函数（$\alpha = 0.8$）

②Clayton Copula 函数。

Clayton Copula 函数的分布函数和密度函数分别为

$$C(u, v; \theta) = (u^{-\theta} + v^{-\theta} - 1)^{-1/\theta}$$

$$c(u, v; \theta) = (1 + \theta)(uv)^{-\theta-1}(u^{-\theta} + v^{-\theta} - 1)^{-2-1/\theta} \quad (1.9)$$

其中，$\theta \in (0, \infty)$ 为相关参数。当 $\theta \to 0$ 时，随机变量 u，v 趋向于独立，即 $\lim\limits_{\theta \to 0} C(u, v; \theta) = uv$；当 $\theta \to \infty$ 时，随机变量 u，v 趋向于完全相关，且 $\lim\limits_{\theta \to \infty} C(u, v; \theta) = \min(u, v) = C^+$，即当 $\theta \to \infty$ 时，Clayton Copula 函数趋于 Fréchet 上界 C^+。

Clayton Copula 函数的相关参数往往与传统的相关性和一致性测度存在着一一对应的关系，如 Kendall 的秩相关系数 τ 与相关参数 θ 的关系为

$$\tau_C = \theta / (\theta + 2)$$

此外，相关参数还与尾部相关系数有对应关系：

$$\lambda_C^{up} = 0$$

$$\lambda_C^{lo} = \lim_{u^* \to 0} \frac{C(u^*, u^*)}{u^*} = \lim_{u^* \to 0} \frac{(u^{*-\theta} + u^{*-\theta} = 1)^{-1/\theta}}{u^*}$$

$$= \lim_{u^* \to 0} \frac{1}{u^* (2u^{*-\theta} - 1)^{1/\theta}} = \lim_{u^* \to 0} \frac{1}{(2 - u^{*\theta})^{1/\theta}} = 2^{-1/\theta}$$

经过对照 Gumbel Copula 和 Clayton Copula 函数的密度函数（见图 1 - 2）能够察觉，Clayton Copula 的密度函数无疑是不对称的，但它与 Gumbel Copula 函数的形态恰巧相悖，Clayton Copula 函数的密度分布呈 "L" 字型结构，即上尾低下尾高。Clayton Copula 函数对变量在分布下尾部的变化极其敏锐，能够敏捷捕捉到下尾相应的变动，假如两个变量之间的相依结构能够用 Clayton Copula 函数来刻画，这就呈现在分布的下尾部，变量间拥有较强的相关性。在分布的上尾部，鉴于各变量间是渐近独立的，Clayton Copula 函数对变量在分布上尾部的变化影响较小，不足以捕获到与上尾有关的变动。

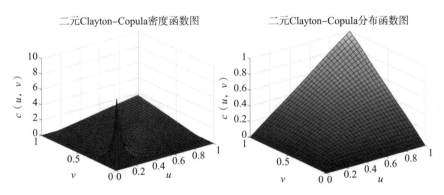

图 1 - 2　Clayton Copula 函数的密度函数和分布函数（$\theta = 1.15$）

Clayton Copula 函数能够拿来刻画金融市场间存在下尾部相关特征的相关关系，例如它能够极好地刻画熊市阶段股市间相关性增加的状况，即当一个股票市场的股票价格绝大多数暴跌时，另一个股票市场也出现股票价格绝大多数暴跌的概率显著增加，两个股票市场之间偏好于存在更强的相关性。

③Frank Copula 函数。

Gumbel Copula 和 Clayton Copula 函数仅能刻画变量间的非负相关关系，而 Frank Copula 函数还可以描述变量间的负相关关系。Frank Copula 函数的分布函数和密度函数分别为

$$C(u, v; \lambda) = -\frac{1}{\lambda}\ln\left(1 + \frac{-\lambda(e^{-\lambda u} - 1)(e^{-\lambda v} - 1)}{e^{-\lambda} - 1}\right)$$

$$c(u, v; \lambda) = \frac{-\lambda(e^{-\lambda} - 1)e^{-\lambda(u+v)} - 1}{[(e^{-\lambda} - 1) + (e^{-\lambda u} - 1)(e^{-\lambda v} - 1)]^2} \quad (1.10)$$

其中，λ 为相关参数，$\lambda \neq 0$。$\lambda > 0$ 表示随机变量 u，v 正相关，$\lambda \rightarrow 0$ 表示随机变量 u，v 趋向于独立，$\lambda < 0$ 表示随机变量 u，v 负相关。Frank Copula 函数的相关参数往往也与传统的相关性和一致性测度存在着一一对应的关系，如 Kendall 的秩相关系数 τ 与相关参数 λ 的关系为

$$\tau = 1 + \frac{4}{\lambda}[D_k(\lambda) - 1]$$

其中，$D_k(\lambda) = \frac{k}{\lambda^k}\int_0^\lambda \frac{t^k}{e^t - 1}dt$，式中 $k = 1$，$D_k(\cdot)$ 被称作 "Debye" 函数。

此外，Frank Copula 函数的上尾、下尾相关系数 $\lambda_{C_F}^{up}$，$\lambda_{C_F}^{lo}$ 均为零，表明变量在 Frank Copula 函数分布的尾部都是渐近独立的。

Frank Copula 的分布密度图呈 "U" 字型结构具备对称性，不能够捕获到随机变量间非对称的相关关系。假如随机变量间的相依结构拥有对称的相关模式，这样就能够用 Frank Copula 函数来刻画，Frank Copula 函数只能够用以刻画拥有对称相依结构的变量间的相关关系。因为变量在分布的尾部是渐近独立的，因而 Frank Copula 函数对上尾、下尾相关性的变化都不敏锐，不容易捕获到尾部相关的变化（见图 1 - 3）。

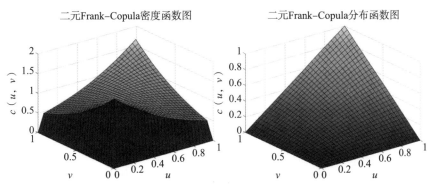

图 1 – 3 **Frank Copula** 函数的分布密度和分布函数（$\lambda = 1.43$）

这三种阿基米德 Copula 函数，对变量间相依结构的刻画都有各自的特点，包含了相依结构变化的众多情形，经过应用它们的相关参数，能够简便地求出人们想要了解的相关性测度的值，特别是尾部相关性测度的数值。因为它们具备的优良的特质，被广泛地用到金融和保险等行业。

1.3.2 Copula 函数与边际分布函数估计

依据指定的样本资料，Copula 的估计方法能够分成参数估计方法、半参数估计方法及非参数估计方法。参数估计方法直接指定了样本边际分布函数类型和 Copula 函数类型，需要估计的就是边际分布的参数以及 Copula 函数的参数。半参数估计方法是只指定 Copula 的函数类型，而并无对边际分布予以任何假定，在估计 Copula 的参数时，用经验边际分布函数替代理论的边际分布函数。与前两种方法均不同的是非参数估计方法，它对样本边际分布的类型和 Copula 的函数类型都不指定。

（1）参数估计方法

在 Copula 模型中，最常用的参数估计方法是极大似然法（MLE）。

由 Copula 的密度函数和边际分布的密度函数得到了该联合分布函数的密度函数

$$f(x_1, x_2, \cdots, x_N; \theta) = c(F_1(x_1; \theta_1), F_2(x_2; \theta_2), \cdots,$$

$$F_N(x_N; \theta_N); \theta_c) \prod_{n=1}^{N} f_n(x_n; \theta_n)$$

$$= c(u_1, u_2, \cdots, u_n; \theta_c) \prod_{n=1}^{N} f_n(x_n; \theta_n)$$

其中，$u_n = F_n(x_n; \theta_n)$，$n = 1, 2, \cdots, N$ 为边际分布函数，

$$c(u_1, u_2, \cdots, u_n; \theta_c) = \frac{\partial C(u_1, u_2, \cdots, u_n; \theta_c)}{\partial u_1 \partial u_2, \cdots, \partial u_N}, \quad \theta = (\theta_1,$$

$\theta_2, \cdots, \theta_N, \theta_c)'$，$\theta_c$ 为 Copula 函数的参数向量，θ_n，$n = 1, 2, \cdots,$ N 边际分布参数向量。然后得到相应的对数似然函数如下：

$$\ln L(x_1, x_2, \cdots, x_N; \theta) = \sum_{t=1}^{T} \left(\sum_{n=1}^{N} \ln f_n(x_{nt}; \theta_N) \right)$$

$$+ \ln c(F_1(x_{1t}; \theta_1), F_1(x_{2t}; \theta_2), \cdots,$$

$$F_N(x_{Nt}; \theta_N); \theta_c)$$

通过极大化对数似然函数，就可以得到参数 $\hat{\theta}$ 的全局极大似然估计量为：

$$\hat{\theta} = \arg\max_{\theta} \ln L(x_1, x_2, \cdots, x_N; \theta)$$

由极大似然估计性质可以得出 $\hat{\theta}$ 是 θ 的相合估计。并且 $\sqrt{n}(\hat{\theta} - \theta_0)$ 依分布收敛于期望为 0、协方差为 Σ^2 的正态分布，其中 θ_0 为参数的真实值，Σ^2 为正定矩阵。

纵然可以对各参数进行最优化的估算，但当维数偏高时，进行估算会使估算显得困难，对优化具有一定的消极影响。路易斯（Louis，1995）、奥克斯（Oakes，1994）指出了两阶段极大似然估计法，而且现已大量学者证实了，运用一步极大似然估计法和两阶段极大似然估计法来估计 Copula 模型，获得的参数估计值无显著区别。两阶段极大似然估计法进行参数估计的步骤如下：

第一步：估计出边际分布函数的参数 $\hat{\theta}_n$，$n = 1$，2，$\cdots$，N

$$\hat{\theta}_1 = \underset{\theta_1 \in R^{m1}}{\mathrm{argmax}} \sum_{t=1}^{T} \ln f_1(x_t;\theta_1)$$

$$\hat{\theta}_2 = \underset{\theta_2 \in R^{m2}}{\mathrm{argmax}} \sum_{t=1}^{T} \ln f_2(x_t;\theta_2)$$

$$\hat{\theta}_N = \underset{\theta_N \in R^{mN}}{\mathrm{argmax}} \sum_{t=1}^{T} \ln f_N(x_{Nt};\theta_N)$$

第二步：然后将它们的估计值代入 Copula 函数中，最后估计得到 Copula 函数中的参数 $\hat{\theta}_c$ 的值。

$$\hat{\theta}_c = \underset{\theta_c \in R^{m_c}}{\mathrm{argmax}} \sum_{t=1}^{T} c(F_1(x_{1t};\hat{\theta}_1),F_2(x_{2t};\hat{\theta}_2),\cdots,F_N(x_{Nt};\hat{\theta}_N);\theta_c)$$

这里的 $\hat{\theta}_c$ 同样具备相合性和渐进正态性。虽然渐进有效性有所减小，但是估算更加简洁，所以两阶段极大似然估计法仍然得到了广泛的应用。

（2）半参数估计法

半参数估计方法不需要对边际分布进行假设，它被称作伪极大似然估计方法（CML 估计），其思路比较简单，即用样本经验分布函数 $F_X(x)$，$G_Y(y)$ 分别代替边际分布函数 $F(x;\theta_1)$，$G(y;\theta_2)$，因此仅需估算 Copula 密度函数的参数 θ。其步骤如下：

第一步：根据样本数据 (x_i,y_i)，$i = 1$，2，$\cdots$，n 结合经验分布函数得到经验分布函数值 $F_X(x_i)$，$G_Y(y_i)$，$i = 1$，2，$\cdots$，n，并将经验分布函数值记作 $u_i = F_X(x_i)$，$v_i = G_Y(y_i)$，$i = 1$，2，$\cdots$，n。

第二步：将 u_i，v_i，$i = 1$，2，$\cdots$，n 的值代入前文所求对数似然函数的边际分布中，至此我们用经验分布函数值来代替边际分布函数值 $F(x_i;\theta_1)$，$G(y_i;\theta_2)$，$i = 1$，2，$\cdots$，n。

第三步：最后利用最大似然估计方法，求解对数似然函数的最优解，即可得出 Copula 密度函数中未知参数 θ 的估计量

$$\hat{\theta}_{CML} = \operatorname{argmax} \sum_{i=1}^{n} \ln c(u_i, v_i; \theta)$$

与全局极大似然估计中获得的 Σ^2 对比，Ω^2 与 Σ^2 的维数与参数 θ 维数相同，Σ^2 与边际分布的参数的估计有极大的关系，而 Ω^2 与边际分布的估计没有关联。而当边际分布参数估计值越来越接近真实值时，Ω^2 与 Σ^2 相比就越小，但是当边际分布参数估计值出现偏差时，Σ^2 就极有可能会超过 Ω^2，这就说明 $\hat{\theta}_{CML}$ 优于 $\hat{\theta}$。

于波（2009）提出了一种新的半参数估计方法，其主要思想是借用非线性规划中的 BFGS（Broyden – Fletcher – Goldfarb – Shanno）方法，使目标函数最速下降。随机抽样 (x_{11}, x_{21})，(x_{12}, x_{22})，(x_{1n}, x_{2n}) 来自联合分布函数 $F(x_1, x_2)$，定义随机变量：

$$\gamma_i = \hat{F}(x_{1i}, x_{2i}) = \frac{1}{n-1} \sum_{j=1}^{n} sign((x_{1j} < x_{1i})(x_{2j} < x_{2i}))$$

其中，$\hat{F}(x_{1i}, x_{2i})$ 是 $F(x_1, x_2)$ 的经验分布。我们需要估计的未知参数应该使目标函数 $f(\theta) = \sum_{i=1}^{n} (C(u_{1i}, u_{2i}; \theta) - \gamma_i)^2$ 的值达到最小，并将其记作 θ''。$u_i = \hat{F}_i(x_i)$ 为 (X_1, X_2) 的经验分布函数。

对于无约束优化问题 $\min f(x)$，$x \in R^n$，关键是选取搜索方向，使目标函数快速下降。BFGS 的主要思想就是采用以下形式矩阵方程进行迭代

$$\theta_{k+1} = \theta_k + t p^k$$

其中，k 为迭代次数，t 为最佳的搜索步长，p^k 为第 k 次搜索方向。

$$p^k = -E_k f'(\theta_k)$$

其中，$f'(\theta_k)$ 是价值函数 $f(\theta)$ 对 θ_k 的一阶导数，E_k 为信息矩阵。

$$E_{k+1} = E_k + \frac{\nabla \theta_k \nabla \theta_k^T}{\nabla \theta_k^T \nabla g_k} \Big[1 + \frac{\nabla g_k^T \nabla E_k \nabla g_k}{\nabla \theta_k^T \nabla g_k} \Big]$$

$$- \frac{1}{\nabla \theta_k^T \nabla g_k} \big[\nabla \theta_k \nabla g_k^T E_k + E_k \nabla g_k \nabla \theta_k^T \big]$$

其中，$\nabla\theta_k = \theta_{k+1} - \theta_k$，$\nabla g_k = f'(\theta_{k+1}) - f'(\theta_k)$，$E_0 = 1$。

（3）非参数估计方法

在对一个特有的经济现象实行统计分析之前，我们通常觉得这些模型包含的随机变量是由某个概率密度函数生成的，而只需要依据观测样本对概率密度函数中的未知参数进行估计。但现实情形是，边际分布并不就是完全遵循服从正态分布或者是另外的分布。于是，用传统方法估计出来的参数值时常不太精确。由于许多金融模型都不可以精确地断定其边际分布，因此，传统的参数估计方法存在一定的局限性。而非参数估计方法则就是无须预先知晓金融模型的边际分布，帕尔逊（Parzen，1962）提出了核密度估算方法。采用非参数核估计方法对随机变量边际分布以及 Copula 函数进行估计。采用非参数核估计无须事先假设或估计 Copula 函数的参数，即可直接估计 Copula 函数在任一点上的数值，并通过计算 Copula 函数的估算结果，获得 Copula 函数的相关性测度的值。核函数 $k(\cdot)$ 是一类在实数域内有实数边界的对称函数，其满足：

$$\int_{-\infty}^{+\infty} k(x)\,\mathrm{d}x = 1$$

随机向量 $x = (x_1, x_2, \cdots, x_N)$，$k_n(\cdot)$，$n = 1, 2, \cdots, N$ 为对应的一元核函数，这里用一元核函数 $k_n(x_n)$，$n = 1, 2, \cdots, N$ 的乘积来构造 N 元核函数 $k(x)$，具体表达式为：

$$k(x) = \prod_{n=1}^{N} k_n(x_n)$$

可以将上式拓展为更一般的形式：

$$k(x; h) = \prod_{n=1}^{N} k_n\left(\frac{x_n}{h_n}\right)$$

其中，h_n 为核函数 $k_n(\cdot)$ 的带宽，是样本量 T 的正函数，当 $T\to\infty$ 时 $h_n\to0$；

$$
h = \begin{pmatrix} h_1 & 0 & \cdots & 0 \\ 0 & h_2 & \ddots & \vdots \\ \vdots & \ddots & \ddots & 0 \\ 0 & \cdots & 0 & h_N \end{pmatrix}
$$

令 $\{Y_t\}_{t=1}^{T}$ 为一个平稳的 $N \times 1$ 维向量时间序列，$Y_t = (Y_{1t}, Y_{2t}, \cdots, Y_{Nt})'$，$Y_t$ 的联合分布函数和密度函数分别为 $F(\cdot)$ 和 $f(\cdot)$，Y_{nt} 的边际分布函数和密度函数分别为 $F_n(\cdot)$ 和 $f_n(\cdot)$。给定 $u_n \in (0, 1)$，$n = 1, 2, \cdots, N$，若 Y_{nt} 的边际分布函数 $F_n(\cdot)$ 满足方程 $F_n(y_n) = u_n$ 且方程有唯一解，那么 Y_{nt} 在点 y_n 处的边际分布密度函数 $f_n(\cdot)$ 的估计值为：

$$
\hat{f}_n(y_n) = \frac{1}{Th_n} \sum_{n=1}^{N} k_n \left(\frac{y_n - Y_{nt}}{h_n} \right)
$$

在点 $y = (y_1, y_2, \cdots, y_N)'$ 处的联合分布密度函数 $f(\cdot)$ 的估计值为：

$$
\hat{f}(y) = \frac{1}{T|h|} \sum_{t=1}^{T} k(y - Y_t; h) = \frac{1}{T|h|} \sum_{t=1}^{T} \prod_{n=1}^{N} k_n \left(\frac{y_n - Y_{nt}}{h_n} \right)
$$

其中，$|h|$ 表示与矩阵 h 相对应的行列式的值。

进一步地，可以得到 Y_{nt} 在点 y_n 处的边际分布函数 $F_n(\cdot)$ 的估计值：

$$
\hat{F}_n(y_n) = \int_{-\infty}^{y_n} \hat{f}_n(x) \, \mathrm{d}x
$$

同时可以得到 Y 在点 $y = (y_1, y_2, \cdots, y_N)'$ 处的联合分布函数 $F(\cdot)$ 的估计值：

$$
\hat{F}_n(y) = \int_{-\infty}^{y_1} \int_{-\infty}^{y_2} \cdots \int_{-\infty}^{y_N} \hat{f}(x) \, \mathrm{d}x
$$

根据 Sklar 定理，有

$$
F(y) = C(F_1(y_1), F_2(y_2), \cdots, F_N(y_N))
$$

根据联合分布函数 $F(\cdot)$ 的估计值，可以估计得到在点 $u = (u_1, u_2, \cdots, u_N)$ 处 Copula 函数的值。这里利用插入法来估计 Copula 函数的值，具体表达式为

$$\hat{C}(u) = \hat{F}(\hat{\xi})$$

其中，$\hat{\xi} = (\hat{\xi}_1, \hat{\xi}_2, \cdots, \hat{\xi}_N)'$ 且 $\hat{\xi}_n = \inf_{y \in R}(y \mid \hat{F}_n(y) \geqslant u_n)$，$n = 1$，$2$，$\cdots$，$N$。

在给定样本后，核估计结果的优劣主要取决于核函数及窗宽的选取。选取的步骤是：首先确定核函数，其次寻找最优带宽 $\hat{h}_{opt}$。在样本数居多的状况下，核函数的选取对估计结果的影响偏小，故而普遍采取具备优良平滑度的正态核函数。在明确了核函数以后，进行带宽的选择，带宽的选取会对边际分布函数的拟合度形成一定的影响。假如带宽取值过大，将呈现分布的过度平均化，难以体现样本的一些分布特性；反之，整体估算尤其是分布的尾部可能呈现极大偏差。

1.3.3　Copula 函数拟合优度的检验

在构建了 Copula 模型后，就要对模型的优劣进行对应的检验。边际分布模型能否较好地拟合变量的实际分布，Copula 函数能否准确地刻画变量间的相依结构，因而需要选用适当的检验方法对模型的精确性及拟合优度进行检验。

（1）K–S 检验

若变量分布函数为 $F(x)$ 且连续，对变量进行概率积分变换得到 u，即 $u = F(x)$，那么 u 服从（0，1）均匀分布，从而为边际分布的拟合度检验奠定了理论依据。迪霍伊德（Diehoid，1998）提出了一种基于序列概率积分转换的密度分布模型的评估方法，适用于测试和评价 Copula 模型中的边际模型。该模型首先对原始序列进行概率积分转换，然后检验其是否遵循独立同分布的（0，1）均匀分布，从而验证该模型。如果变换后的序列服从独立同分布，那么对研究变量的建模是准确的；如果变换后的序列服从（0，1）均匀分布，则表明对边际分布的假设是准确的。第一个步骤是对概率积分转换后的各序列进行独立性检验。如果没有自相关性，则该序列可以被看作独立的。第二个步骤是检验概率积分转换后的序列是否服从（0，1）均匀分布。Kolmogorov - Smirnov（K - S）检验可以用于检验单个样本是否服从某一特定分布，或者检验两个独立的样本是否服从同一分布。至此，我们可以采用 K - S 检验方法来检验变换后的序列是否服从（0，1）均匀分布，以此来判定对研究变量边际分布的假设是否正确。

（2）Q - Q 图检验

Q - Q 图的英文名是 Quantile - Quantile plot，Q - Q 图检验可以很好地反映出变量的真实分布与指定分布的拟合情况。宗序平和姚玉兰（2010）对 Q - Q 图的原理进行了研究，设总体 X 的分布函数为 $F(x)$，X_1，X_2，$\cdots$，X_n 为来自总体 X 的简单随机样本，即 X_1，X_2，$\cdots$，X_n 独立同分布，且与总体 X 的分布相同，其顺序统计量为 $X_{(1)} \leqslant X_{(2)} \leqslant \cdots \leqslant X_{(n)}$。设样本的观测值为 x_1，x_2，$\cdots$，x_n，那么顺序统计量的观测值为 $x_{(1)} \leqslant x_{(2)} \leqslant \cdots \leqslant x_{(n)}$，则总体 X 的经验分布函数为：

$$F_n(x) = \begin{cases} 0, & x < x_{(1)} \\ 1/n, & x_{(1)} \leqslant x \leqslant x_{(2)} \\ \cdots \\ k/n, & x_{(k)} \leqslant x \leqslant x_{(k+1)} \\ \cdots \\ 1, & x \geqslant x_{(n)} \end{cases}$$

对于经验分布函数有 $F_n(x) = \#\{X_1, X_2, \cdots, X_n$ 小于等于 $x\}/n$，其中，#代表计数测度。

$$F_n(x) = \frac{1}{n} \sum_{i=1}^{n} I\{X_i \leqslant x\}$$

其中，I 表示为示性函数。我们可以看出：$I\{X_i \leqslant x\}$，$i = 1$，2，$\cdots$，n 为独立同分布的随机变量序列且均服从两点分布 $B(1, F(x))$。由于分布函数为非降函数，因此其反函数定义为：

$$x = F^{-1}(y) = \inf\{x: F(x) > y\}$$

由现有知识可知：分布函数的反函数存在且唯一。对于原假设 H_0：$X \sim F(x)$ 成立时，下列点：

$$\{F_n^{-1}(i/n),\ F^{-1}(i/n)\} = \{x_{(i)},\ F^{-1}(i/n)\},\ i = 1,\ 2,\ \cdots,\ n$$

应当在直角平面坐标系中的 $y = x$ 的直线上，由这些点所作的散点图称为 Q-Q 图。当拟合的散点图越靠近直线时，则表示所指定的分布与真实分布越接近，其精确度越高。

在对边际分布进行检验后，还要对 Copula 函数进行检验，以验证 Copula 函数能否精确描述变量间的相依结构，并对 Copula 函数的拟合优度进行评估。

令随机变量 X 和 Y 的分布函数分别为 $F(\cdot)$ 和 $G(\cdot)$，相应地，Copula 函数为 $C(\cdot,\ \cdot)$，那么在 $X = x$ 的条件下，随机变量 Y 的条件分布为：

$$H(Y \leqslant y \mid X = x) = C_u(v)$$

其中，$C_u(v) = \dfrac{\partial}{\partial u} C(u,\ v)$ 服从 $(0,\ 1)$ 均匀分布，$u = F(x)$，$v = G(y)$。

可以通过检验 Copula 函数关于其自变量的一阶偏导 $C_u(v)$ 和 $C_v(u)$，即条件分布 $C(u \mid v)$ 和 $C(v \mid u)$ 是否均服从 $(0,\ 1)$ 均匀分布来检验相应的 Copula 函数是否准确。条件分布 $C(u \mid v)$ 和 $C(v \mid u)$ 的检验问题实是一个一元分布的检验问题，同样可以采用 Kolmogorov-Smirnov（K-S）检验和 Q-Q 图检验，通过检验条件分布 $C(u \mid v)$ 和 $C(v \mid u)$ 是否均服从 $(0,\ 1)$ 均匀分布来评价指定 Copula 函数对样本的拟合度。

（3）χ^2 检验

胡（Hu，2002）在研究欧美外汇和股票市场的相依结构时，引入了一个服从 χ^2 分布的 M 检验统计量以评价 Copula 函数的拟合优度，以判定指定的 Copula 函数的精确性。χ^2 检验评价 Copula 函数拟合优度的具体步骤如下：

令 $\{u_t\}$ 和 $\{v_t\}$，$t = 1, 2, \cdots, T$ 都是服从独立同分布的 $(0, l)$ 均匀分布的序列，它们是根据对观测序列进行概率积分变换之后估计得到的边际分布。然后构造一个表格 G，其中包含 $k \times k$ 个单元格，处于第 i 行、第 j 列的单元格记作 $G(i, j)$，$i, j = 1, 2, \cdots, k$，对于任意一点 (u_t, v_t)，若 $\frac{i-1}{k} \leqslant u_t < \frac{i}{k}$ 且 $\frac{j-1}{k} \leqslant v_t < \frac{j}{k}$，则点 $(u_t, v_t) \in G(i, j)$，显然 $G(i, j)$ 表示一个下界为 $\left[\frac{i-1}{k}, \frac{j-1}{k}\right]$，上界为 $\left(\frac{i}{k}, \frac{j}{k}\right)$ 的概率集合，其中 k 选择的依据是总的抽样数量和观测点的分布，同时要确保 Copula 函数的拟合优度检验和每个单元格的数量足够多。

如果用 A_{ij} 表示落在单元格 $G(i, j)$ 内实际观测点个数，那么由 A_{ij}，$i, j = 1, 2, \cdots, k$ 构成的方阵 A 可以反映随机变量 u 和 v 之间的相关关系，若 u、v 正相关，则大多数观测点将落在表格 G 的主对角线上；若 u、v 独立，则观测点将均匀分布在表格 G 的各个单元格中；若 u、v 负相关，则大多数观测点将落在连接表格 G 左上角和右下角的对角线上。令 A_{ij} 表示落在单元格 $G(i, j)$ 内的实际观测点个数，B_{ij} 表示由 Copula 模型预测得到的落在单元格 $G(i, j)$ 内的点的个数，则评价 Copula 函数拟合优度的 χ^2 检验统计量 M 可表示为：

$$M = \sum_{i=1}^{k} \sum_{j=1}^{k} \frac{(A_{ij} - B_{ij})^2}{B_{ij}}$$

其中，统计量 M 服从自由度为 $(k-1)^2$ 的 χ^2 分布。在实际应用中，由于观测点数目太少，单元格往往会被合并，而当模型中含有 p 个参数时，所合并的单元格数目是 q，则该模型的自由度就会降低至 $(k-1)^2 - p - (q-1)$。

除此之外，杰内斯特和李维斯特（Genest & Rivest, 1993）、辛（Shih, 1998）、王和威尔斯（Wang & Wells, 2000）、布雷曼等

（Breymann et al.，2003）以及潘陈科（Panchenko，2005）、费曼马尼安（Fermanian，2005）、费曼马尼安等（Fermanian Genest et al.，2006）、多布里克和施密德（Dobric & Schmid，2007）等提出了很多检验方法，每种方法都有各自的优点以及特定情况下的限制，而且没有一种方法是普遍优于其他方法的。尼可洛洛波洛斯和卡尔利斯（Nikoloulopoulos & Karlis，2008）提出了一种基于原始可能性和模拟可能性之间马哈拉诺比平方距离的检验方法。普罗霍夫和施密德（Prokhorov & Schmidt，2008）提出了一种条件矩检验，该检验基于Copula 的得分函数是否具有零均值，但他们的测试不能区分正确的Copula 和任何其他具有零均值得分函数。黄和普罗霍夫（Wanling Huang & Artem Prokhorov，2014）根据信息矩阵等式，利用基于 Copula 的 Hessian 矩阵和得分函数的外积，使用经验边际分布代替真实边际分布，通过 Copula 函数参数 θ 的典型极大似然估计量（CMLE）。

$$\max_{\theta} \sum_{t=1}^{T} \ln c(\hat{F}_1(x_{1t}),\ \cdots,\ \hat{F}_N(x_{Nt}),\ \theta)$$

令：$H_t(\theta) = \nabla_{\theta}^2 \ln c((\hat{F}_1(x_{1t}),\ \cdots,\ \hat{F}_N(x_{Nt}),\ \theta))$

$C_t(\theta) = \nabla_{\theta} \ln c((\hat{F}_1(x_{1t}),\ \cdots,\ \hat{F}_N(x_{Nt}),\ \theta)) \nabla'_{\theta} \ln c((\hat{F}_1(x_{1t}),\ \cdots,$
$\hat{F}_N(x_{Nt}),\ \theta))$

$$\hat{H}_{\theta} = T^{-1} \sum_{t=1}^{T} H_t(\theta)$$

$$\hat{C}_{\theta} = T^{-1} \sum_{t=1}^{T} C_t(\theta)$$

$$d_t(\theta) = vech(H_t(\theta) + C_t(\theta))$$

$$D(\theta) = E d_t(\theta)$$

$$\hat{D}(\theta) = T^{-1} \sum_{t=1}^{T} d_t(\theta)$$

当 Copula 设定正确时，其检验统计量 $T\hat{D}'_{\hat{\theta}} V_{\theta_0}^{-1} \hat{D}_{\hat{\theta}}$ 渐进服从自由度为 $p(p+1)/2$ 的卡方分布，其中 p 是参数向量 θ 的维数。该检验方法

不涉及内核加权和带宽选择等问题，因此相对简单。

1.4 金融风险测度理论

1.4.1 金融风险测度定义与性质

美国经济学家、芝加哥学派的创立者奈特（Knight）在其《风险、不确定性及利润》（1921）中更全面地描述了风险与不确定性之间的关系。金融作为现代经济的一个重要组成部分，金融风险是最普遍、最具影响力的一种。金融风险是指金融机构未来收益的不确定性或波动性，与金融市场的波动性有直接关系。具体而言，金融风险是指金融市场环境的改变，使金融机构的资金流动受到不利的影响，从而使其资产或利润遭受损失，从而使其价值降低。

金融机构面临的风险主要分为以下四类。

（1）操作风险

由于操作风险的高度独立性和危害性，在当前的金融风险管理中，越发受到机构监督和风险管理者的关注，从巴塞尔协定 II 开始，对其进行了独立的计量。2007 年，银监会颁布的《商业银行操作风险管理指引》将从操作风险界定为：由不完善或有问题的内部程序、员工和信息科技系统，以及外部因素所造成损失的风险。《人身保险公司全面风险管理实施指引》将操作风险界定为：是指因内部操作流程、人员、制度或外部因素造成的直接或间接损失，其中包括法律及监管合规风险。从国际上看，操作风险主要包括：内部欺诈、外部欺诈、员工活动和工作场所安全、客户、产品和业务活动、实物资产受损、业务中断、IT 系统瘫痪、执行、支付和流程管理等方面的操作性问题。

（2）信用风险

信用风险是金融领域最古老的风险类型。信用风险管理有着悠久的历史和丰富的经验，但当信用风险发生时，其破坏力仍然很大。信用风险是指债务人或交易对手未能履行合约所规定的义务，或信用质量发生变化而影响金融产品价值，从而给债权人或金融产品持有人造成经济损失的风险。《人身保险公司全面风险管理实施指引》中的信用风险，是指因债务人、交易对手未能履行或未能及时履行其合同义务，或因信用情况发生不利变化所造成的风险。信用风险可分为违约风险、交易对手风险、信用转移风险、可归因于信用风险的结算风险等主要形式。

（3）市场风险

广义的市场风险是指金融机构的交易头寸因市场价格因素波动而给金融机构带来的利润或损失。它充分考虑了市场价格可能向有利于自己和不利于自己的方向变化，从而产生潜在的利益或亏损，对于直面市场风险、不回避市场风险甚至利用市场风险都有积极意义。狭义的市场风险则是指金融机构在金融市场的交易头寸由于市场价格因素的不利变动而可能遭受的损失。

市场风险包括利率风险、汇率风险、股票价格风险和商品价格风险，分别是指由于利率、汇率、股票价格和商品价格的不利变动所带来的风险。其中，利率风险是企业和保险公司关注的一个非常重要的风险。根据风险的来源将其划分为重新定价风险、收益率曲线风险、基准风险和选择权风险。保险公司的利率风险中还包含资产负债不匹配风险。

（4）流动性风险

流动性风险自金融体系诞生以来就存在，而且是目前最重要的风险之一。流动性风险是金融机构经营活动中最基础的风险种类之一，指经济主体由于金融资产流动性的不确定性变动而遭受经济损失的可能性。在商业银行体系中，流动性风险是指商业银行无法为减少负债或增加资产提供资金而导致损失或破产的风险。在 2009 年银监会《商业银行流动性风险管理指引》中，流动性风险被界定为："流动性风险是指商业银行虽然有清偿能力，但无法及时获得充足资金或无法以合理成本及时获得充足资金以应对资产增长或支付到期债务的风险。"《人身保险公司全面风险管理实施指引》将流动性风险界定为："指在债务到期或发生给付义务时，由于没有资金来源或必须以较高的成本融资而导致的风险。"

流动性风险主要来源于操作风险、信用风险和市场风险等其他风险。当这些问题出现或同时出现时，是非常危险的。操作风险会干扰公司的日常经营活动，对资金流动产生一定影响，造成流动性损失；信用风险造成流动性问题，无法完成合同双方签订的合同，则可能造成流动性损失。利率的大幅波动将给银行带来巨大的资产损失和现金短缺，同时增加银行的融资成本和流动性风险。除了巴塞尔协议体系极其关注的信用风险、市场风险、操作风险和流动性风险之外，战略风险、声誉风险、法律风险、合规风险和主权风险等也成为了金融机构、监管者与投资者关注的焦点。

1.4.2 常用的金融风险测度

在金融风险管理中，金融风险测度是金融风险管理的核心。评估风险的大小和影响，一直是各界关注的重点。正确地对金融风险进行测度，能够准确反映市场状况，把握风险变化，提供决策依据，为市场监管出谋划策，构建和谐稳定的金融市场。

马科维茨（Markowitz，1952）建议将投资组合收益的均值与方差作为进行投资组合选择的依据。马科维茨的理论建立在两个假设基础上：一是资本市场的有效性；二是收入分配的正态性。夏普（Sharp，1964）和林特纳（Lintner，1965）进一步发展了投资组合的方法，创立了证券定价的资本资产定价模型，认为在所有投资者持有无风险资产和市场资产组合时，就能使金融市场达到平衡。风险资产的价格是通过它们被包含于市场组合的这种方式来确定的。

Value at Risk（VaR）是目前金融市场风险测度应用最广泛的方法。1994 年，摩根公司公布了其内部使用的估计金融风险的方法、数据和模型，其核心技术就是 VaR 方法。VaR 的特点在于可将不同市场因子、不同市场的风险集成为一个数，从而可以更精确地衡量不同的风险源以及它们之间的交互作用所带来的潜在损失。VaR 法已被广泛地运用于风险测量和控制等方面，是目前金融市场中主要的风险测度手段。

VaR 也被称为在险价值，是指在一定的概率水平下，证券组合在未来特定一段时间内的最大可能损失。设一资产或投资组合收益的分布函数为 $F(x)$，且为连续函数，置信水平为 $1-\alpha$，其中 $\alpha \in (0, 1)$，其定义为：

$$VaR_\alpha[X] = F^{-1}(\alpha) = \inf\{x: P(X \leq x) \geq \alpha\}$$

利用 VaR 进行测度有三个关键参数：持有期、置信水平和观察期。持有期限是衡量收益或损失的基本时间单位，即观察数据的频率，例如日收益率、周收益率等。置信水平的选取取决于金融机构对极端事件风险的规避，置信水平越高，其对资本充足性和安全性要求越高；反之，则对资金充足性的需求越低，且越不安全。观察期间是对给定持有期限资产的波动性进行考察的整体时间长度。在观测周期中，我们需要权衡历史资料的有效性与市场结构改变的风险。

VaR 在很多方面都有广泛的应用，例如在银行、保险、投资基金、养老金基金和非金融公司，利用 VaR 进行金融衍生工具的风险管理。VaR 具有其独特的优点：第一，在有了 VaR 作为衡量风险的统一标准之后，各金融机构可以定期对 VaR 值进行测度并将其公开，从而提高市场的透明度。第二，VaR 可以事先进行预测，在某种程度上减少了市场的风险。第三，能够确定所需的资金，并为其提供监管依据。第四，相对于其他复杂的监管流程，运用 VaR 进行风险测度，可以让监管者和投资者更易了解和把握风险。

安特纳（Artzner，1999）提出了一致性风险测度的概念。设 V 为一可测集（$0 \in V$），定义映射：$\rho: V \to (-\infty, \infty]$，$\rho(0) = 0$，当其满足下面的条件时，$\rho$ 称为一致性风险测度：

（1）单调性：$X, Y \in V, X \leqslant Y \Rightarrow \rho(X) \leqslant \rho(Y)$

（2）次可加性：$X, Y, X + Y \in V \Rightarrow \rho(X + Y) \leqslant \rho(X) + \rho(Y)$

（3）正齐次性：$X \in V, a > 0, aX \in V \Rightarrow \rho(aX) \leqslant a\rho(Y)$

（4）传递性：$X \in V, b \in R, X + b \in V \Rightarrow \rho(X + b) = \rho(X) - b$

一个好的风险度量标准应当具备以上四项准则，但 VaR 并不具备上述的次可加性，因此不能作为一种一致性的风险测度方法。VaR 可以用来描述某种概率下的损失不大于其值，但不能反映金融市场的极端情形，当出现极端情况时，VaR 通常会忽视这类情况，从而低估其风险。但是 Expected Shortfall（ES）刚好可以弥补这一缺陷。

ES 是一种一致性风险测度指标，其定义如下：

$$ES_{\alpha}[X] = E[X \mid X > VaR_{\alpha}[X]]$$

对 VaR 的估计方法主要有德尔塔—正态方法、历史模拟法（historical-simulation）、应力测试法（stress testing）、蒙特卡罗模拟法（Monte Carlo simulation）。此外随着各界学者的不断研究，还有基于极值理论、分位数回归方法、基于混合密度神经网络等的估计方法。

在估计了 VaR 值之后，接下来就是对模型的有效性进行检验。我们知道，VaR 是在一个特定的置信水平上得出的，比如，在 95% 的置信水平下有 5% 的观察值，但因为存在误差，我们可能会观察到 6%～8% 的结果。但若误差太大，例如超过 10%，则要考虑该模式的精确度。此时就需要一种方法对模型进行检验。最简单的方法就是库皮克（Kupiec，1995）提出的失败率检验法。失败率给出了在给定样本中损失值超过 VaR 的次数。假设给出总和为 T 天内，尾部概率为 5% 的 VaR，将实际损失超过其那一天 VaR 的次数记为 N。我们需要知道在一定的置信度水平，在原假设 $p = 0.05$ 下失败次数 N 的取值情况。库皮克根据似然比率中的边界处值（tail points）来确定不同概率水平下的失效数取值范围：

$$LR = -2\ln\left[(1-p)^{T-N}p^{N}\right] + 2\ln\left[1 - (N/T)^{T-N}(N/T)^{N}\right]$$

例如，在一年内（$T = 255$），我们所预计的失败次数 $N = pT = 5\% \times 255 = 13$，并且由似然比率算出的失败次数范围是 6 ~ 21 天，因此，如果失败的次数在 6 ~ 21 天之间，我们就不能拒绝原假设。当 N 大于或等于 21 时，说明 VaR 模型低估了大额损失发生的可能性；而当 N 小于或等于 6 时，说明 VaR 模型高估了大额损失发生的可能性，过于保守。

（2）CoVaR 测度指标

随着经济全球化的不断发展，各种金融活动也之间的联系也愈发密切，单一的金融机构的风险测度并不能很好地反映出它们与系统风险之间的关系，而金融机构之间也存在着一定的联系。系统性风险测度应该确定单个金融机构对系统的风险，这些金融机构相互关联且规模庞大，可以对其他金融机构造成风险溢出效应，当然也可以确定"作为群体一部分的系统性"机构对系统的风险。阿德里安和布伦纳迈尔（Adrian & Brunnermeier，2011，2016）提出了 CoVaR，为了强调风险测度的系统性，在现有的风险测度中添加了前缀"Co"，表示有条件的、传染的或同步的。机构 i 相对于系统的 CoVaR 被定义为当金融机构 i 处于某一特定状态时，整个金融部门的 VaR。这里我们用 $CoVaR_{\alpha}^{j|i}$ 表示 j 金融机构（或金融系统取决于 i 金融机构处于某些事件 $C(X^{i})$ 下的）的风险值，其定义如下：

$$P(X^j \leqslant CoVaR_\alpha^{j \mid \mathbb{C}(X^i)} \mid \mathbb{C}(X^i)) = \alpha$$

我们还需要关注的是 ΔCoVaR，它是指以一个金融机构陷入困境为条件的整个金融系统的 CoVaR 和以金融机构"正常"状态为条件的 CoVaR 之间的差异，其反映了特定机构（在非因果意义上）对整体系统风险的边际贡献。其定义如下：

$$\Delta CoVaR_\alpha^{j \mid i} = CoVaR_\alpha^{j \mid X^i = VaR_\alpha^i} - CoVaR_\alpha^{j \mid X^i = Median^i}$$

CoVaR 具有以下性质：

克隆性。CoVaR 的定义符合期望的特性，即在将一个大型的"单独的系统性"金融机构分割成 n 个较小克隆体后，大型金融机构的 CoVaR 与各克隆体的 CoVaR 完全相同。

因果关系。ΔCoVaR 测量没有区分贡献是因果的还是仅仅由共同因素驱动的。我们认为这是一个优势，而不是一个劣势。

尾部分布。CoVaR 关注的是尾部分布，比无条件 VaR 更加的极端。因为 CoVaR 是一个以"坏事件"为条件的 VaR，这种条件通常会使平均数下移、方差增加，并有可能增加更高的风险。

条件性。CoVaR 的条件是事件ℂ，我们通常假设事件ℂ是金融机构 i 处于其 VaR 水平的事件。

系统性风险的内生性。每个金融机构的 CoVaR 是内生的，取决于其他机构的风险承担。因此，强加一个使外部性相互关联的监管框架，会改变 CoVaR 的衡量标准。CoVaR 能适应不断变化的环境，并为每个机构提供激励，在其他机构过度负担风险时减少其风险暴露。

方向性。CoVaR 是有方向，也就是说，以机构为条件的系统的 CoVaR 不等于以系统为条件的机构的 CoVaR。

CoVaR 具有其独特的优势。首先，CoVaR 更多地把注意力集中在各个金融机构对整个体系风险的贡献上，而传统的风险测度则侧重于个体机构的风险。基于单一机构风险的测度与监控可能导致系统性风险层面的过度冒险。其次，CoVaR 足够广泛，可以研究整个金融网络中机构间的风险溢出。

对于 CoVaR 的估计，分位数回归是当前最常用的方法，由于其简单性和对数据的有效利用等优点，已被广泛采用。当然，也可以使用 GARCH 模型、Copula 模型等方法来估计 CoVaR。

（3）谱风险测度指标

阿塞比（Acerbi，2002）首次给出了谱风险测度的概念，它能很好地适应市场变化所导致的风险变动，并指出谱风险测度满足单调性、传递性、正齐次性和次可加性的四条特性，是一致性风险测度。

若样本数据分布函数是连续型时，谱风险定义如下：

若 $\Phi(p)$ 是 $(0,1]$ 上可积的实函数，满足

（1）规范性：$\Phi(p) \geq 0$，$\forall p \in (0,1]$

（2）单调性：若 $p_1 \leq p_2 \Rightarrow \Phi(p_1) \leq \Phi(p_2)$

（3）正则性：$\int_0^1 \Phi(p) dp = 1$

则称 $M_\Phi(X) = -\int_0^1 X_p \Phi(p) dp$ 为谱风险测度。

其中 $\Phi(p)$ 表示风险谱函数或者风险厌恶函数，代表投资者对风险的厌恶程度。当 $\Phi(p)$ 满足规范性、单调性和正则性时，$\Phi(p)$ 被称为可容许风险谱。X_p 为分布函数的逆函数，我们可以用 $F_X^{-1}(p)$ 来表示，即数据分布函数的分位数，那么谱风险测度的计算公式也可以表示为：$M_\Phi(X) = -\int_0^1 F_X^{-1}(p) \Phi(p) dp$，也就是分位数的期望值，即 $E[-F^{-1}(p)]$

若样本数据分布函数是离散型时，谱风险定义为：

$$M_\Phi^{(n)}(X) = -\sum_{i=1}^n X_{(i)} \Phi_i$$

其中，Φ_i 表示风险谱函数或风险厌恶函数，代表投资者对风险的厌恶程度。X 表示包含 n 个损益值的样本，$X_{(i)}$ 表示将样本数据按从小到大排列后排在第 i 位的损益，即 $X_{(1)} \leqslant X_{(2)} \cdots \leqslant X_{(i)} \cdots \leqslant X_{(n)}$，那么谱风险也就是损益的加权平均。

在度量市场风险时，VaR 和 ES 测度都有其不足之处：一是进行风险测度的前提条件是要对置信水平进行选取，这一点存在着争议；二是风险测度通常假设投资者是风险中性或无风险偏好的，与市场中的投资者的态度不符。目前已有学者提出用极值谱风险测度方法来度量金融风险，选取了指数风险谱函数，在此基础上，构造的极此基础上，构造的极值谱风险测度模型为：

$$M_{\Phi}(X) = -\int_0^1 X_p \Phi(p)\,dp = \int_0^1 \left[u + \frac{\delta}{\xi}\left\{ \left(\frac{n}{N_u}p\right)^{-\xi} - 1 \right\} \right] \frac{e^{-(1-p)/\gamma}}{\gamma(1 - e^{-1/\gamma})}\,dp$$

其中 $\gamma \in (0, \infty)$，u 为阈值，ξ 为形状参数，δ 为尺寸参数，n 为样本总个数，N_u 为超过阈值 u 的样本个数，p 为置信水平。

（4）市场风险的模糊测度风险

模糊性是不确定性的另外一种表征，它利用模糊系统的基本原理，求出了资产的未来收益分配，从而对市场风险进行测度。张尧庭（2002）提出，设损失用随机变量 ε 表示，可以承受的极限损失为 d，那么 $P(\varepsilon \geqslant d)$ 表示损失超出承受能力的概率，概率越大则风险越高。d 因考虑对象的不同而不同，因为不同对象的资产结构是不同的，可以承担的最大亏损和相应的风险就有所不同。举个例子，两个人分别购买相同的股票 100 万元，其中一人借了 20 万元来买股票，另一人借了 80 万元来买股票。虽然这个投资的 VaR 值对两个人都相同，但是两人能承受的极限损失是不同的，那么各自的风险也就不同。

这几种金融风险测度的方法都有各自的优势，其中 VaR 测度指标是目前的研究较为成熟、计算简便、适用范围较广的一种度量方法。而 ES 则是针对 VaR 的不足而提出的，该方法更为完善，可以弥补 VaR

测度不能用于极端条件下的测度，同时也能满足次可加性。CoVaR 考虑了变量间存在的相依关系，更加符合目前金融市场的现状。谱风险测度对于不同的损失赋予了权重，同时反映了投资者的风险规避，因此它更具实用性。此外还有熵风险测度等，不同的风险测度方法各有所长，我们需要根据实际情况选取合适的工具进行风险测度。

1.5　弹性延迟退休年金理论研究

1.5.1　弹性延迟退休年龄模型

考虑到我国现行的企业职工退休年龄现状，假设弹性退休制度设计为：男性职工可以选择在 60~65 岁、女性职工可以选择在 50~60 岁整岁自行决定是否退休。T^* 表示退休年龄，T_x^*，T_y^* 分别表示年龄为 x 岁男性与年龄为 y 岁女性的退休年龄。根据这种制度设计，假设 T_x^*，T_y^* 分别为区间 ［60，65］ 与 ［50，60］ 取整的随机变量。设 $0 < p < 1$。

当 $x < 60$，$y < 50$ 时：

$$P(T_x^* = k) = C_6^{k-60} p^{k-60} (1-p)^{6-(k-60)}，k = 60，\cdots，65$$

$$P(T_y^* = k) = C_{11}^{k-50} p^{k-50} (1-p)^{11-(k-50)}，k = 50，\cdots，60$$

当 $60 \leqslant x < 65$，$50 \leqslant y < 60$ 时：

$$P(T_x^* = x + k) = C_{65-x}^k p^k (1-p)^{(65-x-k)}，k \text{ 为正整数且：} x + k \leqslant 65$$

$$P(T_y^* = y + k) = C_{60-x}^k p^k (1-p)^{(60-y-k)}，k \text{ 为正整数且：} y + k \leqslant 60$$

$$(1.11)$$

1.5.2 死亡率模型与估计

1.5.2.1 引言

在寿险精算中，推测未来生存与死亡概率是计算人寿保险费率的基础。生命表就是以统计表的形式，研究在一定时期特定区域或特定人口群体随着年龄增长的死亡过程。理论界对死亡率模型的研究主要划分为确定型和随机型两种。其中确定型死亡率模型不考虑时间因素和死亡率未来趋势对其造成的影响，只假设死亡率与年龄相关，且该种模型的参数由死亡率的经验数据确定。

随机死亡率模型目前在理论界的研究主要有两个途径：一是直接对死亡率或中心死亡率建立包含年龄效应、时期效应或队列效应的单因素或多因素线性结构模型对死亡率进行研究，这方面主要有：美国学者罗纳德·李和劳伦斯·卡特（Ronald D. Lee & Lawrence R. Carter）于 1992 年共同开发的 Lee – Carter（1992）模型。该模型的形式如下：$\ln[m(t, x)] = a_x + b_x k_t$，其中 a_x 和 b_x 是年龄效应，k_t 是随机的时期效应；查恩斯等（Cairns et al., 2007, 2008）指出了李和卡特（1992）模型的不足：这是一个单因素模型，导致所有年龄段的死亡率改善完全相关，对于具有队列效应的国家，该模型拟合度较差；这之后许多学者对 Lee – Carter（1992）模型进行了改进的研究，其中最先将队列效应考虑进 Lee – Carter 模型的是伦肖和哈伯曼（Renshaw & Haberman, 2006），他们将模型设定为：$\ln[m(t, x)] = a_x + b_x^1 k_t + b_x^2 \gamma_{t-x}$，其中：$\gamma_{t-x}$ 是一个随机的队列效应，它是出生年（$t - x$）的函数。对于过去观察到队列效应的国家，该模型对历史数据有较好的拟合效果；CMI（2007）和查恩斯等（Cairns et al., 2007, 2008）发现 Renshaw – Haberman 模型缺乏稳健性。此外，尽管该模型对队列效应有一个额外的随机因素，但对于大多数模拟死亡率，相关结构仍然是微不足道的。特别是当使用较宽的年龄范围时，模拟的队列参数仅与预测远端的较高年龄相关；加里等（Currie et al.，2006）引入了模型：$logit(q_{x,t}) = \ln\left(\dfrac{q_{x,t}}{1-q_{x,t}}\right) = k_t^1 + k_t^2(x-\bar{x})$，其中：（$k_t^1$，$k_t^2$）为带漂移项的两变量随机游走。他们还详细地描述了如何用贝叶斯方法模拟参数的不确定性。上述两种方法都比 Lee - Carter 方法有更多的优点，但是都没有解决队列效应（cohort effect）问题；查恩斯等（2008）注意到 Renshaw - Haberman 模型中拟合队列效应的 γ_{t-x} 关于出生年有确定线性趋势或者二次函数的趋势。于是一些学者提出了模型的改进，即带有队列效应的多因素年龄—时期模型。其中 Cairns - Blake - Dowd（2006）两因素的广义模型的拟合效果比较理想。模型的形式为：$logit(q_{x,t}) = k_t^1 + k_t^2(x-\bar{x}) + k_t^3((x-\bar{x})^2 - \sigma_x^2) + \gamma_{t-x}^4$。其中：

$\bar{x} = \sum\limits_{x=x_j}^{x_u} x/(x_u - x_l + 1)$ 表示年龄区间（x_l 和 x_u）之间年龄的平均数。

$\sigma_x^2 = \sum\limits_{x=x_j}^{x_u}(x-\bar{x})^2/(x_u - x_l + 1)$ 表示年龄区间（x_l 和 x_u）之间年龄的方差。k_t^1 可以理解为死亡率水平，有下降的趋势，反映死亡率随时间的改善程度。k_t^2 可以理解为"坡度"系数，带有一个逐渐下降的漂移项，反映了高龄死亡率的改善程度比低龄的要慢。k_t^3 可以理解为"曲率"系数，更没有规律。γ_{t-x}^4 是在 0 周围波动的随机项，没有系统因素的影响，该模型比 Cairns - Blake - Dowd（2006）两因素模型多出了两项：

$k_t^3((x-\bar{x})^2 - \sigma_x^2)$ 是关于年龄的二次函数，γ_{t-x}^4 表示群体效应，为近似的出生年 $t-x$ 的函数；CMI（1999）研究了对象是英国 60 岁以上的退休公务人员。在假设未来死亡率改善幅度下降的趋势趋于平缓的条件下提出了模型：$q(t+k, x) = q(t, x) \cdot R(t+k, x)$。其中：

t 表示基础年。$q(t, x)$ 表示 $q(t, x)$ 年时，x 岁的人在未来一年内的死亡率。$q(t+k, x)$ 表示 $q(t+k, x)$ 年时，x 岁的人在 $t+k$ 年时的死亡率。$R(t+k, x)$ 表示 t 年为基础年，x 岁的人在 $t+k$ 年时的死亡率改善幅度。这些模型采用结构分析的方法对队列效应、群体效应等对死亡率的影响进行分析。在特定条件下具有较好的拟合性质。

二是随机微分方程方法，利用死亡力度与死亡率的关系，通过建立连续时间状态下死亡力度的随机微分方程，直接建立随机条件下死亡率的解析表达式，通过对死亡力度模型参数估计进而对死亡率进行预测。这方面研究的文献不多，可以发现的有尚勤、秦学志（2009）通过假设生存者的剩余寿命是一个双随机停时，对死亡力度建立带跳的随机微分方程，获得生存率的一个解析表达式，然后采用极大似然方法估计模型相关参数从而对生存率进行估计。

1.5.2.2 连续时间的随机死亡率模型

为了描述瞬间死亡水平，在寿险精算中引入了死亡力度这个概念。假设 x 岁生存者的剩余寿命 $T(x)$ 的概率分布函数 $G(t)$ 连续可导，则他在 $x+t$ 岁时的死亡力度用 $u_x(t)$ 表示，其定义为：

$$u_x(t) = \frac{G'(t)}{1 - G(t)}$$

利用这个定义可以得出 (x) 岁生存者在 t 时的死亡力度与对应的生存率具有关系：

$$u_x(t) = -\frac{\mathrm{d}\ln {}_t p_x}{\mathrm{d}t}$$

$${}_t p_x = P(T_x > t) = \exp^{-\int_0^t u_x(s)\,\mathrm{d}s}$$

由此可知，如果获得死亡力度的解析表达式，那么对于解决寿险精算中的一些计算和理论研究问题具有重要意义。历史上一些精算学家对这一问题进行了研究，给出了许多死亡力度的解析表达式，如

Abraham De Movie 模型、Benjamin Gompertz 模型及 Weibull 模型等。这些模型都将死亡力度表示为生存者年龄的确定函数，由于影响死亡的因素是多方面的，除了年龄因素，可能还有其他不确定的随机因素影响者生存者的死亡率水平，故将死亡力度用随机过程来描述应该更为准确。

如果假设 x 岁生存者的死亡力度过程是连续的 Feller 过程，那么死亡力度可以表示为：

$$\mathrm{d}u_x(t) = a u_x(t)\mathrm{d}t + \sigma \sqrt{u_x(t)}\mathrm{d}W_t \qquad (1.12)$$

其中：W_t 是标准 Brownian 运动，a 与 σ 为常数。

模型（1.12）是用连续的随机过程描述死亡力度，但死亡力度的变化可能由于疾病、自然灾害等因素的影响表现出非连续的带跳特征。如果考虑死亡力度为带跳的 Feller 过程，那么死亡力度可以表示为：

$$\mathrm{d}u_x(t) = a u_x(t)\mathrm{d}t + \sigma \sqrt{u_x(t)}\mathrm{d}W_t + \mathrm{d}J_t \qquad (1.13)$$

其中：J_t 是纯复合 *Passion* 过程，泊松到达强度为 λ，跳跃幅度服从指数分布，均值为 μ，W_t 与 J_t、跳跃幅度相互独立。带跳的 Feller 过程没有均值回复项是非均值回复过程，符合死亡率长期变化特征。同时，此过程还可以保证死力恒正，并反映死亡率发生的跳跃。

假设 x 岁的生存者的剩余寿命 $T(x)$ 是一个强度为 λ 的计数过程 N 的首次跳跃时间为 $T(x) > t$，$N_t = 0$；$N_t > 0$，$T(x) \leqslant t$，则死亡概率可以表示为：

$$_t q_x = 1 - {_t p_x} = P(T_x \leqslant t) = 1 - E\big(\exp^{-\int_0^t u_x(s)\mathrm{d}s}\big)$$

利用孙荣（2016）结论可得到模型（1.13）的死亡率为：

$$_t q_x = 1 - {_t p_x} = P(T_x \leqslant t) = 1 - \exp^{C_x(t)u_x(0)} \qquad (1.14)$$

模型（1.10）的死亡率为：

$$_t q_x = 1 - {_t p_x} = P(T_x \leqslant t) = 1 - \exp^{E_x(t) + D_x(t)u_x(0)} \qquad (1.15)$$

其中：
$$
\begin{cases}
C_x(t) = D_x(t) = \dfrac{1 - e^{bt}}{c + \mathrm{d}e^{bt}} \\[4mm]
E_x(t) = \dfrac{\lambda u D_x(t)}{c - \mu^t} - \dfrac{\lambda \mu (c + d)}{b\,(d + u_x(0))\,(c - \mu)}
\end{cases}
$$
$$
\cdot \left[\ln(\mu - c - (d + u_x(0))e^{bt}) - \ln(-c - d) \right]
$$
$$
b = -\sqrt{a^2 + 2\sigma^2}, \quad c = \frac{b + a}{2}, \quad d = \frac{b - a}{2}
$$

1.5.2.3　*参数估计*

关于扩散过程参数估计的研究已经有了较大发展，其研究方法分为参数、非参数和半参数三大类。参数方法适合于模型的具体形式完全已知，仅含有未知参数的情形；而当对研究总体缺少有把握的具体模型假定，要对总体的一些未知特征进行推断，基于数据来选择模型的非参数方法往往会更加灵活。半参数方法是介于参数和非参数方法之间的一种方法，这意味着漂移系数和扩散系数中有一个完全由未知参数来确定。一般常用的参数方法有极大似然估计方法、最小二乘估计方法、M 估计方法、鞅估计函数方法等函数估计方法和广义矩估计方法、Bayes 估计方法等。弗洛伦斯 – 兹密罗（Florens – Zmirou，1989）、毕比和索罗森（Bibby & Sorensen，1995）、萨哈利亚（Ait – Sahalia，2002）、毕比（Bibby，2002）和唐等（Tang et al.，2009）对扩散过程的参数方法估计研究取得了很大的成果。扩散过程的非参数估计，自纳达拉亚和瓦特森（Nadaraya & Watson）于 1964 年开创性地提出了漂移系数和扩散系数的 N – W 估计量后，斯坦顿（Stanton，1997）、班迪等（Bandi et al.，2003）、范等（Fan et al.，2003）、考特等（Comte et al.，2007）、尼古劳（Nicolau，2007）、徐（Xu，2010）、王允艳（2014）等通过不同方法给出了漂移系数和扩散系数的不同形式的非参数估计量。随着半参数估计理论的日渐成熟，半参数估计方法在扩散过程的统计推断中也发挥着越来越大的作用。其中，克里斯腾森（Kristensen，2004）、绍吉（Shoji，2008）、西山（Nishiyama，2009）、克里斯腾森（Kristensen，2010）等对扩散过程的半参数估计作出了深入的研究和探索。

离散化方法是随机微分方程参数估计中较常用的方法。如果获得离散观察样本 $\{u_x(i\Delta_n): i=1, 2, \cdots\}$。根据跳过程为复合泊松过程的性质，模型（3.9）泊松随机测度 J_t 的强度测度为 $\lambda f(z)\,\mathrm{d}t\mathrm{d}z$，其中，$f(z)$ 为均值为 μ 的指数分布的密度函数。利用徐（2010）与费德里科和唐（2003）的相关结论，根据泊松分布与指数分布的一至四阶原点矩可以得到模型（1.12）与模型（1.13）系数的无穷小矩条件。

对于模型（1.12）有：

$$M_1^1(x) = \lim_{\Delta \to 0} \frac{1}{\Delta} E\left[u_x((i+1)\Delta_n) - u_x(i\Delta_n) \,\big|\, u_x(i\Delta_n) = x \right] = \mathrm{a}x$$

$$(1.16)$$

$$M_1^2(x) = \lim_{\Delta \to 0} \frac{1}{\Delta} E\left[(u_x((i+1)\Delta_n) - u_x(i\Delta_n))^2 \,\big|\, u_x(i\Delta_n) = x \right] = \sigma \sqrt{x}$$

$$(1.17)$$

对于模型（1.13）有：

$$M_2^1(x) = \lim_{\Delta \to 0} \frac{1}{\Delta} E\left[u_x((i+1)\Delta_n) - u_x(i\Delta_n) \,\big|\, u_x(i\Delta_n) = x \right] = \mathrm{a}x \quad (1.18)$$

$$M_2^2(x) = \lim_{\Delta \to 0} \frac{1}{\Delta} E\left[(u_x((i+1)\Delta_n) - u_x(i\Delta_n))^2 \,\big|\, u_x(i\Delta_n) = x \right] = \sigma \sqrt{x} + \frac{\lambda}{\mu}$$

$$(1.19)$$

$$M_2^3(x) = \lim_{\Delta \to 0} \frac{1}{\Delta} E\left[(u_x((i+1)\Delta_n) - u_x(i\Delta_n))^3 \,\big|\, u_x(i\Delta_n) = x \right] = \frac{9\lambda}{\mu^3}$$

$$(1.20)$$

$$M_2^4(x) = \lim_{\Delta \to 0} \frac{1}{\Delta} E\big[(u_x((i+1)\Delta_n) - u_x(i\Delta_n))^4 \mid u_x(i\Delta_n) = x \big] = \frac{24\lambda}{\mu^4}$$

$$(1.21)$$

根据无穷小矩条件模型（1.16）~模型（1.21），我们提出建立模型（1.12）与模型（1.13）系数的条件加权最小二乘估计。

模型（1.12）：

$$\underset{a}{\arg\min} \sum_{i=1}^{n} w_i \left(\frac{u_x((i+1)\Delta_n) - u_x(i\Delta_n)}{\Delta_n} - au_x(i\Delta_n) \right)^2$$

$$\underset{a}{\arg\min} \sum_{i=1}^{n} w_i \left[\frac{(u_x((i+1)\Delta_n) - u_x(i\Delta_n))^2}{\Delta_n} - \sigma \sqrt{u_x(i\Delta_n)} \right]^2$$

模型（1.13）：

$$\underset{a}{\arg\min} \sum_{i=1}^{n} w_i \left(\frac{u_x((i+1)\Delta_n) - u_x(i\Delta_n)}{\Delta_n} - au_x(i\Delta_n) \right)^2$$

$$\underset{a}{\arg\min} \sum_{i=1}^{n} w_i \left[\frac{(u_x((i+1)\Delta_n) - u_x(i\Delta_n))^2}{\Delta_n} - \left(\sigma \sqrt{u_x(i\Delta_n)} + \frac{\lambda}{\mu} \right) \right]^2$$

$$\underset{a}{\arg\min} \sum_{i=1}^{n} w_i \left[\frac{(u_x((i+1)\Delta_n) - u_x(i\Delta_n))^3}{\Delta_n} - \frac{9\lambda}{\mu^3} \right]^2$$

$$\underset{a}{\arg\min} \sum_{i=1}^{n} w_i \left[\frac{(u_x((i+1)\Delta_n) - u_x(i\Delta_n))^4}{\Delta_n} - \frac{24\lambda}{\mu^4} \right]^2$$

系数估计式模型（1.12）为：

$$\hat{a}_1 = \frac{\displaystyle\sum_{i=1}^{n} w_i u_x(i\Delta_n) \frac{(u_x((i+1)\Delta_n) - u_x(i\Delta_n))}{\Delta}}{\displaystyle\sum_{i=1}^{n} w_i u_x(i\Delta_n)^2} \qquad (1.22)$$

$$\hat{\sigma}_1 = \frac{\displaystyle\sum_{i=1}^{n} w_i \sqrt{u_x(i\Delta_n)} \frac{(u_x((i+1)\Delta_n) - u_x(i\Delta_n))^2}{\Delta}}{\displaystyle\sum_{i=1}^{n} w_i u_x(i\Delta_n)}$$

$$(1.23)$$

系数估计式模型（1.13）为：

$$\hat{a}_2 = \frac{\sum_{i=1}^{n} w_i u_x(i\Delta_n) \dfrac{(u_x((i+1)\Delta_n) - u_x(i\Delta_n))}{\Delta}}{\sum_{i=1}^{n} w_i u_x(i\Delta_n)^2} \tag{1.24}$$

$$\hat{\mu} = \frac{8}{3} \cdot \frac{\sum_{i=1}^{n} w_i (u_x((i+1)\Delta_n) - u_x(i\Delta_n))^4}{\sum_{i=1}^{n} w_i (u_x((i+1)\Delta_n) - u_x(i\Delta_n))^3} \tag{1.25}$$

$$\hat{\lambda} = \frac{1}{9}\hat{\mu}^3 \cdot \left[\sum_{i=1}^{n} w_i \frac{(u_x((i+1)\Delta_n) - u_x(i\Delta_n))^3}{\Delta} \right] \tag{1.26}$$

$$\hat{\sigma}_2 = \frac{\sum_{i=1}^{n} w_i \sqrt{u_x(i\Delta_n)} \left[\dfrac{(u_x((i+1)\Delta_n) - u_x(i\Delta_n))^2}{\Delta} - \dfrac{\hat{\lambda}}{\hat{\mu}} \right]}{\sum_{i=1}^{n} w_i u_x(i\Delta_n)}$$

$$\tag{1.27}$$

由徐（2010）与费德里科和唐（2003）的研究结论可知，在假设 $u_x(t)$ 是遍历的、平稳存在有限的不变测度、具有有限矩的列维过程等相关条件，且权重 $w = (w_1, \cdots, w_n)$ 满足一定条件下，可以得到参数估计量的相合性。

1.5.2.4　实证研究

（1）数据分析

为了评估所提出的模型的拟合效果，历史数据使用了四个生命表的数据集：①德国 2015～2017 年女性生命表；②日本 2015～2017 年男性生命表；③美国 2015～2017 年女性生命表；④澳大利亚 2015～2016 年男性生命表。之所以选择这四个国家是因为考虑到死亡率数据的代表性，从性别角度既选择了男性也选择了女性；从区域角度亚洲、欧洲、美洲及大洋洲各选择了一个国家。数据来源于 www. mortality. org。估计精度的评价指标主要采用平均绝对误差（MAD）和平均相对误差（ARE）。其中：德国研究的是 30 岁女性从 31～80 岁的死亡率；日本分析的是 30 岁男性从 31～80 岁的死亡率；美国分析的是 30 岁女性从 31～80 岁的死亡率；澳大利亚分析的是 20 岁男性从 21～80 岁的死亡率；在下列表和图中模型（1.8）加权最小二乘估计用 WLS1 表示、模型（1.9）加权最小二乘法及极大似然法分别用 WLS2 及 MLE 表示①。

（2）数据拟合结果

从表 1-1、表 1-2 可以看出，用连续随机过程模型（1.12）估计四个国家人口死亡率的拟合质量除了美国在死亡率估计的绝对平均误差与相对平均误差优于模型（1.13）的 WLS 方法估计的结果，其他国家的预测结果都比用带跳随机过程模型（1.13）差，其估计的平均相对误差比模型（1.13）用 WLS 和 MLE 方法的高 1%～2% 左右。模型（1.13）用 WLS 与 MLE 相比，对日本的估计，MLE 的平均绝对误差与平均相对误差分别为 0.0011 和 8.68%，WLS 方法为 0.0014 和 8.83%，对美国的估计 MLE 的平均绝对误差与平均相对误差分别为 0.0015 和 9.24%，WLS 方法分别为 0.0020 和 9.63%，对德国的估计 MLE 的平均绝对误差与平均相对误差分别为 0.0015 和 9.49%，WLS 方法分别为 0.0013 和 9.21%，对澳大利亚的估计 MLE 的平均绝对误差与平均相对误差分别为 0.0012 和 9.79%，WLS 方法分别为 0.0010 和 9.29%，这说明：

①　实证中权重序列 $w_i(i=1, \cdots, n)$ 的设定采用 $w_i = 1/e_i^2$，其中 e_i 是根据矩条件（5）～（10）对相关参数建立普通条件最小二乘估计以后的残差序列。$u_x(t)$ 的离散化序列采用年度数据。

表 1 – 1 模型死亡率估计比较（MAD）

估计方法	德国	日本	美国	澳大利亚
WLS1	0.0016	0.0016	0.0016	0.0014
WLS2	0.0013	0.0014	0.0020	0.0010
MLE	0.0015	0.0011	0.0015	0.0012

表 1 – 2 模型死亡率估计比较（ARE） 单位：%

估计方法	德国	日本	美国	澳大利亚
WLS1	10.24	9.34	9.36	10.22
WLS2	9.21	8.83	9.63	9.29
MLE	9.49	8.68	9.24	9.79

①死亡率用非连续性的带跳特征模型拟合效果优于不带跳的连续随机模型；②在对美国与日本的估计，MLE 方法优于 WLS 方法，而在对澳大利亚与德国的估计，WLS 方法优于 MLE 方法。

从图 1 – 4 ~ 图 1 – 11 也可以看出，连续随机过程模型（1.12）不能够很好地反映拟合各类人群在不同年龄死亡率水平变化的结构特征，预测的死亡率变化稳定差，而包含复合泊松跳过程的模型（1.13）却能够很好地拟合各类人群死亡率随年龄变化的稳定增长趋势，具有较好的估计精度。

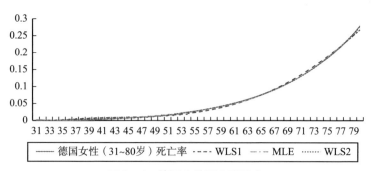

图1-4　德国女性死亡率拟合

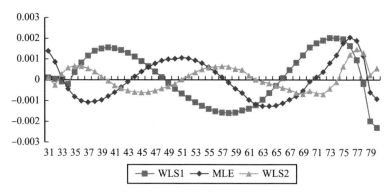

图1-5　德国女性死亡率残差

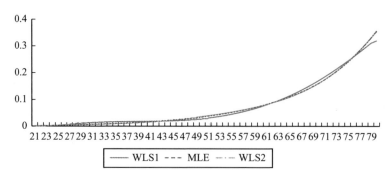

图1-6　澳大利亚男性死亡率拟合

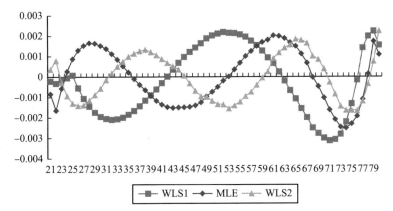

图 1-7　澳大利亚男性死亡率残差

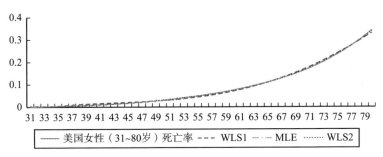

图 1-8　美国女性死亡率拟合

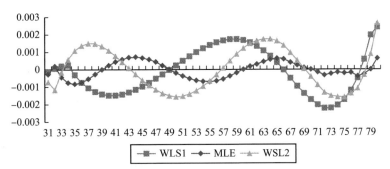

图 1-9　美国女性死亡率残差

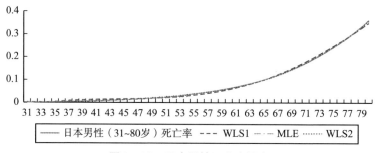

图 1 - 10　日本男性死亡率拟合

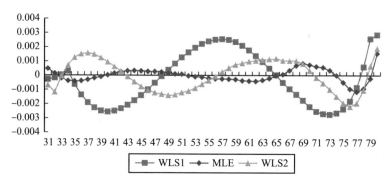

图 1 - 11　日本男性死亡率残差

1.5.2.5　结论

人口老龄化所带来的长寿风险对社会养老保险精算带来巨大挑战，准确地预测死亡率、提高精算结果的科学性是防范长寿风险的主要技术手段。传统的寿险精算方法对死亡力度都是用非随机的方法进行研究，由于死亡水平的影响因素是多方面的，遗传因素、环境因素及社会因素等都会对死亡率产生影响，所以用随机过程来描述死亡力度的方法更为科学。本节运用 Fell 过程，分别建立了连续、非连续带复合泊松跳的随机死亡力度模型对死亡率进行研究，并提出模型参数的估计方法，实证分析也显示用带跳的 Fell 过程能够更好地拟合死亡率，解决了随机死亡力度条件下死亡率的估计问题，这些研究为随机环境下相关精算寿险函数精算现值的估计奠定了方法论基础。

1.5.3　利率模型与估计

1.5.3.1　利率模型

考克斯、英格索儿和罗斯（Cox，Ingersoll & Ross，1985）提出了一种短期利率模型：

$$dr(t) = b(c - r(t))dt + \sigma_r \sqrt{r(t)}dW_t \qquad (1.28)$$

经典的 Cox – Ingersoll – Ross 利率模型最重要的特点是具有均值回复项与非负性，同时又能够反映利率变化的偶然性特征。由于养老金计划时间上的长期性，为了反映我国利率的均值回复特征及时间上的突变性，无风险利率采用 Cox – Ingersoll – Ross 过程与跳过程相结合的随机模型：

$$dr(t) = b(c - r(t))dt + \sigma_r \sqrt{r(t)}dW_t + adN_t \qquad (1.29)$$

其中，N_t 是一 Passion 过程，强度为 λ，b，c，$\sigma > 0$，$2bc \geq \sigma^2$，a 为每次跳的幅度，W_t 为标准布朗运动。模型（1.29）实际上是跳幅为 a 的带跳的 Cox – Ingersoll – Ross 利率模型。由孙荣（2016）有：

$$p_1(t, T, r) = E\big[\exp^{-\int_t^T r(s)ds} \,|\, r(t) = r\big] = \exp^{A(t,T) - B(t,T)r}$$

$$\begin{cases} A(t, T) = \int_t^T \big[\lambda(e^{aB(s,T)} - 1) - bcB(s, T)\big]ds \\ B(t, T) = \dfrac{2(e^{\gamma(T-t)} - 1)}{(e^{\gamma(T-t)} - 1)(\gamma + b) + 2\gamma} \end{cases} \qquad (1.30)$$

其中：$\gamma = \sqrt{b^2 + 2\sigma_r^2}$。

1.5.3.2 *参数估计*

现有研究已经运用参数估计、非参数估计和半参数估计方法等方法对扩散过程参数估计进行了研究。参数方法估计可以参见兹密罗（1989）、毕比和索罗森（1995）、萨哈利亚（2002）、毕比（2002）和唐等（2009）的研究成果。斯坦顿（1997）、班迪等（2003）、范等（2003）、考特等（2007）、尼古劳（2007）、徐（2010）、王允艳（2014）等对漂移系数和扩散系数的非参数估计方法的研究取得了非常重要的成果。与此同时，克里斯腾森（2004）、绍吉（2008）、西山（2009）、克里斯腾森（2010）等在半参数估计方法方面的研究也作出了较大的贡献。

在随机微分方程参数估计中，较常用到的技术是模型的离散化。这方面包括 Milstein 近似和 Euler – Maruyama（EM）近似两种方法。离散化方法的基本做法是将观察到的离散样本 $\{r(i\Delta_n): i = 1, 2, \cdots\}$ 和 $\{u_x(i\Delta_n): i = 1, 2, \cdots\}$，根据复合泊松过程这种跳过程的性质，模型（1.28）可看作跳为常数 a 的复合泊松过程。由克里斯滕森（2010）无穷小矩条件可以获得 a，σ_r，λ 的条件加权最小二乘估计式：

$$\hat{a} = \frac{\sum_{i=1}^{n} w_{1i} \left(r((i+1)\Delta_n) - r(i\Delta_n) \right)^4}{\sum_{i=1}^{n} w_{1i} \left(r((i+1)\Delta_n) - r(i\Delta_n) \right)^3} \tag{1.31}$$

$$\hat{\lambda} = \frac{\left[\sum_{i=1}^{n} w_{1i} \left(r((i+1)\Delta_n) - r(i\Delta_n) \right)^3 \right]^2}{\Delta_n \sum_{i=1}^{n} w_{1i} \left(r((i+1)\Delta_n) - r(i\Delta_n) \right)^4} \tag{1.32}$$

$$\hat{\sigma}_r = \sum_{i=1}^{n} \frac{w_{1i} \left(u_x((i+1)\Delta_n) - u_x(i\Delta_n) \right)^2}{\Delta_n} - \hat{\lambda}\hat{a}^2 \tag{1.33}$$

利用无穷小矩条件，可以得到条件加权最小二乘估计 b 和 c 的估计量是下述最优问题的解：

$$\underset{b,c}{\arg\min} \sum_{i=1}^{n} w_{1i} \left(\frac{r((i+1)\Delta_n) - r(i\Delta_n)}{\Delta_n} - bc - r(i\Delta_n) \right) \quad (1.34)$$

利用约束条件 $2bc \geq \sigma^2$，b，$c > 0$ 采用数值方法可以得到 b，c 的估计值。

由模型（1.29）泊松随机测度 J_t 的强度测度为 $\lambda f(z) \mathrm{d}t \mathrm{d}z$，其中 $f(z)$ 为均值为 μ 的指数分布的密度函数。利用克里斯滕森（2010）的相关结论，根据泊松分布与指数分布的一至四阶原点矩可以得到模型（1.29）系数的无穷小矩条件从而获得参数的估计式：

$$\hat{k} = \frac{\sum_{i=1}^{n} w_{2i} u_x(i\Delta_n) \dfrac{(u_x((i+1)\Delta_n) - u_x(i\Delta_n))}{\Delta}}{\sum_{i=1}^{n} w_{2i} u_x(i\Delta_n)^2} \quad (1.35)$$

$$\hat{\mu} = \frac{8}{3} \cdot \frac{\sum_{i=1}^{n} w_{2i} (u_x((i+1)\Delta_n) - u_x(i\Delta_n))^4}{\sum_{i=1}^{n} w_{2i} (u_x((i+1)\Delta_n) - u_x(i\Delta_n))^3} \quad (1.36)$$

$$\hat{\lambda}^* = \frac{1}{9}\hat{\mu}^3 \cdot \left[\sum_{i=1}^{n} w_{2i} \frac{(u_x((i+1)\Delta_n) - u_x(i\Delta_n))^3}{\Delta} \right] \quad (1.37)$$

$$\hat{\sigma}_u = \frac{\sum_{i=1}^{n} w_{2i} \sqrt{u_x(i\Delta_n)} \left[\dfrac{(u_x((i+1)\Delta_n) - u_x(i\Delta_n))^2}{\Delta} - \dfrac{\hat{\lambda}^*}{\hat{\mu}} \right]}{\sum_{i=1}^{n} w_{2i} u_x(i\Delta_n)}$$

$$(1.38)$$

上述估计式中的 w_{1i}，$w_{2i}(i=1, \cdots, n)$ 分别是条件加权最小二乘估计中的权重序列。

1.5.4 弹性延迟退休年金的长寿风险研究

1.5.4.1 弹性延迟退休年金模型

在弹性延迟退休假定下 x 岁年初支付额为 1 的退休年金现值为：

$$Z_1 = \begin{cases} 0 & T_x < T_x^* - x \\ \sum\limits_{k=T^*-x}^{w-(T^*-x+1)} v(k) & T_x \geq T_x^* - x \end{cases}$$

其中，w 代表极限寿命，假定利率过程、死力过程与退休时间相互独立，$v(t)$ 为折现系数，由利息理论可知：

$$v(t) = e^{-\int_0^t r(s)\,ds}$$

由卡恩斯和布拉克等（2006）有 x 岁年初支付额为 1 的退休年金精算现值为：

$$\begin{aligned} {}_{(T^*-x)}|\ddot{a}_x &= E\left(\sum_{k=T^*-x}^{w-(T^*-x+1)} v(k) I_{(T_x \geq T_x^*-x)} \right) \\ &= \sum_{k=60}^{65} \Big[\sum_{t=k-x}^{\varpi-(k-x)} \exp(C(t) + D(t)u_x(0)) \\ &\quad \times \exp(A(0,\ t) - B(0,\ t)r(0)) \\ &\quad \times \big[C_{k-60}^6 p^{k-60}(1-p)^{6-(k-60)} \big] \Big] \end{aligned} \qquad (1.39)$$

1.5.4.2 弹性延迟退休年金的长寿风险

（1）参数估计

分析弹性延迟退休年金的长寿风险，必须对利率模型与死亡率模型的相关参数进行估计。对利率模型的参数估计我们采用的是 1990 年至今的中国一年期金融机构人民币基准利率的变动数据（http：//www. lilvb. com/tiaozheng/）（见表 1-3）。死亡率模型参数估计我们分别采用中国保险监督委会于 2005 年 12 月 19 日颁布的《中国人寿保险业经验生命表（2000～2003）》—养老金业务男表 CL3（2000～2003）和 2016 年 12 月 28 日颁布的《中国人寿保险业经验生命表（2010～2013）》—养老金业务男表 CL5（2010～2013）数据。为了解决估计的权重序列问题，两种模型参数估计均采用 matlab 中的 robustfit 工具箱迭代加权算法。

表 1-3　　　中国一年期金融机构人民币存款基准利率调整表

时间	1990.04.15	1990.08.21	1991.04.21	1993.05.15	1993.07.11	1996.05.01	1996.08.23	1997.10.23	1998.3.25
利率	10.08	8.64	7.56	9.18	10.98	9.18	7.47	5.67	5.22
时间	1998.07.01	1998.12.07	1999.06.10	2002.02.21	2004.10.29	2006.08.19	2007.03.18	2007.05.19	2007.07.21
利率	4.77	3.78	2.25	1.98	2.25	2.52	2.43	2.61	2.88
时间	2007.08.22	2007.09.15	2007.12.21	2008.10.09	2008.10.30	2008.11.27	2008.12.23	2010.10.20	2010.12.26
利率	3.15	3.42	3.78	3.51	3.24	2.25	1.98	2.20	2.50
时间	2011.02.09	2011.04.06	2011.07.07	2012.06.08	2012.07.06	2014.11.22	2015.03.01	2015.05.11	2015.06.28
利率	2.80	3.05	3.30	3.25	3.00	2.75	2.50	2.25	2.00
时间	2015.08.26	2015.10.24							
利率	1.75	1.50							

资料来源：http://www.lilvb.com/tiaozheng/.

①利率模型参数估计。

利用基准利率数据绘制的利率变化的折线图（见图 1-12）可以看出，我国的一年期基准利率的变化在某些时间段表现出非连续带跳的变化特征。利用估计式（1.30）～（1.37）及数值方法得到模型（1.25）相关参数估计值（见表 1-4）。

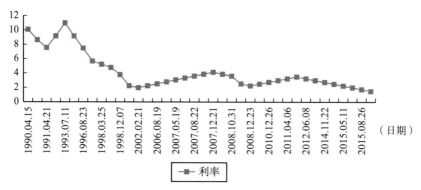

图 1 - 12　中国一年期金融机构人民币存款基准利率调整折线图

表 1 - 4　　　　　　　　　利率模型参数估计值

a	σ_r	λ	b	c
0.000146	0.0173	0.00012	0.005	0.0054

从图 1 - 13 可以看出，利用条件加权最小二乘估计获得了对利率较好的拟合效果，说明模型（1.25）可以很好地反映我国基准利率的变动特征。

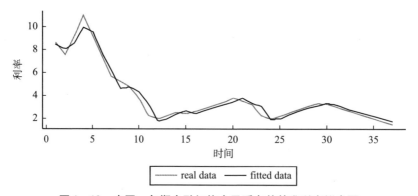

图 1 - 13　中国一年期金融机构人民币存款基准利率拟合图

②死亡率模型参数估计。

死亡率模型（1.13）参数估计采用中国保监会于2005年12月19日颁布的《中国人寿保险业经验生命表（2000~2003）》—养老金业务男表CL3（2000~2003）和2016年12月28日颁布的《中国人寿保险业经验生命表（2010~2013）》—养老金业务男表CL5（2010~2013）数据，根据式（1.24）~式（1.27）估计模型的相关参数，然后对CL3（2000~2003）和CL5（2010~2013）表中各年龄人群死亡率的估计结果见图1-14~图1-19。

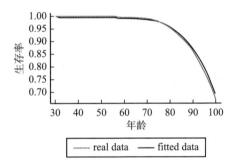

图1-14　30岁生存率拟合［CL35（2001~2003）］

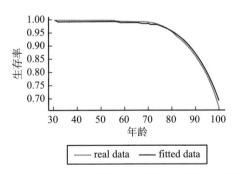

图1-15　30岁生存率拟合［CL5（2010~2013）］

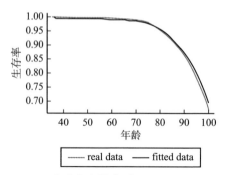

图 1 – 16   35 岁生存率拟合 ［CL35（2001～2003）］

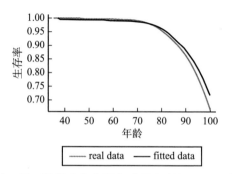

图 1 – 17   35 岁生存率拟合 ［CL5（2010～2013）］

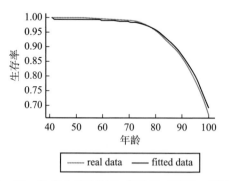

图 1 – 18   40 岁生存率拟合 ［CL35（2001～2003）］

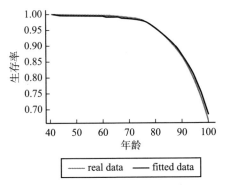

图 1 - 19　40 岁生存率拟合 ［CL5 （2010～2013）］

从模型拟合图可以看出，除了 35 岁生存率拟合 ［CL5 （2010～2013）］ 效果稍差一点，其他都表现出较好的拟合效果，说明运用带跳的随机过程可以很好地反映我国人口死亡率变化的年龄特征与时间特征，模型的建立是合适的。

（2）弹性延迟退休年金长寿风险

图 1 - 20～图 1 - 22 是分别用表 CL3 （2000～2003）与表 CL5 （2010～2013）计算的 30 岁、35 岁和 40 岁男性各年的生存率。从 3 个图可以看出用表 CL5 （2010～2013）计算的各个年龄男性的生存率都高于用 CL3 （2000～2003）计算的生存率，说明各个年龄类别生存率都有提高的趋势，退休年金的长寿风险是客观存在的。

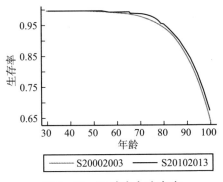

图 1 - 20　30 岁各年生存率

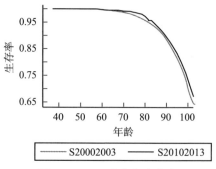

图 1-21　35 岁各年生存率

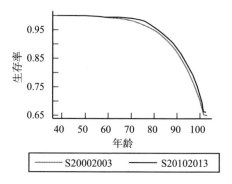

图 1-22　40 岁各年生存率

为了度量弹性延迟退休年金的长寿风险，我们借鉴赵明、王晓军（2015）的方法定义长寿风险的资本要求 LCR 为长寿风险度量的相对指标：

$$LCR = \left(\frac{_{(T^*-x)}|\ddot{a}_x^H}{_{(T^*-x)}|\ddot{a}_x^L} - 1 \right) \times 100\%$$

其中：$_{(T^*-x)}|\ddot{a}_x^L$ 为（基期）较高死亡率得到的弹性延迟退休年金的精算现值，$_{(T^*-x)}|\ddot{a}_x^H$ 为预期死亡率得到的弹性延迟退休年金的精算现值。

由于在二项分布中 $p < 0.5$ 为正偏分布，$p > 0.5$ 为负偏分布。正偏分布代表期望退休年龄变小,负偏分布代表期望退休年龄变大。为了反映不同延迟退休意愿对退休年金长寿风险的影响,本节在测算中分别设定 $p=0.4$ 和 $p=0.7$ 两种情况分析弹性延迟退休年金的长寿风险。

从表1-5可以看出, $p=0.4$ 与 $p=0.7$ 时的弹性延迟退休年金精算现值相比, $p=0.4$ 时各年龄 $_{(T^*-x)}|\ddot{a}_x$ 现值都高于 $p=0.7$ 时。变动幅度在6%到12%,这是由于 $p=0.4$ 与 $p=0.7$ 相比,期望退休年龄提前,领取退休金的期望时间比 $p=0.7$ 要长,所以年金精算现值要高。

表1-5　　　　　　　　　　退休年金现值测算

p	x	$_{(T^*-x)}|\ddot{a}_x$		
		CL3(2000~2003)	CL5(2010~2013)	CL*(2020~2023)
0.4	30	2.0232	2.3745	2.6257
	35	2.4946	2.9384	3.1669
	40	2.9898	3.2135	3.5423
0.7	30	1.8956	2.1267	2.3248
	35	2.3489	2.5883	2.8276
	40	2.7883	2.9829	3.1051

表1-6中第二行和第四行的百分比表示以 CL5(2010~2013)生命表数据估计的死亡率模型参数值计算的 LCR。第三行和第五行的百分比表示以估算的10年后(2020~2023)死亡率模型参数值计算的 LCR。横向来看,无论是 $p=0.4$ 或者 $p=0.7$ 时,由于未来各年随着死亡率的不断降低,退休年金精算现值不断增大,导致保险公司的给付水平不断上升。将表 CL5(2010~2013)和10年后(2020~2023)的死亡率水平估计的退休年金现值分别于以 CL3(2000~

2003）估计的退休年金现值相比，当 $p = 0.4$ 时，年龄为 30 岁的退休年金保险公司的给付水平分别会增加 17.36% 和 29.78%；年龄为 35 岁的退休年金保险公司的给付水平分别会增加 17.79% 和 26.95%；年龄为 40 岁的退休年金保险公司的给付水平分别会增加 7.48% 和 18.48%。当 $p = 0.7$ 时，年龄为 30 岁的退休年金保险公司的给付水平分别会增加 12.19% 和 22.64%；年龄为 35 岁的退休年金保险公司的给付水平分别会增加 10.19% 和 20.38%；年龄为 40 岁的退休年金保险公司的给付水平分别会增加 6.98% 和 11.36%。这说明，期望退休年龄延后可以有效地降低退休年金的长寿风险。

表 1 - 6　　　　　　　　弹性延迟退休年金长寿风险度量

p	$x = 30$	$x = 35$	$x = 40$
$p = 0.4$	17.36%	17.79%	7.48%
	29.78%	26.95%	18.48%
$p = 0.7$	12.19%	10.19%	6.98%
	22.64%	20.38%	11.36%

综上所述，分别利用带跳的 Feller 过程与 Cox - Ingersoll - Ross 模型刻画死亡强度与利率的变化过程，建立弹性延迟退休年金的随机精算模型，运用条件加权最小二乘方法估计利率与死亡率模型中的未知参数。根据中国保险监督委员会分别于 2005 年 12 月 19 日颁布的《中国人寿保险业经验生命表（2000 ~ 2003）》—养老金业务表 CL3（男）（2000 ~ 2003）及 2016 年 12 月 28 日颁布的《中国人寿保险业经验生命表（2010 ~ 2013）》—养老金业务表 CL5（男）（2010 ~ 2013）数据得到的死亡率模型参数估计值及估算的 CL*（2020 ~ 2023）死亡率模型参数值分析弹性延迟退休年金的长寿风险。结果表明：在弹性延迟退休条件下人口生存概率的改善和寿命的延长将提高退休成本，

但提高延迟退休意愿可以有效降低长寿风险。因此，国家可以合理设计弹性延迟退休年金的支付水平，出台在身体允许的条件下，能够有效激励国民选择延缓退休意愿的政策，及时有效地管理弹性延迟退休制度安排下的长寿风险。

1.5.5　弹性退休年金产品价值风险比较

对弹性延迟退休相关社会养老保险产品价值的风险进行分析是社会养老保险精算的重要内容，是对社会养老保险精算理论的发展与完善，具有重要的理论意义，同时可以为我国应对人口老龄化进行养老保险制度改革，防控养老保险账户财务风险、实现长期精算平衡提供精算基础，具有重要的现实意义。现今理论界对寿险产品价值特别与弹性退休有关的社会养老保险产品价值风险比较这一领域还未有相应的研究成果，说明该领域研究的必要性与紧迫性。

在金融、保险等领域，风险的比较分析主要是依赖于随机变量的随机序理论。随机序概念的提出与应用已有很长的历史，较早的出现在统计问题研究中。1952年，哈迪、利特伍德和波利亚（Hardy, Littlewood & Polya）三人共同写的不等式的文章被认为是研究随机变量随机序的开端。1969年，当人们证明了著名的 Hadar Russell 定理之后，随机序理论在经济学、金融、保险等领域中得到广泛的应用。随机序作为一种重要的研究方法，在保险领域受到了越来越多的重视，也成为精算界一个不可或缺的决策手段，它为决策者提供了一种判断优劣的行之有效的方法。许多学者对这一领域进行了研究：

布赫曼（Buhlmann, 1977）等将随机序的概念应用到保险定价中；程和派（Cheng & Pai, 2003）、蔡（Tsai, 2006）等用随机序进行了破产概率的比较研究；希尔瓦顿等（Heerwaarden et al., 1989）、德努特和弗曼德勒（Denuit & Vermandele, 1998, 1999）、蔡和魏

（Cai & Wei，2012）以及鲍尔勒和格劳民（Bauerle & Glaune，2018）等运用随机序处理了再保险策略选择问题；张（Cheung，2007）、华和张（Hua & Cheung，2008）、庄等（Zhuang et al.，2009）、胡和王（Hu & Wang，2010）以及刘和孟（Liu & Meng，2011）等运用随机序对保单限额和豁免额的最优分配问题进行了分析；阿里亚法等（Ariyafar et al.，2020）运用随机序对复合泊松索赔模型进行了风险比较分析。本节拟将随机序理论引入弹性退休养老保险产品价值的风险比较中，通过提出新的风险测度，分析具有相依结构的风险因素对保险产品价值的影响程度，从而为我国社会养老保险账户财务风险防控提供量化依据。

1.5.5.1 随机序与保险产品价值

定义 1.7 设 X，Y 是测度空间（Ω，$\mathcal{F}$）上的两个随机变量，其分布函数分别为 $F_X(x)$、$F_Y(y)$。

（1）若 $\forall x \in R$，$\bar{F}_X(x) \leqslant \bar{F}_Y(x)$，则称 X 依随机序（stochastic order）小于 Y，记为：$X \leqslant_{st} Y$。

（2）若 $\forall x \in R$，$\dfrac{\bar{F}_X(x)}{\bar{F}_Y(x)}$ 是关于 $x \in \{y: \bar{G}(y) > 0\}$ 的增函数，则称 X 依风险率序（hazard rate order）小于 Y，记为：$X \leqslant_{hr} Y$（这里定义：当 $a > 0$，$a/0 \equiv \infty$）。

（3）若 $\forall x \in R$，$\displaystyle\int_x^\infty \bar{F}_X(t)\mathrm{d}t \leqslant \int_x^\infty \bar{F}_Y(t)\mathrm{d}t$，则称 X 依增凸序（increasing convex order）小于 Y，记为：$X \leqslant_{icx} Y$。

（4）若 $\forall x \in R$，$\displaystyle\int_{-\infty}^x \bar{F}_X(t)\mathrm{d}t \leqslant \int_{-\infty}^x \bar{F}_Y(t)\mathrm{d}t$，则称 X 依增凹序（increasing concave order）小于 Y，记为：$X \leqslant_{icv} Y$。

这几种随机序的关系为：

$$X \leqslant_{hr} Y \Rightarrow X \leqslant_{st} Y \Rightarrow X \leqslant_{icx(icv)} Y$$

命题 1.1　设 X, Y 是可测度空间（Ω, $\mathcal{F}$）上的两个随机变量，f 是 R 上增（减）函数。如果 $X \leqslant_{st} Y$, $f(X)$ 与 $f(Y)$ 的期望均存在，则

$$Ef(X) \leqslant (\geqslant) Ef(Y)$$

定义 1.8　设 $X = \{X_1, \cdots, X_n\}$, $Y = \{Y_1, \cdots, Y_n\}$ 是可测度空间（Ω, $\mathcal{F}$）上的两个 n 维随机向量，其分布函数分别为 $F_X(x)$ 和 $F_Y(y)$。

（1）若对每一上集 $U \in R^n$, $P(X \in U) \leqslant P(Y \in U)$，则称 X 依随机序（stochastic order）小于 Y，记为：$X \leqslant_{st} Y$。

（2）若 $\forall x \in R^n$, $\bar{F}_X(x) \leqslant \bar{F}_Y(x)$，则称 X 依上象限序（upper orthant order）小于 Y，记为：$X \leqslant_{uo} Y$。

（3）若 $\forall x \in R^n$, $\dfrac{\bar{F}_X(x)}{\bar{F}_Y(x)}$ 是关于 $x \in \{y: \bar{G}(y) > 0\}$ 的增函数，则称 X 依弱风险率序（weak hazard rate order）小于 Y，记为：$X \leqslant_{whr} Y$（这里定义：当 $a > 0$, $a/0 \equiv \infty$）。

（4）若 $\forall x \in R^n$, $\displaystyle\int_x^\infty \bar{F}_X(t) \mathrm{d}t \leqslant \int_x^\infty \bar{F}_Y(t) \mathrm{d}t$，则称 X 依增凸序（increasing convex order）小于 Y，记为：$X \leqslant_{icx} Y$。

（5）若 $\forall x \in R^n$, $\displaystyle\int_{-\infty}^x \bar{F}_X(t) \mathrm{d}t \leqslant \int_{-\infty}^x \bar{F}_Y(t) \mathrm{d}t$，则称 X 依增凹序（increasing concave order）小于 Y，记为：$X \leqslant_{icv} Y$。

这几种随机序的关系为：

$$X \leqslant_{whr} Y \Rightarrow X \leqslant_{uo} Y \Rightarrow X_i \leqslant_{st} Y_i, \ \forall i \in \{1, \cdots, n\}; \ X \leqslant_{st} Y \Rightarrow X \leqslant_{uo} Y$$

设 $X = \{X_1, \cdots, X_n\}$, $Y = \{Y_1, \cdots, Y_n\}$ 是可测度空间（Ω, $\mathcal{F}$）上的两个随机向量，其联合分布分别为 F 和 G，其联合生存函数定义为 $\bar{F}(x) = P(X > x)$, $\bar{G}(x) = P(Y > x)$, $\forall x \in R^n$。F_i 和 G_i 分别为 X_i 和 Y_i 的边际分布分布函数。随机向量 Y 关于事件 A 的条件分布为：

$F(x|A) = P(X \leqslant x|A) = \int_A I_{\{X \leqslant x\}} dP/P(A)$，$\forall x \in R^n$。定义 YX 关于 A 的条件生存函数为：$\bar{F}(x|A) = P(X > x|A)$。对 $\forall i \in \{1, \cdots, n\}$，$x = (x_1, \cdots, x_n) \in R^n$ 和 $p \in (0, 1)$ 记

$$A_X^p = \bigcap_{i=1}^n \{X_i > F_i^{-1}(p)\}, \quad A_Y^p = \bigcap_{i=1}^n \{Y_i > G_i^{-1}(p)\},$$

$$\bar{F}_{A_X^p}(x) = P[(X > x) \cap A_X^p], \quad \bar{F}_{i, A_X^p}(x_i) = P[(X_i > x_i) \cap A_X^p]。$$

定义 1.9 设 $X = \{X_1, \cdots, X_n\}$，$Y = \{Y_1, \cdots, Y_n\}$ 是可测空间 $(\Omega, \mathcal{F})$ 上的两个随机向量，其联合分布分别为 F 和 G。

（1）若 $\forall x \in R^n$ 及 $p \in (0, 1)$，$\bar{F}_{A_X^p}(x) \leqslant \bar{G}_{A_Y^p}(x)$，则称 X 依条件上象限序（conditional upper orthant order）小于 Y，记为：$X \leqslant_{cuo} Y$。若 $\forall y \in R$，$i \in \{1, \cdots, n\}$ 及 $p \in (0, 1)$，$\bar{F}_{i, A_X^p}(y) \leqslant \bar{G}_{i, A_Y^p}(y)$，则称 X_i 依条件上象限序（conditional upper orthant order）小于 Y_i，记为：$X_i \leqslant_{cuo} Y_i$。

（2）若 $\forall x \in R^n$ 及 $p \in (0, 1)$，$\bar{G}_{A_Y^p}(x)/\bar{F}_{A_X^p}(x)$ 是关于 $x \in \{y: \bar{G}_{A_Y^p}(y) > 0\}$ 的增函数，则称 X 依条件风险率序（conditional weak hazard rate order）小于 Y，记为：$X \leqslant_{cwhr} Y$。若 $\forall y \in R$，$i \in \{1, \cdots, n\}$ 及 $p \in (0, 1)$，$\bar{G}_{i, A_Y^p}(x)/\bar{F}_{i, A_X^p}(x)$ 是关于 $y \in \{z: \bar{G}_{i, A_Y^p}(z) > 0\}$ 的增函数，则称 X_i 依条件风险率序（conditional hazard rate order）随机序小于 Y_i，记为：$X_i \leqslant_{cwhr} Y_i$（这里定义：当 $a > 0$，$a/0 \equiv \infty$）。

（3）若 $\forall x \in R^n$ 及 $p \in (0, 1)$，$\int_x^\infty \bar{F}_{A_X^p}(t) dt \leqslant \int_x^\infty \bar{G}_{A_Y^p}(t) dt$，则称 X 依条件增凸序（conditional increasing convex order）小于 Y，记为：$X \leqslant_{cicx} Y$。

（4）若 $\forall x \in R^n$ 及 $p \in (0, 1)$，$\int_{-\infty}^x \bar{F}_{A_X^p}(x) dt \leqslant \int_{-\infty}^x \bar{G}_{A_Y^p}(x) dt$，则称 X 依条件增凹序（conditional increasing concave order）小于 Y，记为：$X \leqslant_{cicv} Y$。

由定义 1.9 可知 $X \leqslant_{cuo} Y \Rightarrow X_i \leqslant_{cuo} Y_i$，$X \leqslant_{cwhr} Y \Rightarrow X_i \leqslant_{cwhr} Y_i$，$\forall i \in$

$\{1, \cdots, n\}$；当 $P(A_X^p) = P(A_Y^p)$，$X \leqslant_{cwhr} Y \Rightarrow X \leqslant_{cuo} Y$，$X_i \leqslant_{cwhr} Y_i \Rightarrow$
$X_i \leqslant_{cuo} Y_i$，$\forall p \in (0, 1)$，$i \in \{1, \cdots, n\}$；$X \leqslant_{cuo} Y \Rightarrow X \leqslant_{cicx(cicv)} Y$。

任一保险产品价值都会受到很多风险因素的影响，比如在寿险精算中，影响寿险产品价值最主要的风险因素包括利率、死亡率等。假设某一保险产品价值的风险因素为定义在可测度空间上的（Ω，$\mathcal{F}$）随机变量 X_1，$\cdots$，X_n，保险产品价值可以定义为这些随机变量集上的泛函 $H = H(X_1, \cdots, X_n)$。

命题 1.2　设 $X = \{X_1, \cdots, X_n\}$，$Y = \{Y_1, \cdots, Y_n\}$ 是定义在可测空间（Ω，$\mathcal{F}$）上的两个随机向量，g 为 R 上的增（减）函数，则

（1）当 $X_i \leqslant_{cuo} Y_i$ 时

$$E\Big[g(X_i)I_{\underset{i=1}{\overset{n}{\cap}} X_i > F_i^{-1}(p)}\Big] \leqslant E\Big[g(Y_i)I_{\underset{i=1}{\overset{n}{\cap}} Y_i > G_i^{-1}(p)}\Big] \Big(E\Big[g(X_i)I_{\underset{i=1}{\overset{n}{\cap}} X_i > F_i^{-1}(p)}\Big] \geqslant$$
$$E\Big[g(Y_i)I_{\underset{i=1}{\overset{n}{\cap}} Y_i > G_i^{-1}(p)}\Big]\Big)，\forall i \in \{1, \cdots, n\}。$$

（2）当 $X_i \leqslant_{cwhr} Y_i$，$P(A_X^p) = P(A_Y^p)$，$\forall p \in (0, 1)$

$$E\Big[g(X_i)I_{\underset{i=1}{\overset{n}{\cap}} X_i > F_i^{-1}(p)}\Big] \leqslant E\Big[g(Y_i)I_{\underset{i=1}{\overset{n}{\cap}} Y_i > G_i^{-1}(p)}\Big] \Big(E\Big[g(X_i)I_{\underset{i=1}{\overset{n}{\cap}} X_i > F_i^{-1}(p)}\Big] \geqslant$$
$$E\Big[g(Y_i)I_{\underset{i=1}{\overset{n}{\cap}} Y_i > G_i^{-1}(p)}\Big]\Big)，\forall i \in \{1, \cdots, n\}。$$

证明：

（1）由于 g 为 R 上的增（减）函数，再类似于文献［16］利用增函数与上集的关系可知结论成立。

（2）根据随机序关系当 $P(A_X^p) = P(A_Y^p)$ 时，$X_i \leqslant_{cwhr} Y_i \Rightarrow X_i \leqslant_{cuo} Y_i$，再利用（1）的结果可知结论成立。

设 X 是定义在可测空间（Ω，$\mathcal{F}$）上的随机变量，其分布函数为 F。传统的金融风险测度中，在水平 $p \in (0, 1)$（p 分位数）的风险价值（value-at-risk，VaR）定义为：

$$VaR_p(X) = F^{-1}(p) = \inf\{x: F(x) \geqslant p\}$$

VaR 反映了在正常的市场条件下，某一金融资产或投资组合在给定的置信度内可能遭受的最大损失。由于金融数据一般都是厚尾分

布，VaR 不能够反映尾部的整体风险，同时它不具有次可加性，因此也不具一致性。预期损失（expected shortfall，ES）定义如下：

$$ES_p[X] = E[X | X > VaR_p(X)]$$

如果分布函数连续，则

$$ES_p[X] = \frac{1}{1-p} \int_p^1 VaR_t(X) \, dt$$

ES 实际上反映了尾部的平均风险，适应了金融数据分布的特点，弥补了 VaR 的不足，是一个具有一致性的风险测度。

利用金融风险测度理论，作者引入了度量弹性退休年金产品的价值风险测度。

定义 1.10 设 $X = \{X_1, \cdots, X_n\}$ 是定义在可测空间 $(\Omega, \mathcal{F})$ 上的随机向量。保险产品价值为 $H(X_1, \cdots, X_n)$ 是关于 R^n 上的可测函数。其广义预期缺口（generalized expected shortfall，GES）定义为：

$$GES_p[H(X_1, \cdots, X_n)] = E[H(X_1, \cdots, X_n) | \bigcap_{i=1}^n (X_i > F_i^{-1}(p))]$$

从定义可以看出，GES 是一个关于保险产品价值尾部平均风险的测度。

1.5.5.2 阿基米德 copula

定义 1.11 如果函数 f 在区间 (a, b) 上任意阶导数存在并满足 $\forall x \in (a, b)$，$k \in \{0, 1, \cdots\}$，$(-1)^k f^{(k)}(x) \geqslant 0$，则称 f 在 (a, b) 上完全单调。

定义 1.12 设函数 $\varphi: I \to [0, \infty]$ 是连续、严格降的凸函数且满足：$\varphi(1) = 0$，$\varphi(0) = \infty$，φ^{-1} 是 φ 的逆函数。如果 φ^{-1} 是完全单调函数，则函数 $C: I^n \to I$

$$C(u) = C(u_1, \cdots, u_n) = \varphi^{-1}(\varphi(u_1) + \cdots + \varphi(u_n))$$

被称为由严格生成元 φ 严格生成的严格阿基米德 copula。

由 Bernstein 定理可知，一个完全单调函数可以表示为一个概率测度的 Laplace – Stieltjes 变换。如果 φ^{-1} 是一个完全单调函数，则存在一个分布函数 $F_{\varphi^{-1}}$ 满足 $\varphi^{-1}(x) = \int_0^\infty e^{-\alpha x} \mathrm{d}F_{\varphi^{-1}}(\alpha)$。这样

$$C(u) = \int_0^\infty \prod_{i=1}^n e^{-a\varphi(u_i)} \mathrm{d}F_{\varphi^{-1}}(a)$$

设随机向量 $(X_1, \cdots, X_n)$ 具有连续的边际分布函数 $F_1(x_1), \cdots, F_n(x_n)$，其边际密度函数为 $f_1(x_1), \cdots, f_n(x_n)$。假设其联合生存函数分布满足：

$$
\begin{aligned}
P(X_1 > x_1, \cdots, X_n > x_n) &= C(\bar{F}_1(x_1), \cdots, \bar{F}_n(x_n)) \\
&= \varphi^{-1}(\varphi(\bar{F}_1(x_1)) + \cdots + \varphi(\bar{F}_n(x_n))) \\
&= \int_0^\infty \prod_{i=1}^n e^{-\alpha\varphi(\bar{F}_i(x_i))} \mathrm{d}F_{\varphi^{-1}}(\alpha) \\
&= \int_0^\infty \prod_{i=1}^n D^\alpha(\bar{F}_i(x_i)) \mathrm{d}F_{\varphi^{-1}}(\alpha) \quad (1.40)
\end{aligned}
$$

其中：$D(x) = e^{-\varphi(x)}$

则 $(X_1, \cdots, X_n)$ 的联合密度函数为：

$$
\begin{aligned}
f_{x_1, \cdots, x_n}(x_1, \cdots, x_n) &= (-1)^n \frac{\partial^n}{\partial x_1, \cdots, \partial x_n} C(\bar{F}_1(x_1), \cdots, \bar{F}_1(x_1)) \\
&= \int_0^\infty \prod_{i=1}^n d_{x_i}(x_i, \alpha) \mathrm{d}F_{\varphi^{-1}}(\alpha)
\end{aligned}
$$

其中：$d_{x_i}(x_i, \alpha) = \alpha f_i(x_i) G^{\alpha-1}(\bar{F}_i(x_i)) G'(\bar{F}_i(x_i))$，$i \in \{1, \cdots, n\}$。$d_{x_i}(x_i, \alpha)$ 本身也是密度函数，记 X_i^α 为密度函数为 $d_{x_i}(x_i, \alpha)$ 的随机变量。

本文中称一个随机向量 $\boldsymbol{X} = \{X_1, \cdots, X_n\}$ 为非负的是指 $\forall i \in \{1, \cdots, n\}$，$X_i \geqslant 0$。

定理 1.7 设 $\boldsymbol{X} = \{X_1, \cdots, X_n\}$ 是定义在可测度空间 $(\Omega, \mathcal{F})$ 上的非负随机向量，其联合分布函数为 F，边际分布函数为 $F_1(x_1), \cdots, F_n(x_n)$，联合生存函数为 $C(\bar{F}_n(x_n))$，C 为函数 φ 严格生成的严格

阿基米德 *copula*。$Y = \{Y_1, \cdots, Y_n\}$ 是定义在可测度空间（Ω，$\mathcal{F}$）上的另一非负随机向量，其联合分布函数为 G，边际分布函数为 $G_1(x_1)$，$\cdots$，$G_n(x_n)$，联合生存函数为 $C(\bar{G}_n(x_n))$。若 $X_i \leqslant_{cuo} Y_i$，g 为 R 上的增（减）函数，则

$$E[g(X_i) \mid \bigcap_{i=1}^{n}(X_i > F_i^{-1}(p))] \leqslant (\geqslant) E[g(Y_i) \mid \bigcap_{i=1}^{n}(Y_i > G_i^{-1}(p))]$$

$$\forall i \in \{1, \cdots, n\}$$

证明：因 X 的联合生存函数为 $C(\bar{F}_n(x_n))$，C 为函数 φ 严格生成的严格阿基米德 copula，则有公式（1.40）可知

$$P(\bigcap_{i=1}^{n} X_i > F_i^{-1}(p)) = \int_{F_1^{-1}(p)}^{\infty} \cdots \int_{F_n^{-1}(p)}^{\infty} \int_0^{\infty} \prod_{i=1}^{n} d_{x_i}(x_i, \alpha) dF_{\varphi^{-1}}(\alpha) dx_1, \cdots, dx_n$$

$$= \int_0^{\infty} \int_{F_1^{-1}(p)}^{\infty} \cdots \int_{F_n^{-1}(p)}^{\infty} \prod_{i=1}^{n} d_{x_i}(x_i, \alpha) dx_1, \cdots, dx_n dF_{\varphi^{-1}}(\alpha)$$

$$= \int_0^{\infty} (1 - D^{\alpha}(1 - p))^n dF_{\varphi^{-1}}(\alpha)$$

同理可得：

$$P(\bigcap_{i=1}^{n} Y_i > G_i^{-1}(p)) = \int_0^{\infty} (1 - D^{\alpha}(1 - p))^n dF_{\varphi^{-1}}(\alpha)$$

即：

$$P(\bigcap_{i=1}^{n} X_i > F_i^{-1}(p)) = P(\bigcap_{i=1}^{n} Y_i > G_i^{-1}(p))$$

由于 g 为 R 上的增（减）函数，命题 1.2（1）可若 $X_i \leqslant_{cuo} Y_i$，则

$$E[g(X_i) I_{\bigcap_{i=1}^{n} X_i > F_i^{-1}(p)}] \leqslant E[g(Y_i) I_{\bigcap_{i=1}^{n} Y_i > G_i^{-1}(p)}] (E[g(X_i) I_{\bigcap_{i=1}^{n} X_i > F_i^{-1}(p)}]$$

$$\geqslant E[g(Y_i) I_{\bigcap_{i=1}^{n} Y_i > G_i^{-1}(p)}])。$$

则

$$E[g(X_i) \mid \bigcap_{i=1}^{n} X_i > F_i^{-1}(p)] = \frac{E[g(X_i) I_{\bigcap_{i=1}^{n} X_i > F_i^{-1}(p)}]}{P(\bigcap_{i=1}^{n} X_i > F_i^{-1}(p))}$$

$$\leqslant (\geqslant) \frac{E[g(Y_i) \mid \bigcap_{i=1}^{n} Y_i > G_i^{-1}(p)]}{P(\bigcap_{i=1}^{n} Y_i > G_i^{-1}(p))}$$

$$\leq (\geq) E\left[g(Y_i) \mid \bigcap_{i=1}^{n} Y_i > G_i^{-1}(p) \right]$$

由随机序关系，将定理 1.6 中的条件 "$X_i \leq_{cuo} Y_i$" 改为 "$\boldsymbol{X} \leq_{cuo} \boldsymbol{Y}$" 其结论亦成立。由随机序关系当 $P(A_X^p) = P(A_Y^p)$，$\forall p \in (0, 1)$，$X_i \leq_{cwhr} Y_i \Rightarrow X_i \leq_{cuo} Y_i$，利用定理 1.6 容易得到下面的推论。

推论 1.1 设 $\boldsymbol{X} = \{X_1, \cdots, X_n\}$ 是定义在可测度空间 $(\Omega, \mathcal{F})$ 上的非负随机向量，其联合分布函数为 F，边际分布函数为 $F_1(x_1), \cdots, F_n(x_n)$，联合生存函数为 $C(\bar{F}_n(x_n))$，C 为函数 φ 严格生成的严格阿基米德 copula。$\boldsymbol{Y} = \{Y_1, \cdots, Y_n\}$ 是定义在可测度空间 $(\Omega, \mathcal{F})$ 上的另一非负随机向量，其联合分布函数为 G，边际分布函数为 $G_1(x_1), \cdots, G_n(x_n)$，联合生存函数为 $C(\bar{G}_n(x_n))$。若 $X_i \leq_{cwhr} Y_i$，g 为 R 上的增（减）函数，则

$$E\left[g(X_i) \mid \bigcap_{i=1}^{n} (X_i > F_i^{-1}(p)) \right] \leq (\geq) E\left[g(Y_i) \mid \bigcap_{i=1}^{n} (Y_i > G_i^{-1}(p)) \right]$$
$$\forall i \in \{1, \cdots, n\}$$

由随机序关系，将推论 1.1 中的条件 "$X_i \leq_{cwhr} Y_i$" 改为 "$\boldsymbol{X} \leq_{cwhr} \boldsymbol{Y}$" 其结论亦成立。

定理 1.8 设 $\boldsymbol{X} = \{X_1, \cdots, X_n\}$ 是定义在可测度空间 $(\Omega, \mathcal{F})$ 上的非负随机向量，其联合分布函数为 F，边际分布函数为 $F_1(x_1), \cdots, F_n(x_n)$，联合生存函数为 $C(\bar{F}_n(x_n))$，C 为函数 φ 严格生成的严格阿基米德 copula。$\boldsymbol{Y} = \{Y_1, \cdots, Y_n\}$ 是定义在可测度空间 $(\Omega, \mathcal{F})$ 上的另一非负连续随机向量，其联合分布函数为 G，边际分布函数为 $G_1(x_1), \cdots, G_n(x_n)$，联合生存函数为 $C(\bar{G}_n(x_n))$。若 $\boldsymbol{X} \leq_{uo} \boldsymbol{Y}$，且 $P[Y_i^\alpha \in (G_i^{-1}(p), F_i^{-1}(p))] = 0$，$\forall i \in \{0, 1, \cdots\}$ 和 $p \in (0, 1)$，则

$$\boldsymbol{X} \leq_{cuo} \boldsymbol{Y}$$

证明：因 X 的其联合生存函数为 $C(\bar{F}_n(x_n))$，C 为函数 φ 严格生成的严格阿基米德 copula，由定理 1.6 的证明可知

$$P\left(\bigcap_{i=1}^{n} (X_i > F_i^{-1}(p)) \right) = P\left(\bigcap_{i=1}^{n} (X_i > F_i^{-1}(p)) \right)$$

$$= \int_0^\infty (1 - D^\alpha(1-p))^n dF_{\varphi^{-1}(\alpha)}(p)$$

由于 $X \leqslant_{uo} Y$，所以 $F_i^{-1}(p) \geqslant G_i^{-1}(p)$，$\forall i \in \{0, 1, \cdots\}$，$p \in (0, 1)$。对 $\forall x = (x_1, \cdots, x_n) \in R^n$，设在所有的 $i \in \{0, 1, \cdots\}$ 中，i_1 是 $\{0, 1, \cdots\}$ 中子集满足 $\forall j \in i_1$，$x_j \geqslant F_j^{-1}(p)$，$i_2$ 是 $\{0, 1, \cdots\}$ 中子集满足 $\forall j \in i_2$，$G_j^{-1}(p) \leqslant x_j < F_j^{-1}(p)$，$i_3$ 是 $\{0, 1, \cdots\}$ 中子集满足 $\forall j \in i_3$，$x_j < G_j^{-1}(p)$，则

$$\bar{F}(x \mid A_X^p) = P\{(X > x) \cap \bigcap_{i=1}^n (X_i > F_i^{-1}(p))\}$$

$$= \int_0^\infty \int_{a_1}^\infty \cdots \int_{a_n}^\infty \prod_{i=1}^n d_i(x_i, \alpha) dx_i \cdots dx_n dF_{\varphi^{-1}(\alpha)}$$

$$= \int_0^\infty \prod_{i=1}^n D^\alpha(\bar{F}_i(a_i)) dF_{\varphi^{-1}(\alpha)} \qquad (1.41)$$

其中，当 $i \in i_1$ 时，$a_i = x_i$，$i \in i_2$ 或 $i \in i_3$，$a_i = F_j^{-1}(p)$。

同理可得

$$\bar{G}(x \mid A_X^p) = P\{(Y > x) \cap \bigcap_{i=1}^n (Y_i > G_i^{-1}(p))\}$$

$$= \int_0^\infty \int_{b_1}^\infty \cdots \int_{b_n}^\infty \prod_{i=1}^n d_i(y_i, \alpha) dy_i \cdots dy_n dF_{\varphi^{-1}(\alpha)}$$

$$= \int_0^\infty \prod_{i=1}^n D^\alpha(\bar{G}_i(a_i)) dF_{\varphi^{-1}(\alpha)} \qquad (1.42)$$

其中，当 $i \in i_1$ 或 $i \in i_2$ 时，$b_i = x_i$，$i \in i_3$，$a_i = G_i^{-1}(p)$。

当 $i \in i_1$ 时，$\bar{F}_i(a_i) \leqslant \bar{G}_i(b_i)$，可以得到 $D^\alpha(\bar{F}_i(a_i)) \leqslant D^\alpha(\bar{G}_i(a_i))$；当 $i \in i_2$ 时，由于对 $\forall i \in \{0, 1, \cdots\}$ 和 $p \in (0, 1) P[Y_i^\alpha \in (G_i^{-1}(p), F_i^{-1}(p))] = 0$，可以得到 $D^\alpha(\bar{F}_i(a_i)) = D^\alpha(1-p) = D^\alpha(\bar{G}_i(x_i))$；当 $i \in i_3$ 时，同样得到 $D^\alpha(\bar{F}_i(a_i)) = D^\alpha(1-p) = D^\alpha(\bar{G}_i(x_i))$。由公式 (1.41) 和公式 (1.42) 可得：

$$X \leqslant_{cuo} Y$$

由随机序关系 $X \leqslant_{hr} Y \Rightarrow X \leqslant_{uo} Y$、$X \leqslant_{st} Y \Rightarrow X \leqslant_{uo} Y$ 定理 1.6 和定理

1.7 容易得到下面的推论。

推论1.2　设 $X = \{X_1, \cdots, X_n\}$ 是定义在可测度空间 $(\Omega, \mathcal{F})$ 上的非负随机向量，其联合分布函数为 F，边际分布函数为 $F_1(x_1), \cdots,$ $F_n(x_n)$，联合生存函数为 $C(\bar{F}_n(x_n))$，C 为函数 φ 严格生成的严格阿基米德 copula。$Y = \{Y_1, \cdots, Y_n\}$ 是定义在可测度空间 $(\Omega, \mathcal{F})$ 上的另一非负随机向量，其联合分布函数为 G，边际分布函数为 $G_1(x_1), \cdots, G_n(x_n)$，联合生存函数为 $C(\bar{G}_n(x_n))$。若 $X \leqslant_{hr} Y X \leqslant_{hr} Y$ 或 $X \leqslant_{st} Y$，且 $P[Y_i^\alpha \in (G_i^{-1}(p), F_i^{-1}(p))] = 0$，$\forall i \in \{0, 1, \cdots\}$ 和 $p \in (0, 1)$。g 为 R 上的增（减）函数，则

$$E[g(X_i) \mid \bigcap_{i=1}^{n}(X_i > F_i^{-1}(p))] \leqslant (\geqslant) E[g(Y_i) \mid \bigcap_{i=1}^{n}(Y_i > G_i^{-1}(p))]$$
$$\forall i \in \{1, \cdots, n\}$$

1.5.5.3　弹性退休年金价值风险比较

假设 (x) 岁投保人所选择的弹性退休年龄为连续随机变量 Z_x，弹性退休制度设计为选择在年龄区间 $[a, b]$ 之间的任意时间退休，其分布函数为 F_{Z_x}。余寿为连续随机变量 T_x 岁，其分布函数为 F_{T_x}。折现系数与利息力分别设定为常数 v 和 δ。在寿险精算中，利率本身也是一个风险因素，之所以做这样的设定，主要是两个方面的原因：一是本节主要是想研究不同人群在延迟退休意愿、余寿等风险因素方面对退休年金产品价值的影响进行比较分析，而利率对于不同人群而言是系统风险，所以我们把利率设定为常数。二是让模型简化一些，便于处理分析。

在弹性退休制下 (x) 岁投保人连续缴纳额为1至 Z_x 年的定期生命年金现值为：

$$H_1(Z_x) = \frac{1 - v^{Z_x - x}}{\delta} \tag{1.43}$$

连续支付额为1的退休年金现值为：

$$H_2(Z_x, T_x) = \begin{cases} 0 & T_x \geqslant Z_x - x \\ \dfrac{v^{Z_x-x} - v^{T_x-x}}{\delta} & T_x \geqslant Z_x - x \end{cases} \qquad (1.44)$$

连续支付额为 1 的弹性退休均衡保费为：

$$\bar{P} = \frac{EH_2(Z_x, T_x)}{EH_1(Z_x)} \qquad (1.45)$$

对于企业养老保险，在弹性退休制下由于行业、工种与性别等特征的不同，同一年龄的职工应该有不同的退休年龄偏好，不同的死亡率分布。对于同为 (x) 岁的两个投保人群如果弹性退休年龄 $Z_x^1 \leqslant_{st} Z_x^2$ 意味着第二个投保人群比第一个投保人群有更大的延迟退休意愿，愿意选择更晚年龄退休；对于同为 (x) 岁的两个投保人群如果剩余寿命 $T_x^1 \leqslant_{st} T_x^2$ 意味着第二个投保人群比第一个投保人群更长寿。

命题 1.3　设同为 (x) 岁的两个投保人，其弹性退休年龄及余寿分 Z_x^j, T_x^j, $j = 1, 2$。若 $Z_x^1 \leqslant_{st} Z_x^2$，则 $E[H_1(Z_x^1)] \leqslant E[H_1(Z_x^2)]$。

证明：由公式（1.43）、命题 1.2 可知结论成立。

命题 1.4　设同为 (x) 岁的两个投保人，其弹性退休年龄及余寿分别为 Z_x^j, T_x^j, $j = 1, 2$。若 $Z_x^1 \leqslant_{st} Z_x^2$，$T_x^2 \leqslant_{st} T_x^1$，则

$$E[H_2(Z_x^1, T_x^1)] \leqslant E[H_2(Z_x^2, T_x^2)]$$

证明：令 $f(y) = \dfrac{v^{y-x}}{\delta}$，则由公式（1.44）可知，$H_2(Z_x, T_x) = f(Z_x) - f(T_x)$。由命题（1.1）可知结论成立。

推论 1.3　设同为 (x) 岁的两个投保人，其弹性退休年龄及余寿分别为 Z_x^j, T_x^j, $j = 1, 2$。若 $Z_x^1 \leqslant_{st} Z_x^2$，$T_x^2 \leqslant_{st} T_x^1$ 则

$$\bar{P}_1 \geqslant \bar{P}_2$$

证明：由公式（1.45）及命题（1.3）和命题（1.4）可知结论成立。

命题 1.5　设同为 (x) 岁的两个投保人，其弹性退休年龄及余寿分别为 Z_x^j, T_x^j, $j = 1, 2$。若 (Z_x^j, T_x^j) 的联合生存函数为 $C(\bar{F}_{Z_x^j}(z),$

$\bar{F}_{T_x^j}(t))$，C 为函数 φ 严格生成的严格阿基米德 copula。假设 $Z_x^1 \leqslant_{cuo} Z_x^2$，则

$$E\big[H_1(Z_x^1) \mid Z_x^1 > F_{Z_x^1}^{-1}(p),\ T_x^1 > F_{T_x^1}^{-1}(p)\big] \leqslant E\big[H_1(Z_x^2) \mid Z_x^2 \\ > F_{Z_x^2}^{-1}(p),\ T_x^2 > F_{T_x^2}^{-1}(p)\big]$$

证明：由公式（1.43）可知，$H_1(Z_x)$ 是 Z_x 的增函数，利用定理 1.6 的结论可知结论成立。

由随机序关系、定理 1.6 和定理 1.7 可知，将命题 1.5 中条件 "$Z_x^1 \leqslant_{cuo} Z_x^2$" 改为 "$Z_x^1 \leqslant_{hr} Z_x^2$" "$Z_x^1 \leqslant_{st} Z_x^2$" 或 "$Z_x^1 \leqslant_{cwhr} Z_x^2$" 等结论均成立。

命题 1.6　设同为（x）岁的两个投保人，其弹性退休年龄及余寿分别为 Z_x^j，T_x^j，$j = 1,\ 2$。若（$Z_x^j,\ T_x^j$）的联合生存函数为 $C(\bar{F}_{Z_x^j}(z)$，$\bar{F}_{T_x^j}(t))$，C 为函数 φ 严格生成的严格阿基米德 copula。假设 $Z_x^1 \leqslant_{cuo} Z_x^2$，$T_x^2 \leqslant_{cuo} T_x^1$，则

$$E\big[H_2(Z_x^1,\ T_x^1) \mid Z_x^1 > F_{Z_x^1}^{-1}(p),\ T_x^1 > F_{T_x^1}^{-1}(p)\big] \leqslant E\big[H_2(Z_x^2,\ T_x^2) \mid Z_x^2 \\ > F_{Z_x^2}^{-1}(p),\ T_x^2 > F_{T_x^2}^{-1}(p)\big]$$

证明：令 $f(y) = \dfrac{v^{y-x}}{\delta}$，则由公式（1.44）可知，$H_2(Z_x^j,\ T_x^j) = f(Z_x^j) - f(T_x^j)$，$j = 1,\ 2$。利用定理 1.6 的结论可知

$$E\big[f(Z_x^1) \mid Z_x^1 > F_{Z_x^1}^{-1}(p),\ T_x^1 > F_{T_x^1}^{-1}(p)\big] \leqslant E\big[f(Z_x^2) \mid Z_x^2 \\ > F_{Z_x^2}^{-1}(p),\ T_x^2 > F_{T_x^2}^{-1}(p)\big]$$

$$E\big[f(T_x^2) \mid Z_x^2 > F_{Z_x^2}^{-1}(p),\ T_x^2 > F_{T_x^2}^{-1}(p)\big] \leqslant E\big[f(T_x^1) \mid Z_x^1 \\ > F_{Z_x^1}^{-1}(p),\ T_x^1 > F_{T_x^1}^{-1}(p)\big]$$

由此可得

$$E\big[H_2(Z_x^1) \mid Z_x^1 > F_{Z_x^1}^{-1}(p),\ T_x^1 > F_{T_x^1}^{-1}(p)\big] \leqslant E\big[H_2(Z_x^2) \mid Z_x^2 \\ > F_{Z_x^2}^{-1}(p),\ T_x^2 > F_{T_x^2}^{-1}(p)\big]$$

由随机序关系、定理 1.7 和定理 1.8 可知，将命题 1.6 中条件 "$Z_x^1 \leqslant_{cuo} Z_x^2$" 改为 "$Z_x^1 \leqslant_{hr} Z_x^2$" "$Z_x^1 \leqslant_{st} Z_x^2$" 或 "$Z_x^1 \leqslant_{cwhr} Z_x^2$"，将条件 "$T_x^2 \leqslant_{cuo} T_x^1$" 改为 "$T_x^2 \leqslant_{hr} T_x^1$" "$T_x^2 \leqslant_{st} T_x^1$" 或 "$T_x^2 \leqslant_{cwhr} T_x^1$" 等结论均成立。

1.5.5.4　实证研究

假设弹性退休年龄为区间 $[60，65]$。对于 $(Z_x^j，T_x^j)$，$j=1，2$ 的联合分布函数设定由 Joe copula 连接，Joe copula 是严格阿基米德 copula 的一种，它的生成元 φ 为：

$$\varphi(t) = -\ln[1-(1-t)^{\theta}]，\quad \theta > 0，\text{其散点图见图 1-23。}$$

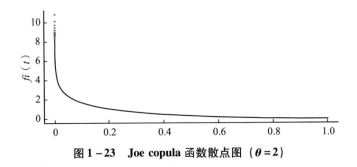

图 1-23　Joe copula 函数散点图 ($\theta=2$)

假设两个同为 40 岁的投保人群，极限年龄设为 100 岁。两个人群的余寿分布函数分别为：

$$F_{T_{40}^1}(x) = \begin{cases} 0 & x \leqslant 40 \\ \dfrac{x-40}{60} & 40 < x \leqslant 100 \end{cases}$$

$$F_{T_{40}^2}(x) = \begin{cases} 0 & x \leqslant 40 \\ \dfrac{x-40}{59} & 40 < x \leqslant 59 \\ 1 & 59 < x \leqslant 100 \end{cases}$$

由模型设定可知，$\bar{F}_{T_{40}^2}(x) \leqslant \bar{F}_{T_{40}^1}(x)$，即 $T_{40}^2 \leqslant_{st} T_{40}^1$。参考相关文献及中国实际的利率水平将实证利率设定为 2.85%。根据文献 [17] 采用数值积分方法得到在不同分位数水平在 $\theta = 2$ 时的弹性退休定期生命年金 $H_1(Z_{40})$ 和退休年金 $H_2(Z_{40}, T_{40})$ 的广义预期损失，其结果见表 1-7 和图 1-24、图 1-25。

表 1-7　　　　　　　弹性退休年金产品 GES 值（$\theta = 2$）

GES	p				
	0.2	0.4	0.6	0.8	0.9
$E\left[H_1(Z_{40}^1) \mid Z_{40}^1 > F_{Z_{40}^1}^{-1}(p), T_{40}^1 > F_{T_{40}^1}^{-1}(p)\right]$	19.2933	18.4634	18.6423	18.8245	19.0212
$E\left[H_1(Z_{40}^2) \mid Z_{40}^2 > F_{Z_{40}^2}^{-1}(p), T_{40}^2 > F_{T_{40}^2}^{-1}(p)\right]$	19.4254	18.6542	18.8434	19.0542	19.1856
$E\left[H_2(Z_{40}^1, T_{40}^1) \mid Z_{40}^1 > F_{Z_{40}^1}^{-1}(p), T_{40}^1 > F_{T_{40}^1}^{-1}(p)\right]$	8.9635	8.7957	8.5436	8.4925	8.7824
$E\left[H_2(Z_{40}^2, T_{40}^2) \mid Z_{40}^2 > F_{Z_{40}^2}^{-1}(p), T_{40}^2 > F_{T_{40}^2}^{-1}(p)\right]$	9.0756	8.9487	8.7424	8.6864	8.81242

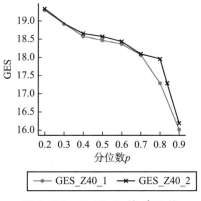

图 1-24　$H_1(Z_{40})$ 的 GES 值

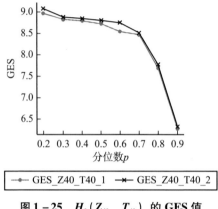

图 $1-25$ $H_2(Z_{40}, T_{40})$ 的 GES 值

从上表和上图可以看出，在不同的分位数水平，当 $Z_{40}^1 \leqslant_{st} Z_{40}^2$，$T_{40}^2 \leqslant_{st} T_{40}^1$

$$E\left[H_1(Z_{40}^1) \mid Z_{40}^1 > F_{Z_{40}^1}^{-1}(p), T_{40}^1 > F_{T_{40}^1}^{-1}(p)\right] \leqslant E\left[H_1(Z_{40}^2) \mid Z_{40}^2 > F_{Z_{40}^2}^{-1}(p), T_{40}^2 > F_{T_{40}^2}^{-1}(p)\right]$$

$$E\left[H_2(Z_{40}^1, T_{40}^1) \mid Z_{40}^1 > F_{Z_{40}^1}^{-1}(p), T_{40}^1 > F_{T_{40}^1}^{-1}(p)\right] \leqslant E\left[H_2(Z_{40}^2, T_{40}^2) \mid Z_{40}^2 > F_{Z_{40}^2}^{-1}(p), T_{40}^2 > F_{T_{40}^2}^{-1}(p)\right]$$

这验证了本书1.4节中的相关结论。其中定期生命年金 $H_1(Z_{40})$ 对应的是弹性退休基本养老保险账户的收入账户，退休年金 $H_2(Z_{40}, T_{40})$ 对应的是弹性退休基本养老保险账户的支出账户，从上图可以看出，随着分位数水平的变化，同为40岁的两类投保人群定期生命年金 $H_1(Z_{40})$ 的 GES 值在分位数 $0.7 \sim 0.9$ 的偏离程度较大，说明在此分位数范围内受弹性延迟退休年龄意愿强弱影响对两类人群定期生命年金 $H_1(Z_{40})$ 所产生的尾部风险差异大。退休年金 $H_2(Z_{40}, T_{40})$ 的 GES 值在分位数 $0.5 \sim 0.7$ 的偏离程度较大，说明在此分位数范围内受延迟退休年龄意愿强弱与余寿长短的影响对两类人群退休年金 $H_2(Z_{40}, T_{40})$ 所产生的尾部风险差异大。这些差异说明了弹性延迟

退休年龄意愿强弱及余寿长短两种风险因素的随机序关系对基本养老保险收入与支出账户尾部风险的影响程度，据此，为基本养老保险账户的支付风险评估提供了量化依据。

1.5.5.5　结论

随机序作为一种重要的研究方法，在保险精算中已经称为一个不可或缺的决策手段。运用随机序理论对弹性退休相关养老保险产品价值进行风险比较研究一方面是对社会养老保险精算中的退休年金理论的发展与完善，具有重要的理论意义，另一方面也可以为弹性延迟退休防控养老保险账户财务风险提供了精算基础，具有重要的现实意义。

第2章 弹性延迟退休基本养老保险财政负担研究

被誉为社会的"稳定器"、经济运行的"减震器"、实现社会公平的"调节器'的社会保障制度具有保障基本生活、维护社会稳定、调节经济运行和促进经济发展的功能。社会养老保险支付风险已经成为制约我国社会保障事业高质量发展的重大"瓶颈"问题。习近平总书记在2022年第8期《求是》杂志刊发的重要文章《促进我国社会保障事业高质量发展、可持续发展》中直面社会保障制度中的痛点难点堵点,对深化社会保障制度改革作出一系列重要部署。党的二十大报告也提出社会保障体系是人民生活的安全网和社会运行的稳定器。从未来发展趋势来看,我国的老龄化程度仍在不断加深,"十四五"期末,我国将全面进入中度老龄化社会,而步入深度老龄化社会的城市也在不断扩容。这对养老保险体系的压力不小。在目前的养老金缴纳和支付体系下,进行退休制度改革是我国发展的必然趋势。

2.1 社会养老保险在国外的发展与改革

社会保险最早出现在德国。早在1854年,德国就建立了疾病保险,是社会保险中历史最长的国家。德国的"铁血宰相"俾斯麦执政期间，对工人阶级实行"鞭子加糖果"的政策，社会保险在工人阶级不断举行暴动背景下出台。然而，对西方国家影响最大的还是英国著名学者的《贝弗里奇报告》。1964 年，伦敦经济学院教授贝弗里奇受政府委托，负责制定一个战后实行社会保障的计划，该计划于1942 年底以《社会保险及有关服务》为题发表，对西欧各国产生了深远影响，各国纷纷效仿英国，建立自己的社会保障体系。崇尚个人自由主义的美国建立社会保障体制时间则大大落后于西欧国家，直到1935 年，正式的社会保障法案才正式生效。但美国社会保障发展很快，现已形成一整套保障体系，并且由于避免了西欧国家建立"福利国家"所带来的弊端，注重强调个人责任，正确地兼顾了"公平"与"效率"的原则，被证明是一套十分有效的体制。美国社会保障的主要部分就是所谓的 OASDHI 体系（Old Age, Survivor, Disability and Health Insurance）。

　　日本的养老保险则是以年金制度为特征的，它开始于 1947 年日本宪法第二十五条第二款的规定："国家必须在一切生活部门努力提高和增进社会福利、社会保障和公共卫生"。1950 年提出的"关于社会保障制度的建议"，又对社会保障的概念下了更广泛的定义。日本的年金制度有两大系统：一是以一般就业者为对象的厚生年金；二是以个体营业者和农民为对象的国民年金保险。其他西方国家如瑞典、法国、荷兰、加拿大、澳大利亚等国都有一套所谓完整的养老保险制度。

　　目前，西方福利国家的福利制度受到严重挑战，社会保障制度发生危机。各国政府官员和学者都在对传统体制进行反思，探索新的途径。造成西方国家福利危机的原因有四个方面：

　　第一，西方各国经济增长缓慢，高速增长时期已过。经济停滞不前造成政府收支困难，对福利支出的能力下降。

　　第二，人口结构，特别是年龄结构发生极大的变化。西方国家在经历了第二次世界大战后的"婴儿期"阶段后,人口出生率大幅度下降,人口的死亡率也在不断下降,平均预期寿命延长,家庭规模缩小,出现了高龄化社会,整个社会的老年抚养问题越来越突出。

第三,社会伦理道德发生转变,社会财富的代际交换由年轻一代流向老年一代,转变成从老年一代流向青年一代,越加刺激了低生育率选择。老年人倾向于更多地向社会寻求收入保障。并且由于妇女社会角色的转变,家庭养老服务的主要承担者逐渐消失了。这样,政府的责任就越来越大。

第四,以"社会福利最大化"的社会保障项目的设计过于慷慨,给今天造成了无穷的后患。"福利刚性"的作用使得改革前的保障体制阻力重重。当初建立理想的"福利国家"的设想建立在不坚实的基础之上,当时的设计者也未预料到当今世界的经济形势、人口变动及社会环境变化如此巨大。

发达国家是在对旧的社会保障体制进行改革,而发展中国家由于社会经济发展相对落后,养老保险发展缓慢,多数仍停留在社会救济阶段。新加坡的公积金制度是一种独特的社会保障制度,由雇主和雇员每月缴纳一定比例的工资作为公积金,参加这一公积金制度的成员日后可获得住房、退休养老及医疗保健等方面的社会保障。这是一种强制储蓄式的社会保障方法,国家承担管理和投资责任,而不承担任何费用。这种方法在新加坡等国家取得成功,是否适合于其他国家是有争议的。以智利为代表的拉丁美洲国家则在实行养老保险私营化改革,鼓励各部门竞争,雇员自愿选择养老保险的承办机构。此外,东欧国家及苏联各国则纷纷对原有的社会保障制度进行改革,以适应变化了的经济与政治体制。

2.2　我国社会养老保险发展历程及其改革的目的

2.2.1　我国社会养老保险发展历程

1949 年中华人民共和国成立以来，中国城镇职工退休制度大致经历了四个发展阶段：

第一阶段（1949～1957 年）是养老保险制度建立阶段。1950 年末，劳动部和全国总工会拟定了《中华人民共和国劳动保险条例》（草案），该条例首先在部分地区和行业实行试点，其次扩大到部分地区和行业部门。该条例规定在企业中采取退休制。1953 年 1 月，政务院又颁布了《关于中华人民共和国劳动保险条例若干修正的规定。该规定提出："凡工人职员在 100 人以上的国营企业和公私合营企业对职工实行劳动保险。实行劳动保险的企业，提取全部职员工资的 3% 作为保险金"由全国总工会统筹使用。在此期间，同时确立了国家工作人员退休费用由国家财政负担。

第二阶段（1958～1965 年）是养老保险的完善与发展阶段。将企业职工与国家机关、事业单位和党派团体工作人员的退休办法合二为一。同时，适当放宽了退休条件，适当调整了退休待遇。以上两个阶段中，养老保险资金由全国统一使用，由全国及地方工会管理。各参保单位按工资总额的 3% 提交保险费，其中的 30% 上缴工会，70% 留给企业。基金平衡方式为年内时期平衡，并且是社会统筹。

第三阶段（1966～1977 年）是养老保险的倒退阶段，之所以称为倒退阶段，是因为该时期养老保险基金筹集模式由社会统筹回到了"企业保险阶段"。主要是"文化大革命"混乱时期的干扰。1969

年2月，财政部颁发《关于国营企业财务工作中几项制度的改革意见》（草案）。该文件规定：国营企业一律停止提交劳动保险金。执行该办法的严重后果：一是社会保险基金的统筹调剂工作停止；二是社会保险停止基金积累，实行实报实销，重新以企业为单位实行"现收现付制"。这时的基金平衡方式是以企业为单位的年内时期平衡。

第四阶段（1978年以后）为恢复和改革阶段。1978～1984年，我国城镇职工养老保险基金平衡方式仍然是以企业为单位的年内时期平衡。在养老保险方面还没有真正实行改革，只是将被"文化大革命"所破坏了的退休金制度逐步恢复起来。1978年6月，国务院颁布了《关于安置老弱病残干部的暂行办法》和《关于工人退休、退职暂行办法》。这两个办法的实施，使养老保险制度有了很大改善，为以后的深化改革奠定了基础。1984～1995年，提出实行养老保险的社会统筹阶段，社会养老保险改革有了实质性进展。1984年起，我国开始在国营企业中实行退休费社会统筹。社会统筹是指由专门机构统一筹划、统一管理、统一调剂使用退休费用。实行退休费用社会统筹首先解决了企业退休费用负担畸轻畸重的问题；其次，由于根据以支定筹，略有结余的原则统筹退休费用，各地积累了一部分基金。但各地统筹的范围不同，有的实行市、地级统筹，有的实行了省级统筹。并仅限于城市国营企业和部分集体所有制企业，国家机关、事业单位职工的退休费仍由行政事业费解决。这一时期，养老金支付办法发生了很大变化。原来是根据工作年限，以退休前最后一个月工资的一定百分比计发，退休费由两部分组成：第一部分是社会养老金，为上年社会平均工资的20%～25%，每个人所得数额相同；第二部分为缴费性养老金，按职工本人在职期间缴费年限的长短和缴费的多少来计发。缴费满15年的，每月发给指数化月平均工资的1.5%；缴费满10年不满15年的，每月发给1.3%；缴费满5年不满10年的，发给1.1%。社会性养老与缴费性养老体现了社会公平与效率相结合的原则。在养老费的负担方面，提出由国家、企业和个人三方共同负担的方法。一般来说，企业按工资总额的 20% 左右提交养老保险费，其中个人提交工资的 3%（也有的地方按 5% 提交，如北京市），国家财政不直接投资，国家的支持体现在税收上，即养老保险费在税前列支。这一时期改革的另一重要方面是提出建立多层次的养老保险体制，即有国家资助的基本养老保险，企业补充养老保险和个人储蓄性养老保险（包括向保险公司投保）。养老保险的覆盖范围有所扩大：不但包括国营企业和集体企业，也逐渐吸收合资、独资企业、个体经营者；不但吸收永久性居民，也有外来流动人口，但各地差别较大，覆盖面并未统一。

1995 年开始，正式提出了社会统筹与个人账户相结合的养老保险模式。提出这一模式的出发点就是考虑到中国人口老龄化程度越来越高，原先设想的"以支定筹，略有结余"的半基金制筹资模式受人口老龄化影响。而个人账户是一种缴费限定型资金筹集方式，不涉及代际转移支付。所以不受人口老龄化的影响。个人账户制还可以刺激企业和职工缴费的积极性，因为它可以产生"自己缴费完全用在自己身上"的感觉。由于职工中年轻人比例高，退休人员少，在纯粹的代际转移支付养老保险模式下，缴费积极性差。几种因素结合在一起，个人账户制引起学者和政策制定者的兴趣。但社会统筹又不能放弃，因为存在数量巨大的已退休和将要退休者，他们的退休费用只能由社会统筹来解决。

1997 年 7 月，国务院颁布了《国务院关于建立统一的企业职工基本养老保险制度改革的决定》（简称《决定》）。《决定》按照社会统筹与个人账户相结合的原则，从三个方面统一了企业职工基本养老保险制度：统一企业和职工个人的缴费比例；统一个人账户的规模；统一基本养老金计发方法。《决定》归纳和总结了多年来改革的实践经验和教训，勾画出了具有中国特色的企业职工养老保险制度的基本轮廓，标志着我国社会养老保险制度进入了一个新的发展阶段。

2.2.2 改革的目的

我国城镇职工养老保险制度改革虽然形式上不断变化，但要解决的问题是相同的。养老保险制度改革的深入，实际是要解决以下问题：

（1）要实现过去的"承诺"。

在旧的退休制度下的"应付未付款"或称为"承诺"总量巨大。这里所指的"承诺"，简单地说，是指改革开始时已经退休的人员或即将退休的人员，在其余生要领取一笔退休金。这笔退休金的数量是旧的退休金制度或劳动就业制度所规定或承诺下来的。无论改革怎样进行，这笔承诺必须兑现，这是问题的实质所在。养老保险形式上的变化只是以不同的方式来偿还这笔"应付未付款"。这笔款的"偿还期"是已退休或将要退休者的平均余寿。从该意义上说，我们改革的实质是两个问题：第一，如何兑现旧体制下已做出的"承诺"；第二，对新的就业者做出新的"承诺"，因为以往的"承诺"方式在新情况下变得不太合理了。在做出新的"承诺"时，就要参考以往的经验教训和未来经济、人口因素的变化，使新的"承诺"保持在合理的范围之内。

（2）要应对所谓的人口老龄化问题。

人口老龄化是一个全球人口结构变化的趋势，人口老龄化的直接后果便是负担老年系数的上升，在职职工的养老负担加重。当前，大多数学者认为，中国人口老龄化趋势已十分明显且速度比发达国家快，如果情况是这样，那么，社会统筹虽然比"企业保险"前进了一步，但仍然不理想。因为社会统筹的本质是在社会范围内的代际转移支付，这种形式受人口年龄结构的影响：人口老龄化的结果使后续代际转移支付规模下降，可提供资金以支付对上一代承诺者的人数减少。西方国家已遇到类似问题。舆论认为，现在还不是中国人口老龄化程度最高的时期，最严重的是到 21 世纪中叶，那时，即使经济水平大大提高了，仍难以断定代际转移支付这种形式是否承受得了，这是由于社会保障的周期很长，受人口、经济变量的制约程度很大的缘故。

（3）建立与经济社会发展相适宜的社会保障体系，消除地区间养老保险的差异，有利于劳动力流动。

新中国成立以来，中国已形成一套包括养老、失业、生育、工伤保险及社会救济、社会福利在内的社会保障体系。但在传统的计划经济体制下产生的社会保障体制，已完全不适应市场经济的需要了。中国经济体制改革的重要方面就是建立现代企业制度、建立人才市场、劳动力市场、建立正常的企业倒闭处理机制。没有统一的养老、失业保障作为配套措施，现代企业制度的建立就会缺乏社会基础。因此必须积极探索建立与经济社会发展相适宜的社会保障体系，消除地区间养老保险的差异，为劳动力的自由流动扫除制度障碍。

2.3 弹性延迟退休制的必要性与可行性

2.3.1 弹性延迟退休制的必要性

千百年来我国一直都是世界人口大国，在建国初期我国人口持续高速增长。但 1973 年我国开始全面推行计划生育政策，人口开始由"高出生、低死亡、高增长"向"低出生、低死亡、低增长"转变，并创造了三四十年的人口红利时期，为我国的经济增长做出了贡献。但伴随着人口增速放缓、人口红利时期即将结束，老年化的时代迅速到来，我国进入不可逆转的老龄化社会。从 2001 ~ 2100 年，我国的人口老龄化进程大致分为三个阶段。

第一，2001～2020年为快速老龄化阶段。我国以年增长596万的老年人口发展，增速为3.28%，超过世界人口增长水平的0.66%标准。人口老龄化进程明显加快。

第二，2021～2050年为加速老龄化阶段。由于计划生育政策的实施，我国老年人口加速增长，计划生育时期的生育人口在此时进入老年期，年均增长620万。预计到2050年，老年人口总量约4亿。

第三，2051～2100年为稳定老年化阶段。这一阶段，老年人口规模稳定在3～4亿。

从以上分析可以看出，2030～2050年我国人口老龄化将达到最严峻的时期，表现为：老年人口达到高峰、人口抚养将随老年人口抚养比大幅提高。届时，我国将面临人口老龄化、总人口过多的双重困境，这一切将会给我国的经济、社会带来严峻挑战。

另外，我国养老金给付也面临巨大压力。我国退休人员每年约增加300万人，而我国的养老保险"空账"却以25%左右的速度扩大，因此，我国现行的法定退休制度已经渐渐不再适用我国的人口现状。在目前的养老金缴纳和支付体系下，进行退休制度改革是我国发展的必然趋势。但退休制度改革又不等同于延长退休年龄。从国际经验来看，增强灵活性是一个重要的改革方向，即引入弹性退休制度。目前我国是世界上老龄化程度最高的国家之一，到2023年底，我国60岁及以上人口达2.97亿人，占总人口的21.1%，65岁及以上人口2.17亿人，占总人口的15.4%，而到2050年，这一数字预计将会达到3.32亿人，超过总人口的23%，不仅如此，中国人口的预期寿命已经呈现稳步上升的趋势，1980年至2010年期间，平均每五年上升约1岁。世界卫生组织（WHO）发布的《2022年世界卫生统计》报告显示，2022年中国人均预期寿命为77.4岁，《柳叶刀－公共卫生》（*The Lancet Public Health*）发表一项针对中国大陆31个省份人口寿命

的预测，预计到 2035 年中国大陆人均预期寿命为 81.3 岁，相比于
WHO 发布的 2022 年数据延长将近 4 年，如果退休年龄政策不变，则
意味着老年人口退休后的余寿不断增加，给养老金支付带来的压力可
想而知。

人口老龄化挑战是全世界面对的共同课题，欧美国家提高退休年
龄已经成为趋势，而与其他国家相比，中国基本养老保险的法定退休
年龄（男性 60 岁，女性 50 岁）过低，与预期寿命严重不符。有专
家指出，到 2035 年，中国将面临两名纳税人供养 1 名养老金领取者
的情况，这种情况被称为"老龄社会峰值点"，欧美国家均提前 30 ~
35 年制定养老战略，因此，鉴于中国人口寿命延长的实际情况和养
老保险基金压力，应当适当灵活地延迟退休年龄。弹性延迟的最大特
点是有弹性空间，公民拥有选择权，即采取自愿的原则，让公民在制
度框架内自行选择自己的退休年龄，相比较简单延长退休年龄的观
点，"弹性延迟退休制"更符合我国实际。

2.3.2　弹性延迟退休制的可行性

（1）人口平均预期寿命的延长

根据 2020 年第七次全国人口普查公布的数据，我国总人口数为
14.1178 亿人，其中 60 岁及以上人口占 18.70%，而 65 岁及以上人
口占 13.50%。同 2010 年第六次人口普查相比，60 岁及以上人口比
重上升 5.44%，65 岁及以上人口比重上升 4.63%。另外，上世纪 50
年代制定法定退休年龄时的人口平均预期寿命仅 50 岁左右，2010 年
第六次人口普查，我国人口平均预期寿命达到 74.83 岁，至 2020 年，
国家卫健委发布《2021 年我国卫生健康事业发展统计公报》显示的
居民人均预期寿命为 77.93 岁。因此，在预期寿命大幅提高的情况
下，依旧维持按照较低人口预期寿命所制定出的法定退休年龄是不符

合我国人口年龄及结构的发展趋势的。

（2）中国高学历群体的初始就业年龄偏大

根据 2020 年第七次全国人口普查公布的数据，拥有大学（指大专及以上）文化程度的人口为 218 360 767 人；拥有高中（含中专）文化程度的人口为 213 005 258 人；拥有初中文化程度的人口为 487 163 489 人；拥有小学文化程度的人口为 349 658 828 人（以上各种受教育程度的人包括各类学校的毕业生、肄业生和在校生）。与 2010 年第六次全国人口普查相比，每 10 万人中拥有大学文化程度的由 8 930 人上升为 15 467 人；拥有高中文化程度的由 14 032 人上升为 15 088 人；拥有初中文化程度的由 38 788 人下降为 34 507 人；拥有小学文化程度的由 26 779 人下降为 24 767 人。与 2010 年第六次全国人口普查相比，全国人口中，15 岁及以上人口的平均受教育年限由 9.08 年提高至 9.91 年。我国人口受教育文化程度大幅提升的原因在于教育事业的蓬勃发展。自 1999 年全国教育工作会议以后，高等教育学校也开始大规模扩招根据国际通用标准，高等学校的毛入学率达到 15% 的即为大众化的高等教育，高校经过将多年的扩招，根据教育部发布的《2022 年全国教育事业发展统计公报》显示，全国共有高等学校 3 013 所。另有培养研究生的科研机构 234 所。各种形式的高等教育在学总规模〔4 655 万人，高等教育毛入学率 59.6%。普通本科学校校均规模 6793 人，本科层次职业学校校均规模 19 487 人，高职（专科）学校校均规模 10 168 人。研究生招生 124.25 万人；其中，博士生 13.90 万人，硕士生 110.35 万人。在学研究生 365.36 万人；其中，在学博士生 55.61 万人，在学硕士生 309.75 万人。毕业研究生 86.22 万人，其中，毕业博士生 8.23 万人，毕业硕士生 77.98 万人。我国新增劳动力平均受教育年限达 14 年。劳动力进入劳动市场前受教育时间延长，初始就业年龄相应延后，通常本科应届毕业生、硕士、博士研究生毕业为 24、26、29 周岁，甚至可能更晚。另外，女性在更高学历人群结构中占比越来越大，因此，高学历女性不仅面临更晚就业、更早退休的处境，也对我国社会统筹基金的收支平衡形成冲击，更有甚者，他们在就业时往往还面临着年龄、性别及怀孕的歧视。这往往更容易造成人力资本的浪费以及社会生活的不公平。

（3）从生命周期理论看，延迟退休具有合理性。

根据美国经济学家莫迪利安尼的"生命周期消费理论"：个人的消费与其生命周期有关系，人们会在更长的时间范围以内来计划他们的生活消费及储蓄，以此来达到在整个生命周期内消费的最佳配置，并使其消费效用最大化。这一理论区别于凯恩斯的消费函数理论，强调的是当前消费支出与消费者一生的全部预期收入有关。从个人的人生发展顺序上看，年轻时收入较少，但为购买耐用消费品等生活方面的支出更多，尤其是青年时代，消费与储蓄相比往往更高，进入中年时代后，收入增加，多余的部分往往成为储蓄，并且不断累加，到退休后的老年时代，收入降低，消费增加并且成为"负储蓄"，历年储蓄也呈现出递减趋势。根据以上两个方面的分析，人口的平均预期寿命增加，但进入工作的劳动者尤其是集中更高人力资本的高学历劳动人群，他们进入劳动市场的时间更晚。这意味着在退休年龄不作调整的前提下，个人生命周期中工作年限缩短，个人的自我储蓄减少。而另一方面，退休后的生活时间延长，个人生命周期中"负储蓄"时间更长，并且领取社会保障退休金的时间也随之延长，同时，通货膨胀率不断攀升，个人生活水平可能得不到保障，晚年还有可能陷入贫困的境况。因此，在社会保障缴费率不变的情况下，延长退休年龄是可行且必要的。

（4）从年龄结构看，降低老年人口抚养比，创造新的动态人口红利

人口抚养比作为衡量人口年龄结构变化对社会经济发展影响的重

要统计指标，又称抚养系数，是指总体人口中非劳动年龄人口占劳动年龄人口的比重。其中老年人口抚养比是 65 岁以上的老年人口占 15~65 岁劳动年龄人口的比重，表明每一百名劳动年龄人口要负担多少老年人口，用 ODR 表示。

改革开放后，我国老年人口抚养比总体来看是上升的，原因在于我国老年人口比重不断增加。因此，我国劳动力减少是迟早的事，延迟退休可以为降低老年人口抚养比，减轻劳动年龄人口负担提供有利条件。

另外，人口红利的转变也为提高退休年龄，延迟退休提供了推力。对于不考虑人口素质提高、寿命延长、劳动生产率提高和经济发展模式转变的动态指标下，单以劳动年龄人口的比重作为衡量标准来界定的称之为静态人口红利，即第一人口红利。其核心在于无限供给的劳动力打破了新古典增长理论的劳动力短缺假设，从而保证不会出现资本报酬递减现象。第一人口红利源于人口转变所带来的劳动年龄人口比重在一定时期内上升，高生育阶段出生的人口进入劳动年龄后能补充劳动力供给，使其迅速增加，并且生产要素等资本富足的情况下，既使得劳动力成本很低，又能为经济增长提供富足的劳动力。但伴随着人口年龄结构及人口红利的动态变化，经济体内不再富有生产力，从而将使得经济增长率回落到较低的稳态水平。相关的文献中也已经证明了总和生育率与 GDP 增长间的倒"U"型关系：总和生育率下降，增长率上升；反之则下降。

但少年儿童抚养比和老年人口抚养比处于较低水平上的人口转变时间较短，在本世纪只会再继续处在一个较短时间，随后将会随着老年人口抚养比的上升使得总体人口抚养比出现较大回升，其结果是社会总体养老负担加重，即第一人口红利开始消失。但未来可能伴随老年人口比重提高形成新的储蓄动机及新的人力资本供给从而出现第二次人口红利，即人口预期寿命的提高，延长了的平均余命可以成为新的源泉。第一，养老保障需求能使得在多层养老保障体系下增加劳动者的储蓄率；第二，教育和培训的扩大能提高人力资本的集中度，劳动年龄人口生产能力提高；第三，扩大劳动参与率，缓解养老负担。以上三点作为新的源泉开发能为我国创造第二次人口红利。并且它对于政策的依赖性更强，实施的关键在于延迟退休政策的推行以及在延迟退休劳动者的人力资本存量偏低的情况下，更需要根据配套条件的成熟度来实施。

（5）延迟退休与就业无绝对的替代关系

自 20 世纪 90 年代以来，国内外关于实施延迟退休政策对就业有无影响的研究就一直存在，有美国学者试着用奥肯定律来解释延迟退休与失业间的联系，并以美国 2004 年的数据加以说明。其观点认为将退休年龄延迟后，更多的劳动者停留在劳动领域的时间变长，劳动参与率上升，而劳动参与率与失业率相关，因此失业率上升。国内学者的观点也不尽相同，有学者认为中国每年的新生劳动力约 2 000 ~ 2 400 万，但新增工作岗位只有 1 000 ~ 1 200 万，新增的工作岗位有 30% 为"自然更新"，大部分则由于退休者替代产生，因此延迟退休会增加失业率。也有学者认为就业与否取决于劳动力市场的供求，居民过早退休，一方面确实让出工作岗位，但另一方面收入下降后，从宏观上也使劳动力市场的需求下降，并且社会养老压力增大后，国家可能提高缴费率及税率从而增加企业运营成本，导致失业率上升。可能出现的情况甚至还有退休过早将使退休后再就业率提高。

2.4　居民延长退休方式意愿调查

我国现有退休制度在人口老龄化背景下导致了退休年龄低龄化、

退休人口赡养率提高、退休制度缺乏弹性导致人力资本浪费、由于出生率与死亡率的变化导致劳动力短缺等问题的出现，这些问题的出现使得延迟退休成为了我们的必然选择。从西方较早进入老龄化社会国家的退休制度来看，为应对老龄化对养老保障制度的冲击，延迟退休方式主要是两种：固定年龄延迟退休与弹性年龄延迟退休，比如：法国是最先进入老年型国家，从 2004 年开始，其法定的退休年龄从 60 岁延长到 65 岁，企业职工在 14～16 岁参加工作、保险年限达到 40～42 年间时，允许其在 56～59 岁间申请提前退休；在瑞典，职工可以在 65 岁的时候退休，也可以在 70 岁的时候退休，每推迟一个月退休，其养老金就增加 0.6%，在 60～64 岁退休的，每提前一个月退休，其养老金就减少 0.5%，在 60～70 岁之间可以继续选择工作，也可以部分的领取养老金而从事非全日制的工作；英国领取国民养老金的年龄分别为男性 65 岁，女性 60 岁。女性的退休年龄将在 2010～2020 年间逐步提高至 65 岁，男性公民国民年金缴费满 44 年，女性缴费满 39 年即可获得全额养老金。女性的缴费期限也将在 2010～2020 年间逐步延长为 44 年；美国的退休年龄为 62 岁，提前一个月退休的，其养老金水平为法定退休年龄的 0.56%，推迟一年退休，其养老金水平增加 3%，到 2027 年时，每推迟一年，其养老金即将增加 8%。弹性年龄延迟退休的最大特点是有弹性空间，公民拥有选择权，即采取自愿的原则，让公民在制度框架内自行选择自己的退休年龄。现有涉及退休意愿调查的文献主要是对是否愿意延迟退休的意愿调查，如魏征宇（2009）对城镇居民延长退休年龄意愿进行了调查研究，其结论显示经济发展水平、受教育程度等因素影响延迟退休意愿；张乐川（2013）分析了上海市在职职工的延迟退休意愿，发现劳动者工作单位的属性是决定其延长退休年龄意愿最为重要的影响因素；刘晗等（2014）研究了天津市居民延迟退休意愿，其结论显示年龄、健康状况、工作单位类型、收入因素对居民的延退意愿有统计学意义；徐露琴（2015）调查了江西省基层公务员的延迟退休意愿，其主要结论包括：个人特征中性别、年龄和受教育程度与之正相关，家庭特征中有需要负担的上一代是负向影响，有需要负担的下一代是正向影响，家庭经济状况也显著影响延迟退休意愿，工作特征中行政级别和月均收入对基层公务员延迟退休意愿呈现正相关，其他特征中工资政策和养老保险政策对其延迟退休意愿呈现正相关；田立法等（2017）研究了渐进式延迟退休的居民意愿，结果发现：年龄越大、受教育程度越高、身体越健康、收入越高的居民更易于接受渐进式延迟退休年龄政策，身处管理岗的居民要比非管理岗的居民更易于接受该政策，与民营、私营企业职员相比，政府机关、事业单位、国企、外企单位的职员更易于接受该政策；而对固定延迟与弹性延迟的意愿比较的相关研究还没有。当前弹性退休制度已成为众多国家应对人口老龄化、劳动力市场结构调整的重要政策主张。从西方较早进入老龄化国家的实际情况来看弹性退休制具有可行性，应当是未来我国社会养老保险制度改革的选项之一，由于我国具体的国情原因，社会养老保障制度假设相对滞后，对国民的退休方式意愿进行调查的相关结论可以为我国进行养老保险制度改革顶层的延迟方式设计提供重要的民意基础，具有重要的现实意义。

2.4.1　影响选择延迟退休方式的因素

（1）居民的个人状况

①性别。通常情况下，由于生理及心理等方面的原因，女性与男性在延迟退休方式选择上会有差异。

②年龄。通常考虑随着年龄的增长，对选择延迟退休的方式会有变化。

③接受教育情况。依据教育耗时耗钱这一不可避免的属性，接受

教育程度越高，则需要花更长时间收回投入的资本，所以更依赖于延长工作年限来获取资本收益。

④身体状况。通常来说，身体素质较差的人更倾向于依据实际的身体状况选择弹性年龄延迟退休。

（2）居民的家庭状况

①婚姻状态。通常来说，接受中国文化的熏陶，已婚人士的家庭观念更强，他们更乐意与家人待在一起，相反，未婚人士对家的概念就比较薄弱，从而影响其延迟退休方式的选择。

②家庭经济条件。许多研究者认为经济条件是影响延迟退休的决定因素。通常来说，大家会觉得经济条件富裕的人会更乐于悠闲娱乐，希望尽早退休。

③抚养与赡养压力。在需要承担的家庭责任越重的人群，希望尽可能的延长工作年限来获取更多的报酬，通常认为有需要照顾的长辈的人群可能更希望尽早退休以照顾老人，从而影响其延迟退休方式的选择。

（3）居民的工作情况

①职业类型。通常来说，工作单位对在职员工提供福利越高和保障越全面，工作职位处于领导层的人越倾向于尽可能的延长工作年限，从而影响其延迟退休方式的选择。

②月均收入。工资是给予一个人付出劳动而应得得报酬，一般认为，平均每月工资收入越高的人，越倾向于尽可能地延长工作年限，从而影响其延迟退休方式的选择。

③工作满意程度。从工作中获得的满足感会影响一个人对待工作的激情，当心理满足感较低时，人们会消极的对待工作，因此降低工作效率，但相反，如果在工作中的到满足，则会增加对待工作的激情，愿意为工作而努力，从而影响其延迟退休方式的选择。

（4）居民的其他情况

①工资变动。通常来说，工资的预期变动会影响居民对延迟退休方式的选择。

②养老金保险的缴费比例。通常来说，如果职工负担的养老保险比例变化会影响其延迟退休方式的选择。

2.4.2　样本特征

（1）数据来源

本次调查的目的是为了研究在可预期的延迟退休政策的条件下影响居民选择延迟退休方式的主要影响因素，本次调查在 2017 年 12 月进行，为了保证样本的代表性本次调查通过电子问卷调查形式对重庆市都市区的渝中、南岸区、渝北区、渝东北万州区、渝东南的黔江区、秀山县、彭水县、渝西的合川区等区县收回问卷共 2 247 份，通过整理研究分析，最后具有研究价值问卷为 2 089 份。此次问卷可以概括为四个方面，第一个方面是对接受调查者的个人情况，主要有性别、年龄、受教育水平、健康状况等；第二个方面是对受访者的家庭状况的调查，主要有是否有配偶、工资收入、是否有较重的赡养和抚养责任等；第三个方面是对受访者工作条件的调查，主要有工作时间、工作单位类型、工作满意程度等；第四个方面是了解受访者对当前退休政策的看法。

（2）变量的选取及定义

本节主要是分析重庆市居民对延迟退休方式的意愿调查，因变量为支持弹性延迟退休或支持固定年龄延迟。通过调查样本的数据对延迟退休方式意愿进行统计描述，更加可以直接体现居民对延迟退休的看法。见表 2 - 1。

表 2 - 1   因变量的描述统计分析

因变量	频数	百分比（%）
支持固定年龄延迟	824	39.45
支持弹性年龄延迟	1 265	60.55
合计	2 089	100

由表 2 - 1 可以看出，居民中同意固定年龄延迟的人数只有 39.45%，还处于较为低的水平。为此需对各种因素对延迟退休意愿的影响程度进行量化分析并建立回归模型。在张乐川（2013）与刘晗（2014）等人的分析成果的基础上，本节从四个方面取出了 16 个指标来对回归模型进行实证检验，自变量的具体概念见表 2 - 2。

表 2 - 2   变量的定义及符号

变量	符号	定义
因变量		
是否支持弹性年龄延迟退休	a	是 = 1，否 = 0
自变量		
个人因素		
性别	b_1	男 = 1，女 = 0
年龄	b_2	受访者真实年龄
文化程度	b_3	高中、中专及以下 = 1，大专 = 2，本科 = 3，研究生及以上 = 4
身体状况	b_4	非常不健康 = 1，比较不健康 = 2，一般 = 3，健康 = 4
家庭因素		
是否有抚养压力	b_5	是 = 1，否 = 0
是否有赡养压力	b_6	是 = 1，否 = 0
婚姻情况	b_7	已婚 = 1，未婚 = 0

变量	符号	定义
家庭经济条件	b_8	非常不宽裕 = 1，比较不宽裕 = 2，一般 = 3，比较宽裕 = 4，宽裕 = 5
工作因素		
职业类型	b_9	公务员 = 1，事业单位人员 = 2，企业管人员 = 3，企业普通职员 = 4，其他职业 = 5
平均每月收入	b_{10}	2 000 元以下 = 1，2 001 – 3 000 元 = 2，3 001 – 4 000 元 = 3，4 001 – 5 000 元 = 4，5 001 元以上 = 5
工作满意情况	b_{11}	非常不满意 = 1，比较不满意 = 2，一般 = 3，比较满意 = 4，满意 = 5
其他因素		
工资调整	b_{12}	是 = 1，否 = 0
养老金调整	b_{13}	是 = 1，否 = 0
当前退休年龄	b_{14}	过早 = 1，适当 = 2，过晚 = 3，无所谓 = 4

（3）变量的统计描述

①调查对象个体因素描述

表2-3是对调查对象的个人情况进行的统计描述分析。参加调查的男性有1 105人，占样本总量的52.9%，女性有984人，占样本总量的47.1%。在调查总样本中，20～30岁的居民最多，占样本总量的28.9%，接下来是41～50岁及51岁以上的人数占比为25.5%，最少的是51岁以上的人数占比为12.8%。从文化程度来看，本科文凭占比最高达51.7%，其次是高中、中专及已下占比为17.0%，再次是大专学历占比为16.5%，研究生所占比例最低为14.8%。从身体状况分析，调查数据显示健康占比最高达48.9%，可以得出该地区居民身体素质偏好。

表 2 - 3　　　　　　　　　　样本的个体因素

因素	选项	频数	百分比（%）	有效百分比（%）	累计百分比（%）
性别	男	1 105	52.9	52.9	54.8
	女	984	47.1	47.1	100.0
年龄	20～30 岁	87	28.9	28.9	28.9
	31～40 岁	42	20.6	20.6	49.5
	41～50 岁	73	25.5	25.5	75
	51 岁以上	28	12.8	12.8	100.0
受教育程度	高中、中专及以下	355	17.0	17.0	17.0
	大专	345	16.5	16.5	33.5
	本科	1 080	51.7	61.7	95.2
	研究生及以上	300	14.8	4.8	100.0
身体状况	非常不健康	8	0.3	0.3	0.3
	比较不健康	21	9.1	9.1	9.4
	一般	96	41.7	41.7	51.1
	健康	108	48.9	48.9	100.0

②调查对象家庭因素描述

从表 2 - 4 可以看出，调查人群中已婚人数占比较未婚人数占比高 19.8 个百分点。从家庭条件来看，认为家庭经济条件一般的人数占比最高为 58.8%，宽裕人数最少为 4.6%，比较不宽裕与非常不宽裕分别占 19.1% 和 8.1%。再从家庭负担来看，抚养情况占比 35.2%，赡养情况为 39.9%。

表 2 – 4　　　　　　　　　　　　　样本的家庭因素

因素	选项	频数	百分比（%）	有效百分比（%）	累计百分比（%）
需要抚养晚辈	是	790	37.8	37.8	37.8
	否	1 299	62.2	62.2	100
需要赡养长辈	是	508	39.9	39.9	39.9
	否	1 581	60.1	60.1	100
婚姻状态	已婚	1 249	59.8	59.8	59.8
	未婚	840	40.2	40.2	100.0
家庭经济条件	非常不宽裕	169	8.1	8.1	8.1
	比较不宽裕	399	19.1	19.1	27.2
	一般	1 228	58.8	58.8	86
	比较宽裕	196	9.4	9.4	95.4
	宽裕	97	4.6	4.6	100.0

③调查对象工作因素描述

从表 2 – 5 得出，接受调查者从事其他职业为 26.6%，其中可能包括个体工商户、退休职工、在校大学生等。除此之外，占比由低到高分别为公务员（9.9%）、企业管理人员（19.3%）、企业普通职工为（21.5%）和事业单位人员（27.8%）。工资在 4 000～5 000 元的占比最高为 36.6%，反映了重庆市居民的收入水平。被调查者对工作的满意程度一般的人数占比超过 50%，证明被调查人群目前比较满足于当前工作环境。

表 2 – 5　　　　　　　　　　　　　样本工作因素

因素	选项	频数	百分比（%）	有效百分比（%）	累计百分比（%）
职业类型	公务员	207	9.9	9.9	9.9
	事业单位人员	474	22.7	22.7	32.6
	企业管理人员	403	19.3	19.3	51.9
	企业普通职员	449	21.5	21.5	73.4
	其他职业	556	26.6	26.6	100

因素	选项	频数	百分比（%）	有效百分比（%）	累计百分比（%）
月均收入	2 000 元以下	79	3.8	3.8	3.8
	2 001~3 000 元	221	10.6	10.6	14.4
	3 001~4 000 元	520	24.9	24.9	39.3
	4 001~5 000 元	765	36.6	36.6	75.9
	5 001 元以上	504	24.1	24.1	100
工作满意度	非常不满意	86	4.1	4.1	4.1
	比较不满意	224	10.7	10.7	14.8
	一般	1 076	51.5	51.5	66.3
	比较满意	470	22.5	22.5	88.8
	满意	233	11.2	11.2	100

④调查对象其他因素描述

从表 2-6 来看，主要是讨论各方面政策对居民延迟退休方式意愿的影响。一方面，工资政策的变化会导致 72.5% 的人改变对延迟退休方式的选择；另一方面，对上缴养老金比例的变动也导致 70.6% 的人改变延迟退休方式的选择。

表 2-6　　　　　　　　　　样本的其他因素

因素	选项	频数	百分比（%）	有效百分比（%）	累计百分比（%）
工资变化	是	1 515	72.5	72.5	72.5
	否	574	27.5	27.5	100.0
养老金比例	是	1 262	70.6	70.6	70.6
	否	827	29.4	29.4	100.0

2.4.3　实证分析

（1）变量间的相关分析及验证

从表 2-7 看出，首先，个人因素中的年龄、文化水平与您是否愿意弹性年龄延迟退休在 0.01 的双侧置信水平下显著，相关系数分别为 0.687（$p = 0.000 < 0.01$）和 0.824（$p = 0.004 < 0.01$），$F1$ 得到验证；其次，家庭因素中的抚养压力与您是否愿意弹性年龄延迟退休在 0.01 的双侧置信水平下显著，相关系数为 0.859（$p = 0.000 < 0.01$），$F2$ 得到验证；最后，工作因素中的职业类型、月均收入与您是否愿意延迟退休在 0.01 的双侧置信水平下显著，相关系数分别为 -0.642（$p = 0.000 < 0.01$）和 0.712（$p = 0.000 < 0.01$），$F3$ 得到验证。通过分析发现，其他因素对居民是否愿意弹性年龄延迟退休没有显著相关性。

表 2-7　　　　　　　　　　　　　相关性

		是否愿意弹性年龄延迟退休
性别	Pearson 相关性	0.012
	显著性（双侧）	0.589
年龄	Pearson 相关性	.687 **
	显著性（双侧）	0
文化水平	Pearson 相关性	.824 **
	显著性（双侧）	0.000
是否有抚养压力	Pearson 相关性	.859 **
	显著性（双侧）	0
是否有赡养压力	Pearson 相关性	.061
	显著性（双侧）	.432

续表

		是否愿意弹性年龄延迟退休
职业类型	Pearson 相关性	−.642**
	显著性（双侧）	.000
月均收入	Pearson 相关性	.712**
	显著性（双侧）	.000

（2）二元 LOGISTIC 模型构建与回归分析

①二元 Logistic 模型构建。

为了达到整体分析影响居民延迟退休态度的因素，因为被解释变量延迟退休方式意愿是一个二元变量，所以本节选择了采用二元 Logistic 回归模型进行研究，其中对被解释变量取 0 和 1 两个值。将被解释变量——居民延迟退休方式意愿设为 A，结果为 1 表示居民愿意弹性年龄延迟退休，结果为 0 表示居民愿意固定年龄延迟退休。导致 A 的结果不同的 j 个解释变量分别记为 b_1，b_2，……，b_j 假设居民 i 愿意弹性年龄延迟退休的概率为 p_i，$1-p_i$ 则表示居民愿意固定年龄延迟退休的概率，它们都是解释变量 B（b_1，b_2，……，b_j）组成的非线性函数：

$$p_i = F(a) = F\left(\beta_0 + \sum_{k=1}^{j} \beta_k b_k\right) = 1 \Big/ \left\{1 + \exp\left[-\left(\beta_0 + \sum_{k=1}^{j} \beta_k b_k\right)\right]\right\}$$

对 $p_i / (1 - p_i)$ 进行对数转换，将 Logistic 方程写成

$$\ln(p_i / 1 - p_i) = \beta_0 + \sum_{k=1}^{j} \beta_k b_k$$

上两式中，β_0 为常数项，j 为解释变量个数，此处的 β_k 为解释变量对居民延迟退休意愿的影响程度和变化方向。

②二元 Logistic 模型分析。

运用 SPSS 软件对样本数据采用二元 Logistic 回归分析，分析结果

如下:

在进行二元 Logistic 回归分析时, 如表 2 - 8 所示, 第一步是对被解释变量进行编码, 支持弹性年龄延迟退休用 1 表示, 支持固定年龄延迟退休用 0 表示 (见表 2 - 9)。

表 2 - 8　　　　　　　　　　　因变量编码

初始值	内部值
否	0
是	1

表 2 - 9　　　　　　　　　　　分类表

			已预测		
			是否愿意弹性年龄延迟退休		百分比正
			是	否	
步骤 0	是否愿意弹性年龄延迟退休	是	1 363	0	100.0
		否	726	0	0
	总计百分比				65.2

a. 模型中包括常量。
b. 切割值为 0.500。

由表 2 - 10 可知, 在没有解释变量参加时, 假设认为所有重庆市居民都支持弹性年龄延迟退休, 那么调查样本的分类百分比的准确率为 65.2%。此次回归模型以最大似然为原则, 强行进入的方法, 加快迭代过程收敛。

表 2 – 10　　　　　　　　　　　模型系数的综合检验

	卡方	df	Sig.
模型	214.589	7	0.000

　　表 2 – 10 主要是对模型系数进行的综合性检验。从表 2 – 10 中的自由度和卡方值和 Sig 值。选取显著性水平为 0.05，查表卡方检验临界值为 14.067，表中卡方值为 214.589 大于临界值，而且对应的 Sig 值小于 0.05，因此得出结果在 0.05 的显著性水平下，通过显著性检验，模型整体显著。

　　从表 2 – 11 得到最大似然平方的对数值为 187.765，以此来检验回归模型正整体的拟合程度，明显大于卡方临界值 14.067，可以得出模型通过验证。Cox & Snell 拟合有度和 Nagelkerke 的拟合优度分别为 0.619 和 0.861，表示回归模型拟合效果较好。

表 2 – 11　　　　　　　　　　　模型汇总

步骤	– 2 对数似然值	Cox & Snell R 方	Nagelkerke R 方
1	187.765[a]	0.619	0.861

a. 因为参数估计的更改范围小于 .001，所以估计在迭代次数 7 处终止。

　　从表 2 – 12 的 Hosmer 和 Lemeshow 检验，选取显著性水平为 0.05，自由度为 8，计算得出卡方检验临界值为 15.507。然而，Hosmer 和 Lemeshow 检验的卡方值为 7.084 < 15.507，同时 Sig 值 0.792 大于 0.05，通过验证，表示模型拟合程度比较好。

表 2 – 12　　　　　　　　　　Hosmer 和 Lemeshow 检验

步骤	卡方	df	Sig.
1	7.084	8	0.792

表 2 – 13 是对调查的样本进行分类，从表中可以看出支持弹性延迟退休的分类准确性是 89.9%，支持固定年龄延迟退休的分类准确性是 70.5%，总的分类准确性是 83.1%，相对于步骤 0 的 65.2%，提高了 17.9%，说明回归模型的预测结果比较理想。

表 2 – 13　　　　　　　　　　分类表

			已预测		百分比校正
			是否愿意弹性 年龄延迟退休		
			是	否	
步骤1	是否愿意弹性 年龄延迟退休	是	1 225	118	89.9
		否	214	512	70.5
	总计百分比				83.1

a. 切割值为 0.500。

从表 2 – 14 中可以看出：个人因素中，性别对重庆市居民对延迟退休的意愿的影响系数为 0.432 而且显著，表示女性较男性而言，支持弹性年龄延迟退休的意愿强。年龄对重庆市居民延迟退休意愿的影响系数为 0.356，在 0.05 的显著性水平下显著且符号为正，表示年龄越大的居民越愿意弹性年龄延迟退休，同时年龄每向上提高一个层级，其中支持弹性年龄延迟退休的发生比会增加 1.428 倍。文化程度对重庆市居民弹性年龄延迟退休的意愿的影响系数为 0.519，且在 0.05 的显著性水平下显著，表明文化程度越高的重庆市居民支持弹性年龄延迟退休的意愿更强，同时文化程度每向上提高一个层级，支持弹性年龄延迟退休的发生比会增加1.226倍。家庭因素中，抚养压力对重庆市居民延迟退休意愿的影响系数为 -0.286 且不显著，说明有无需要负担的下一代对居民弹性年龄延迟退休的意愿影响较弱。赡养压力对重庆市居民延迟退休意愿的影响系数为0.248 且显著，说明有需要赡养老人的居民弹性年龄延迟退休的意愿较强，具有赡养压力的人支持延迟退休的发生比是没有赡养压力的1.281倍。工作因素中，职业类型和月均收入的系数分别为0.391 和 -0.474 且显著，说明体制外的比体制内的更愿意弹性延迟退休，其发生比体制外的是体制内的1.478倍，收入低的更愿意弹性退休。

表 2－14   方程中的变量

	变量	B	S.E,	Wals	df	Sig.	Exp（B）
步骤1	性别	0.432	0.081	20.175	1	0.0424	1.540
	年龄	0.356	0.154	32.123	1	0.000	1.428
	文化水平	0.119	0.294	6.019	1	0.015	1.226
	是否有抚养压力	-0.286	0.893	1.820	1	0.180	0.751
	是否有赡养压力	0.248	0.072	22.891	1	0.047	1.281
	职业类型	0.391	0.132	7.422	1	0.000	1.478
	月均收入	-0.474	0.513	6.234	1	0.041	0.623
	常量	2.285	0.879	22.714	1	0.000	9.826

2.4.4 结论

通过对重庆市居民的数据调查，在2 089名调查对象中，有65.2%的调查者表示支持弹性延迟退休。在给出的自变量中，有4个变量体现出显著性。

（1）个人因素中，年龄对居民延迟退休意愿有显著影响，年龄越大的居民，越乐意弹性年龄延迟退休。同时，文化程度对居民的延迟退休意愿也有显著影响，文化程度越高，越愿意弹性年龄延迟退休。

（2）家庭因素中，有赡养压力的人更倾向于弹性年龄延迟退休。

（3）工作因素中，企业工作人员这些体制外的居民更愿意弹性年龄延迟退休，原因在于体制外的就业安全保障、工资福利等待遇不确定因素高，弹性退休具有灵活性。

（4）其他因素中的工资调整政策和养老金调整政策对居民延迟退休也显著影响。原因在于这些政策的调整对他们在未来在岗在预期收入及退休以后的养老保障有影响。

通过对调查样本数据的分析结论可以看出运用 *Logit* 回归模型拟合效果是好的，弹性年龄延迟退休具有一定的民意基础，当然在中国这样一个人口大国进行养老保障制度改革是一项特别重大的改革，对弹性退休政策可采用先试点后推广的做法，这是我国推进改革的一个成功做法，先在局部试点探索，取得经验、达成共识后，再把试点的经验和做法推广开来，这样的改革比较稳当。可以在弹性退休意愿比较高的人群先进行弹性退休的试点，再根据试点的效果逐步推开，实现我国养老退休制度的平稳过渡。同时完善我国的工资调整及养老金制度在体制外与体制内的差异，体现社会保障制度的公平性也有利于我国养老退休制度改革的顺利推进。

2.5　社会养老保险精算模型中的重要变量

在建立社会养老保险测算的数学模型前，需要介绍一些比较重要的基本变量，它们也是社会养老保险制度本身所规定的变量。

（1）缴费率

缴费率表示缴费者的养老保险缴费与缴费工资总额的比率。缴费率在养老保险收支平衡中的地位很重要。缴费率在影响养老保险平衡方面，缴费率高，缴费收入就多，养老保险基金收支平衡就容易实现；缴费率较低，缴费收入少，不利于养老保险基金收支平衡的实现。缴费率高低的确定取决于缴费者的承受能力。缴费率低，缴费者负担轻，有利于企业自身积累；缴费率过高，企业负担重，不利于企业的自身发展。因此，确定缴费率的水平，最主要的是考虑企业的承受能力。除此以外，养老金替代水平和老年抚养比也是影响缴费率的因素，如果养老金收入水平提高，退休职工增多，势必要求提高缴费率；如果缴费率超过企业所能承受的范围，应采取措施调整养老金水平和退休年龄，使得缴费率降下来。

（2）替代水平

替代水平是指养老金相对于职工工资的比例，用以表示职工退休后的养老金收入替代工资收入水平的高低。根据比较对象和范围的不同，替代水平分为平均替代率和目标替代率。平均替代率是指全部退休职工的平均养老金收入与全部职工的平均工资收入的比例，是用以表示退休职工整体的养老金收入水平高低的指标。目标替代率是指单个职工退休后头一年的养老金收入与退休前一年工资收入的比率，是用以表示退休后收入相对于退休前收入水平高低的指标。替代水平是影响养老保险基金平衡的基本因素。替代率高，养老保险金支出数额就大；替代率低，养老保险支出数额就小，养老保险基金收支平衡就容易实现。发达国家的基本保障水平一般只有退休前工资的40%～50%，我国目前养老金的平均替代率约为职工平均工资的80%～85%，显然较高，需要采取措施把替代率降低下来。目前实施的养老金计发办法的改革可以逐步把替代水平降下来，但难度较大。替代水平的高低取决于以下三个因素：第一，恩格尔系数。当社会恩格尔系数较高时，食物支出在总支出中所占比重较大，替代水平过低会使退休职工的养老金收入不能维持基本生活需要。因此，在人均国民收入水平较低时，应保持一定水平的替代率，以后随着国民收入水平的提高和恩格尔系数的下降，可逐步将替代比例降下来。第二，养老金刚性。养老金刚性一方面表现为代际攀比，即晚退休者要求比照不低于早退休者的养老金比例发放养老金；另一方面表现为地区代际攀比，即一地区养老金替代水平要求比照不低于其他地方的标准而确定。第三，养老金收入水平提高的影响。国民收入水平的提高，晚退休者的养老金收入的绝对数额应比早退休者的养老金收入的绝对数略有提高。受此影响，也制约替代水平的降低。

（3）老年抚养比

老年抚养比是指退休职工人数与在职职工人数之比，用以表示每一个在职职工要供养几个退休职工。抚养比小，社会养老负担就轻，社会养老保险收支容易平衡；抚养比大，社会养老负担重，社会养老保险平衡就困难。抚养比的大小关系到养老保险基金的收支，影响老年抚养比数值大小的因素有以下几个方面：

第一，就业年龄。就业年龄低，在职职工即养老金缴费者人数就多，养老保险基金缴费就越多；反之，就业年龄高，养老保险基金缴费就越少。一般来说，职工的就业年龄是比较稳定的，就业年龄的降低很困难。一是因为受学校教育年限的限制，就业年龄不可能太早；二是受法定就业年龄的限制，就业年龄必须在 16 岁以上。

第二，退休年龄。退休年龄提高，则在职职工人数增多，退休职工人数减少，抚养比减低，社会养老负担减轻，养老保险收支平衡就容易实现。退休年龄降低，则在职职工人数减少，退休职工人数增多，抚养比提高，社会养老负担加重，养老保险收支平衡就不容易实现。退休年龄的变动弹性较大，有的国家规定男女平均退休年龄为 55 岁，有的国家规定为 60 岁，有的国家规定为 65 岁或更大。

第三，年龄构成。职工年龄构成是指各年龄组职工（包括在职职工和退休职工）的人数在职工总人数中所占的比重。当人口结构趋于老年化时，全部职工中退休职工人数所占比例增加，在职职工人数所占比例趋于减少，抚养比增大，社会养老负担增加；反之，当人口结构趋于年轻化时，则抚养比减少，社会养老负担减轻。

（4）工资增长率

工资增长率是表示职工工资随工龄或年份而增长的比率。工资增长率越高，缴费工资基数的增长越快，养老保险基金缴费收入的增长也越快，同时退休时养老金标准就越高，因而养老保险基金支出的增长也越快。一般来说，工资增长时，全体在职职工的工资都相应增长，已退休的职工的养老金也会相应增长，但养老金的增长率会比工资增长率低。

（5）养老金增值率

养老金增值率是表示养老保险基金的投资增值部分与养老保险基金的比例。养老金增值率越高，养老金增值速度就越快，能够给养老保险基金带来更多的增值收入。养老金增值率与养老保险支出的关系取决于养老金计发采取什么方法，在个人账户形式下，当养老金增值率较高时，个人账户记账利率也较高（记账利率一般略小于养老金增值率），个人账户储存额就越大，职工退休后的养老金支出额也越大。于是，在个人账户形式下，养老金增值率对收支平衡的影响，要取决于养老金增值率对养老保险基金的实际增值与个人账户的账面增值的比较。

（6）目标期间

目标期间是指维持养老金收支平衡所取的期间。现收现付模式下是当年平衡，目标期间就是一年。完全积累模式下是职工开始就业时缴费，职工退休后领取养老金，目标期间是职工就业年限加上退休后平均余命的年限。目标期间取得长短对于部分积累模式来说，是与主观意愿有关的，目标期间取的长些，有利于在人口老龄化时解决较长期间的养老金收支平衡问题，使老龄化带来的养老负担在代际间更加均匀化，不会对后代造成沉重的养老负担。

2.6　我国现有养老金基本制度设计

按照"国发［1997］26 号"文件的规定，我们可以笼统地将养老金权益人分为"老人""中人""新人"。"老人"指转制前退休的参保职工，按国家原来的规定计发养老金并执行养老金调整办法"中人"指转制前工作、转制后退休的参保职工，按"国发［2005］38 号"规定，计发基本养老金，即基础养老金和个人账户养老金。若"中人"缴费年限超 15 年或者视同超过 15 年的，则另外发放过渡养老金。"新人"是转制后参加工作的，养老金的计发由个人账户养老金和基础养老金组成。养老金计发结构的公式如下：

$$基本养老金 = 基础养老金 + 个人账户养老金$$

$$基础养老金退休 = \left(\begin{array}{c} 上一年度当地 \\ 职工平均工资 \end{array} + \begin{array}{c} 本人指数化月 \\ 平均缴费工资 \end{array} \right) \div 2$$

$$\times \begin{array}{c} 退休时缴费年限 \\ (含视同缴费年限) \end{array} \times 1\%$$

$$个人账户养老金 = \frac{退休时个人账户积累额}{退休年龄相对应的计发月数}$$

$$过渡养老金 = \begin{array}{c} 职工退休时上一年度 \\ 当地职工平均工资 \end{array} \times \begin{array}{c} 职工本人平均 \\ 缴费工资指数 \end{array}$$

$$\times \begin{array}{c} 改革时已缴费年限 \\ (含视同缴费年限) \end{array} \times \begin{array}{c} 过渡养老金 \\ 计发系数 \end{array}$$

1. 老人养老金

"老人"是制度转轨前就已经退休的退休职工，其在职期间所缴纳的保险费已被统筹作为上一代职工的养老金或者被凝结在国家固定资产中，没有个人账户的资金积累。

2. 基础养老金

就"新人"来看，公式的变量都是按新制度计量的，与现收现付制没有关联。"中人"的退休时间是新制度实施后，因式中前两个变量与旧制度没有关联，而"退休时缴费年限"这个变量受转轨前旧制度的影响，"中人"的养老保险缴费年份有部分处于旧制度时期。

3. 过渡养老金

过渡养老金的领受人只有缴费年限满年含视同缴费年限的"中人"。

4. 个人账户养老金

个人账户养老金是在新制度实施后建立的，个人账户是部分积累制下的重要筹资方式，也是参保职工积累的个人未来养老金给付权益。根据国务院办公厅发布的《关于推动个人养老金发展的意见》，个人养老金实行个人账户制度，缴费完全由参加人个人承担，实行完全积累。

2.7 弹性延迟退休基本养老保险账户财政负担精算分析

社会养老保险是由政府依法制定统一政策以保障广大退休人员基本生活水平为目标的一种带有强制性的养老保险制度，由于它的举办主体是政府，因此政府负有维持制度持续平稳运行的责任，所以在这一层次养老保险的筹资中，政府一般会有相应的财政支出。基本社会养老保险、补充养老保险和个人储蓄性养老保险，共同构成具有社会意义的养老保险体系，也被称为养老保险体系三根柱子，其中基本社会养老保险是基本层次。我国自1997年建立统一的企业职工基本养老保险制度以来，个人账户"空账"、基金收不抵支、养老金替代率低等问题不断引起学界讨论和社会议论。按现有企业职工基本养老保险的制度安排，参保人个人缴费的积累额仅够用于发放计发月数内的个人账户养老金或遗产继承。而参保人员退休后余命超过计发月数后领取的个人账户养老金是由统筹账户支付，作者所界定的个人账户财政负担就是指的由统筹账户支付的这部分负担。随着我国人口预期寿命的延长会进一步加重未来个人账户养老金的支付负担。

现有对城镇职工基本养老保险个人账户的财政负担精算研究方面的文献很少，作者可以发现的文献是杨再贵和石晨曦（2016）对现有退休制度下的基本养老保险个人账户的财政负担及替代率等问题进行了研究，得出了许多有价值的结论。相对来说更多的学者侧重于个人账户收支平衡和支付能力分析。这方面的文献包括邱菀华和高建伟（2002）、张勇（2007）、周渭兵（2009）、曾益（2013）、金赟（2014）、米海（2019）及姚金海（2020）等的相关研究。

十八届三中全会通过的《中共中央关于全面深化改革若干重大问题的决定》里指出，建立更加公平可持续的社会保障制度，坚持精算平衡原则。这是中共中央重大决策文件里首次将"精算平衡"原则写入社会保障部分的内容里。基于精算平衡研究养老保险制度，有利于决策者用更长远的眼光发现潜在风险、了解预期财务状况，便于制定有益于养老保险制度可持续发展、保证其公平性的改革方案。对养老保险带来的财政负担进行精算评估，能准确反映所有参保人员积累的养老金权益及缴费情况，有利于发现财务危机的根源，提前采取预防措施，及时调整制度参数。

现有学术界还没有对弹性延迟退休基本养老保险账户财政负担精算的相关研究成果。利用精算方法测算弹性延迟退休养老金个人账户未来支出及财政负担，有利于分析养老金个人账户的支付风险，为基金的长期平衡提供精算基础。同时也便于发现潜在风险、为制定财务可持续的保证公平性的弹性退休政策方案具有重要的理论价值与现实意义。

2.7.1 弹性退休年龄模型

考虑到我国现行的企业职工退休年龄现状，假设弹性退休制度设计为男性职工可以选择在 60 ~ 65 岁，女性职工可以选择在 50 ~ 60 岁整岁自由选择退休。T_x^* 表示年龄为 x 岁人的退休年龄，T_x^M，T_y^F 分别表示年龄为 x 岁男性与年龄为 y 岁女性的退休年龄。根据这种制度设计，假设 T_x^M，T_x^F 分别为区间 $[60, 65]$ 与 $[50, 60]$ 取整的随机变量。设 $0 < p < 1$。

当 $x < 60$，$y < 50$ 时：

$$P(T_x^M = k) = C_6^{k-60} p^{k-60} (1-p)^{6-(k-60)}, \quad k = 60, \cdots, 65$$

$$P(T_y^F = k) = C_{11}^{k-50} p^{k-50} (1-p)^{11-(k-50)}, \quad k = 50, \cdots, 60$$

当 $60 \leq x < 65$，$50 \leq y < 60$ 时：

$$P(T_x^M = x + k) = C_{65-x}^k p^k (1-p)^{(65-x-k)}, \quad k \text{ 为正整数且：} x + k \leq 65$$

$$P(T_y^F = y + k) = C_{60-x}^k p^k (1-p)^{(60-y-k)}, \quad k \text{ 为正整数且：} y + k \leq 60$$

2.7.2 弹性延迟退休基本养老保险基金收入精算模型

由于不同行业、不同企业、不同职工缴费工资的差异性很大，本节考虑全行业缴费工资的期望值，即每年的职工缴费工资参数统一设定为城镇企业职工社会平均工资①。设 I_t 第 t 年末的养老保险基金收入，a 代表参工的起始年龄，$\overline{W}_t$ 代表第 t 年的社会平均工资，$L_{q,t}$ 代

---

① 考虑到从 2019 年开始，我国城镇职工缴费工资基数已改为全口径城镇单位就业人员平均工资（全口径平均工资），不再是在岗职工平均工资（岗平工资）和社会平均工资（社平工资）。所以本节 1997 ~ 2005 年使用社平工资，2006 ~ 2018 年使用岗平工资（城镇在岗职工平均工资），2019 年后使用全口径平均工资进行精算分析。

表第 t 年 q 岁参保职工人数、$L_{x,t}$、$L_{y,t}$ 分别为 x 岁男性与 y 岁女性的参保职工人数，T 表示现有职工退休年龄，λ 表示个人账户缴费比例，g 表示社会平均工资增长率，v 表示折现系数。假设养老保险缴费均发生在每年年末。t 年后未来城镇企业职工基本养老保险个人账户基金收入现值为：

$$I_t = \lambda \cdot \{ \overline{W}_{t+a-q-1} \cdot \sum_{q=0}^{a-1} L_{q,t+a-q} \cdot v^{(a-q)} \cdot [\sum_{h=a}^{T_q^*} (1+g)^{(h-x)} \cdot v^{(h-x)}] +$$

$$\overline{W}_{t-1} \cdot \sum_{q=a}^{T-1} L_{q,t} \cdot [\sum_{h=q}^{T_q^*} (1+g)^{(h-y)} \cdot v^{(h-y)}] \}$$ 其精算现值为：

$$CM^t = EI_t = \lambda \cdot (A_{1t} + A_{2t} + A_{3t} + A_{4t} + A_{5t} + A_{6t})$$

其中：$A_{1t} = \overline{W}_{t+a-q-1} \cdot \sum_{x=0}^{a-1} L_{x,t+a-q-1} \cdot v^{(a-x)} \cdot \{ \sum_{k=60}^{65} [\sum_{h=x}^{k} (1+g)^{(h-x)} \cdot v^{(h-x)}] \cdot P(T_x^* = k) \}$

$$A_{2t} = \overline{W}_{t+a-q-1} \cdot \sum_{y=0}^{a-1} L_{y,t+a-q-1} \cdot v^{(a-y)} \cdot \{ \sum_{k=50}^{60} [\sum_{h=y}^{k} (1+g)^{(h-y)} \cdot v^{(h-y)}] \cdot P(T_y^* = k) \}$$

$$A_{3t} = \overline{W}_{t-1} \cdot \sum_{x=a}^{59} L_{x,t} \cdot \{ \sum_{k=60}^{65} [\sum_{h=x}^{k} (1+g)^{(h-x)} \cdot v^{(h-x)}] \cdot P(T_x^* = k) \}$$

$$A_{4t} = \overline{W}_{t-1} \cdot \sum_{x=60}^{65} L_{x,t} \cdot \{ \sum_{j=x+1}^{65} [\sum_{h=x}^{j} (1+g)^{(j-x)} \cdot v^{(j-x)}] \cdot P(T_x^* = j) \}$$

$$A_{5t} = \overline{W}_{t-1} \cdot \sum_{y=a}^{54} L_{y,t} \cdot \{ \sum_{k=50}^{60} [\sum_{h=y}^{k-1} (1+g)^{(h-x)} \cdot v^{(h-x)}] \cdot P(T_y^* = k) \}$$

$$A_{6t} = \overline{W}_{t-1} \cdot \sum_{x=50}^{60} L_{y,t} \cdot \{ \sum_{j=y+1}^{60} [\sum_{h=y}^{j} (1+g)^{(j-y)} \cdot v^{(j-y)}] \cdot P(T_y^* = j) \}$$

2.7.3　弹性延迟退休基本养老保险基金支出精算模型

城镇企业职工基本养老保险个人账户支出主要包括由"国发〔1997〕26 号与"国发〔2005〕38 号"决定的"老人""退休中人"

"在职中人""新人"等养老金的个人账户支出。由于"老人"在〔1997〕26号文件实施前已经退休，没有建立个人账户。因此只有"退休中人""在职中人""新人"个养老金人账户会导致财政负担。若 n 代表弹性延迟退休实施的年份，这里的"退休中人"表示 n 年之前退休的"中人"，而"在职中人"表示 n 年后退休的"中人"。$L_{z,t}^{M}$、$L_{z,t}^{F}$ 分别代表第 t 年 z 岁男性与女性的参保职工人数，r 是养老保险基金个人账户增值率，N 表示个人账户计发年数。假设养老金领取均发生在每年末。生存率参照公式（1.12）。

（1）"退休中人"个人账户支出精算现值模型

若 n 代表弹性延迟退休实施的年份。则在 n 年初"退休中人"的年龄区间男的为 $[60, 60 + n - 1998]$，女的为 $[50, 50 + n - 1998]$。年龄为 z 岁"退休中人"退休时领取的个人账户养老金：

男性：$P_{M,z}^{RM} = \dfrac{\lambda \overline{W}_{1996}}{N} \sum\limits_{j=z-(n-1998)}^{59} \left[(1 + g)^{(j-z-(n-1998))} (1 + r)^{(59-j)} \right]$

女性：$P_{F,z}^{RM} = \dfrac{\lambda \overline{W}_{1996}}{N} \sum\limits_{j=z-(n-1998)}^{49} \left[(1 + g)^{(j-z-(n-1998))} (1 + r)^{(49-j)} \right]$

（2）"在职中人"个人账户支出精算现值模型

由于在 n 年年龄为 z 岁"在职中人"采用的是弹性退休，所以这类人群个人账户的积累水平与退休时间的选择有关。退休时领取的个人账户养老金的现值为：

$$P_{z}^{WM} = \frac{\lambda \overline{W}_{1996}}{N} \sum\limits_{j=z+1998-n}^{T^{*}} \left[(1 + g)^{(j-z-1998+n)} (1 + r)^{(T^{*}-j)} \right]$$

精算现值为：

男性：$P_{M,x}^{WM} = \dfrac{\lambda \overline{W}_{1996}}{N} \sum\limits_{h=60}^{65} \left[\sum\limits_{j=x+1998-n}^{h} (1 + g)^{(j-x-1998+n)} (1 + r)^{(h-j)} \right] \cdot$

$P(T_{x}^{*} = h)$

女性：$P_{F,y}^{WM} = \dfrac{\lambda \overline{W}_{1996}}{N} \sum\limits_{h=50}^{60} \left[\sum\limits_{j=y+1998-n}^{h} (1 + g)^{(j-y-1998+n)} (1 + r)^{(h-j)} \right] \cdot$

$$P(T_y^* = h)$$

（3）"新人"个人账户支出精算现值模型

由于在 n 年年龄为 z 岁"新人"是在 1997 年后参加工作且采用的也是弹性退休，所以这类人群个人账户的积累水平与参工时间、退休时间的选择均有关。退休时领取的个人账户养老金的现值为：

$$P_z^{NW} = \frac{\lambda \overline{W}_{a+n-z-1}}{N} \sum_{j=a+n-z}^{T^*} \left[(1+g)^{(j-a+n-z)} (1+r)^{(T^*-j)} \right]$$

精算现值为：

男性：$P_{M,x}^{NW} = \dfrac{\lambda \overline{W}_{a+n-x-1}}{N} \sum\limits_{h=60}^{65} \sum\limits_{j=a+n-x}^{h} \left[(1+g)^{(j-a+n-x)} (1+r)^{(h-j)} \right] \cdot$

$$P(T_x^* = h)$$

女性：$P_{F,y}^{NW} = \dfrac{\lambda \overline{W}_{a+n-y-1}}{N} \sum\limits_{h=50}^{60} \sum\limits_{j=a+n-y}^{h} \left[(1+g)^{(j-a+n-y)} (1+r)^{(h-j)} \right] \cdot$

$$P(T_y^* = h)$$

2.7.4　城镇企业职工基本养老保险个人账户财政负担精算模型

（1）t 年（$t \geqslant n$）"退休中人"个人账户财政负担在 t 年（$t \geqslant n$）时现值为：

男性：$AF_{M,t}^{MR} = \sum\limits_{x=60+t-n}^{60+t-1998} L_{x,t}^{M} \cdot P_{x+n-t}^{RM} \cdot \left[\sum\limits_{i=1}^{T_x^*-60-[N]} v^{(60+[N]+i-x)} \right]$

女性：$AF_{F,t}^{MR} = \sum\limits_{y=50+t-n}^{50+t-1998} L_{y,t}^{F} \cdot P_{y+n-t}^{RM} \cdot \left[\sum\limits_{i=1}^{T_y^*-50-[N]} v^{(50+[N]+i-y)} \right]$

精算现值为：

男性：$F_{M,t}^{MR} = \sum\limits_{x=60+t-n}^{60+t-1998} L_{x,t}^{M} \cdot P_{x+n-t}^{RM} \cdot \sum\limits_{j=60+[N]-x}^{\omega-x} \left[\sum\limits_{i=1}^{j} v^{(60+[N]+i-x)} \right] \cdot {}_j p_x$

女性：$F_{M,t}^{MR} = \sum\limits_{y=50+t-n}^{50+t-1998} L_{y,t}^{M} \cdot P_{y+n-t}^{RM} \cdot \sum\limits_{j=50+[N]-y}^{\omega-y} \left[\sum\limits_{i=1}^{j} v^{(50+[N]+i-y)} \right] \cdot {}_j p_y$

其中：w 代表极限寿命，下同。

（2）由于在第 t 年"在职中人"采用的是弹性退休，所以这类人群个人账户财政负担与退休时间的选择有关。故 t 年（$t \geq n$）"在职中人"个人账户财政负担在 t 年（$t \geq n$）时现值为：

男性：$AF_{M,t}^{WR} = \sum\limits_{x=a+t-1996}^{59+t-n} L_{x,t}^{M} \cdot P_{x+n-t}^{WM} \cdot \left[\sum\limits_{i=1}^{w-T_x^*-[N]} v^{(T_x^*+[N]+i-x)} \right]$

女性：$AF_{F,t}^{WR} = \sum\limits_{y=a+t-1996}^{49+t-n} L_{y,t}^{F} \cdot P_{y+n-t}^{RM} \cdot \left[\sum\limits_{i=1}^{w-T_y^*-N} v^{(T_y^*+[N]+i-y)} \right]$

精算现值为：

男性：$F_{M,t}^{WR} = \sum\limits_{x=a+t-1996}^{59+t-n} L_{x,t}^{M} \cdot P_{x+n-t}^{WM} \cdot \sum\limits_{h=60}^{65} \{\{ \sum\limits_{j=h+[N]-x}^{\omega-x} \left[\sum\limits_{i=1}^{j} v^{(h+[N]+i-x)} \right] \cdot {}_{j}p_x \} \cdot$

$P(T_x^* = h)\}$

女性：$F_{M,t}^{WR} = \sum\limits_{y=a+t-1996}^{49+t-n} L_{y,t}^{F} \cdot P_{y+n-t}^{WM} \cdot \sum\limits_{h=50}^{60} \{\{ \sum\limits_{j=h+[N]-y}^{\omega-y} \left[\sum\limits_{i=1}^{j} v^{(h+[N]+i-y)} \right] \cdot {}_{j}p_y \} \cdot$

$P(T_y^* = h)\}$

（3）由于在 t 年"新人"是在 1997 年后参加工作且采用的也是弹性退休，所以这类人群个人账户的财政负担与参工时间、退休时间的选择均有关。故 t 年"新人"退休后个人账户财政负担在 t 年（$t \geq n$）时现值为：

男性：$AF_{M,t}^{NW} = \sum\limits_{x=0}^{a+t-1997} L_{x,t}^{M} \cdot P_{x+n-t}^{NW} \cdot \left[\sum\limits_{i=1}^{w-T_x^*-[N]} v^{(T_x^*+[N]+i-x)} \right]$

女性：$AF_{F,t}^{NW} = \sum\limits_{y=0}^{a+t-1997} L_{y,t}^{F} \cdot P_{y+n-t}^{N} \cdot \left[\sum\limits_{i=1}^{w-T_y^*-[N]} v^{(T_y^*+[N]+i-y)} \right]$

精算现值为：

男性：$F_{M,t}^{NW} = \sum\limits_{x=0}^{a+t-1997} L_{x,t}^{M} \cdot P_{x+n-t}^{NW} \cdot \sum\limits_{h=60}^{65} \{\{ \sum\limits_{j=h+[N]-x}^{\omega-x} \left[\sum\limits_{i=1}^{j} v^{(h+[N]+i-x)} \right] \cdot {}_{j}p_x \} \cdot$

$P(T_x^* = h)\}$

女性：$F_{M,t}^{WR} = \sum\limits_{y=a+t-1996}^{49+t-n} L_{y,t}^{F} \cdot P_{y+n-t}^{NW} \cdot \sum\limits_{h=50}^{60} \{\{ \sum\limits_{j=h+[N]-y}^{\omega-y} \left[\sum\limits_{i=1}^{j} v^{(h+[N]+i-y)} \right] \cdot$

$$_jp_y\} \cdot P(T_y^* = h)\}$$

则 t 年（$t \geq n$）城镇企业职工基本养老保险个人账户财政负担的精算现值：

$$TF_t = F_{M,t}^{RM} + F_{F,t}^{RM} + F_{M,t}^{WM} + F_{F,t}^{WM} + F_{M,t}^{NW} + F_{F,t}^{NW}$$

2.7.5 个人账户养老金替代率模型

个人账户养老金替代率是参保人员退休后个人账户养老金与退休前一年平均工资的比值，是反映退休人员待遇水平的指标之一。在弹性退休条件下，退休年龄是不确定的，所以个人账户的替代率水平与退休年龄有关。n 年 x 岁"退休中人""在职中人""新人"退休时个人账户养老金替代率分别为：

（1）"退休中人"

男性：$RI_{M,x}^{RM} = \dfrac{P_{M,x}^{RM}}{\overline{W}_{1996}(1+g)^{n+60-x-1997}}$

女性：$RI_{F,x}^{RM} = \dfrac{P_{M,x}^{RM}}{\overline{W}_{1996}(1+g)^{n+50-x-1997}}$

（2）"在职中人"养老金替代率

$$ARI_z^{WM} = \frac{\lambda\overline{W}_{1996}}{N}\sum_{j=z+1998-n}^{T^*}\left[(1+g)^{(j-z-1998+n)}(1+r)^{(T^*-j)}\right]$$
$$/\overline{W}_{1996}(1+g)^{n+T^*-z-1997}$$

精算现值为：

男性：

$$RI_{M,x}^{WM} = \frac{\lambda\overline{W}_{1996}}{N}\sum_{h=60}^{65}\left\{\left[\sum_{j=x+1998-n}^{h}(1+g)^{(j-x-1998+n)}(1+r)^{(h-j)}\right]\right.$$
$$\left./\overline{W}_{1996}(1+g)^{n+h-x-1997}\right\}\cdot P(T_x^* = h)$$

女性：

$$RI_{F,y}^{WM} = \frac{\lambda \overline{W}_{1996}}{N} \sum_{h=50}^{60} \left\{ \left[\sum_{j=y+1998-n}^{h} (1+g)^{(j-y-1998+n)} (1+r)^{(h-j)} \right] \right.$$

$$\left. / \overline{W}_{1996} (1+g)^{n+h-x-1997} \right\} \cdot P(T_y^* = h)$$

（3）"新人"养老金替代率

$$ARI_z^{NW} = \frac{\lambda \overline{W}_{a+n-z-1}}{N} \sum_{j=a+n-z}^{T^*} \left[(1+g)^{(j-a+n-z)} (1+r)^{(T^*-j)} \right]$$

$$/ \overline{W}_{1996} (1+g)^{n+T^*-z-1997}$$

精算现值为：

男性：

$$RI_{M,x}^{NW} = \frac{\lambda \overline{W}_{a+n-x-1}}{N} \sum_{h=60}^{65} \left\{ \sum_{j=a+n-x}^{h} \left[(1+g)^{(j-a+n-x)} (1+r)^{(h-j)} \right. \right.$$

$$\left. \left. / \overline{W}_{1996} (1+g)^{n+h-x-1997} \right] \right\} \cdot P(T_x^* = h)$$

女性：

$$RI_{F,y}^{NW} = \frac{\lambda \overline{W}_{a+n-y-1}}{N} \cdot \sum_{h=50}^{60} \left\{ \sum_{j=a+n-y}^{h} \left[(1+g)^{(j-a+n-y)} \cdot (1+r)^{(h-j)} \right. \right.$$

$$\left. \left. / \overline{W}_{1996} (1+g)^{n+h-y-1997} \right] \right\} \cdot P(T_y^* = h)$$

2.7.6 模拟测算

（1）精算参数设定

《中共中央关于制定国民经济和社会发展第十四个五年规划和二〇三五年远景目标的建议》已经明确提出实施延迟法定退休年龄，人力资源和社会保障部的意见也是先出台延迟退休方案，然后公开征求意见，再出台延迟退休政策，政策出台后不会立即施行，要过几年后再施行。基于这一政策背景本文假定弹性退休从 2030 年初开始实施，因此模型中的 n 时刻为 2030 年 1 月 1 日。考虑我国的实际经济状况及相关文献，相关主要参数设定如下：

①职工的参保年龄 a 为 22 岁。

②生存极限年龄 ϖ 参考国内外大多数学者对生存极限年龄的设定为 100 岁。

③参考我国实际与相关文献采用的计息水平，本节个人账户养老金增值率 r 设定为 2.85%。

④社会平均工资增长率采用王晓军（2009）的方法即假设城镇职工工资的增长速度与人均 GDP 的增长速度持平，即 2016～2020 年为 7%，以后每 5 年下降 0.5%，直至达到 2%。

⑤参照现有退休制度规定缴费率 λ 设定为 8%。

⑥为简化实证分析，参照现有退休制度规定所有人群退休计发年数假定为 $N=15$。

⑦死亡率依据 2016 年 12 月 28 日颁布的《中国人寿保险业经验生命表（2010～2013）》—养老金业务。

（2）人口预测

本文根据《中国人口与就业统计年鉴 2020》提供的全国城市和镇分年龄性别人口分布、分年龄劳动参与率、养老保险覆盖率数据及其相关文献数据的基础上，以此为起始人口，基于分要素预测法并假设城镇职工基本养老保险的参保人员的年龄分布与城镇常住人口的年龄分布一致。通过 PADIS－INT 软件估计出各 2021～2050 年度城镇企业职工分年龄，分性别的养老金计划覆盖人口数。人口预测中新生儿性别、生育率与净迁移水平参考尚勤、泰学志（2009）的做法。

（3）实证结果

①养老金个人账户财政负担与替代率测算。

为了比较退休年龄分布特征对养老保险账户的影响，对退休年龄分布参数进行了比较设置，分别设置为 $P=0.4$ 和 $P=0.7$ 对 2030 初、2040 年初及 2050 年初养老金个人账户收入与财政负担精算现值分年龄与性别的个人账户养老金替代率进行了测算。同时利用的相关结果见表 2 - 15 ~ 表 2 - 17。

表 2 - 15   弹性退休养老金个人账户收入与财政负担测算（$P = 0.4$）

单位：万亿元

年份	个人账户收入	财政负担							
		"过渡中人"		在职中人		"新人"		合计	
		男	女	男	女	男	女	男	女
2030	29.3253	0.4901	0.5525	2.6958	1.4249	3.2811	2.8935	29.3253	0.4901
2040	34.0725	0.4503	0.5104	2.4325	1.3189	3.2218	2.7134	34.0725	0.4503
2050	38.5682	0.3546	0.4251	2.0474	1.1186	3.0352	2.2046	38.5682	0.3546

表 2 - 16   弹性退休养老金个人账户收入与财政负担测算（$P = 0.7$）

单位：万亿元

年份	个人账户收入	财政负担							
		"过渡中人"		在职中人		"新人"		合计	
		男	女	男	女	男	女	男	女
2030	33.8239	0.4901	0.5525	2.8458	1.4249	3.6211	2.8935	6.9569	4.8709
2040	38.1254	0.4503	0.5104	2.6925	1.3189	3.4818	2.7134	6.6247	4.5426
2050	42.4562	0.3546	0.4251	2.4274	1.1186	3.2452	2.2046	6.0271	3.7483

表 2 - 17   弹性延迟退休个人账户养老金替代率测算   单位:%

年龄	$P = 0.4$		$P = 0.7$	
	男	女	男	女
22	13.18	9.53	15.31	11.28
30	12.74	9.37	14.89	11.15
35	12.18	9.20	14.30	10.91

续表

年龄	P = 0.4		P = 0.7	
	男	女	男	女
40	11.60	8.69	13.55	10.19
45	10.93	8.41	12.88	9.94
50	9.38	7.97	11.24	7.97
55	8.74	7.08	10.14	7.08
60	7.63	5.49	7.43	5.49
65	6.43	4.41	6.26	4.41

由表 2 - 15 可见，城镇企业职工养老金个人账户财政负担占账户收入的比重在 2030 年初、2040 年初及 2050 年初分别为：40.33%、32.76% 和 25.35%。由表 2 - 16 可见，城镇企业职工养老金个人账户财政负担占账户收入的比重在 2021 年初、2025 年初及 2030 年初分别为：34.97%、29.29% 和 23.02%。由此可以看出，在弹性退休制度下，个人账户的财政负担会有逐年下降的趋势，这主要是因为一方面弹性退休在尊重个人意愿的条件下增加了个人账户的收入，延迟了退休时间也减少了账户的支出，另一方面"过渡中人"群体也来越少，减轻了个人账户的财政负担，说明弹性退休制度在财务上表现出一定的可持续性。同时从表 2 - 15 与表 2 - 16 的比较我们也可以看到 P = 0.7 时个人账户的财政负担状况要大大好于 P = 0.4 时，这是因为当 p < 0.5 为正偏分布，p > 0.5 为负偏分布。正偏分布意味着职工在可选择的退休年龄趋向于早退休，而负偏分布意味着人们更趋向于晚退休。说明增强参保职工的延迟退休欲望可以大大改善账户的财政负担状况。

由表 2 - 17 可见，P = 0.7 时城镇企业职工养老金个人账户替代率（男 60 岁以下，女 50 岁以下）比 P = 0.4 时的替代率高 2% 左右，而且替代率水平都高于杨再贵和石晨曦（2015）测算的替代率水平。

②敏感性分析。

在其他参数不变的前提下，分别对计发月数、工资增长率、缴费率三个参数变动对个人账户养老金财政负担及替代率的影响进行敏感性分析，以反映其影响程度。以 2030 年养老金计划覆盖人口数预测数据为基础，选择 $P = 0.4$ 各因素对养老金个人账户财政负担及 30 岁参保男性职工替代率的影响程度的测算结果见表 2 - 18、表 2 - 19。

表 2 - 18　　各因素对个人账户养老金财政负担的影响程度（$P = 0.4$）

参数变动	参数变动率（%）	财政负担变动（万元）	财政负担变动率（%）	弹性（%）
计发月数 $\Delta N = 0.5$	3.21	- 0.3654	- 0.044	- 1.44
工资增长率 $\Delta g = 1\%$	19	1.1982	14.46	76
缴费率 $\Delta \lambda = 1\%$	12.36	1.2342	15.87	113.78
增值率 $\Delta r = 0.1\%$	2.38	0.0352	0.39	19

表 2 - 19　　各因素对个人账户养老金替代率的影响程度（$P = 0.4$）

单位：%

参数变动	替代率变动		弹性	
	男	女	男	女
计发月数 $\Delta N = 0.5$	- 0.57	- 0.44	128.49	132.58
工资增长率 $\Delta g = 1\%$	- 1.86	- 1.69	- 69.49	- 78.94
缴费率 $\Delta \lambda = 1\%$	1.63	1.05	89.95	84.64
增值率 $\Delta r = 0.1\%$	0.05	0.05	15.13	19.73

由表 2 - 18 可以看出：个人账户养老金财政负担与缴费率、工资增长率、个人账户增值率同向变动；与计发月数呈反向变动。各因素

的影响程度由强到弱依次是缴费率、工资增长率、记账利率和计发月数。增加计发月数，会减少超计发月数，降低个人账户养老金财政负担。提高缴费率、提高工资增长率及个人账户增值率等都将增加个人账户积累额和养老金待遇水平，若其退休后余命超过计发月数将导致超过计发月数的养老金支出增加，从而个人账户养老金财政负担增大。

在保持其他参数不变的前提下，以 30 岁加入养老保险的职工为例，分别考察计发月数、工资增长率、缴费率及增值率四个因素对个人账户养老金替代率的影响，由表 2 – 19 可以看出：个人账户养老金替代率与缴费率、增值率呈同向变动；与计发月数、工资增长率呈反向变动。各因素对男性个人账户养老金替代率的影响程度由强到弱依次为计发月数、缴费率、工资增长率和增值率；对女性的影响程度由强到弱依次为计发月数、工资增长率、缴费率和增值率。

2.7.7　结论与建议

运用将来法的精算原理对弹性延迟退休城镇职工基本养老金个人账户的财政负担及替代率的精算现值模型进行了分析。相关结果为评价弹性退休制下城镇职工基本养老保险账户的偿付能力，评估养老保险制度财务可持续性提供了重要的精算理论基础，具有重要的理论意义。

从实证结果来看，账户的财政负担程度与职工的退休意愿有很大关系，且退休年龄在负偏分布条件下更有利于减轻财政负担，增强账户的支付能力。从精算角度看，在弹性退休制下，参保人的退休年龄对基金账户的财务持续性有着重要的影响，参保人延迟退休意愿越强烈，退休时间选择越晚，对基金账户的积累越有利，因此激励参保人延迟退休就显得尤为重要。即使实施弹性退休的主要发达国家也存在着提前退休的现象，比如德国2014年共有大约197000人提前退休，占所有正常退休者的23.9%。为了增强参保人的延迟退休意愿各国对于养老金的支付都设置有各种方式的奖惩机制。故政府应该在顶层制度设计方面出台更多鼓励职工延迟退休的举措，试行弹性退休的激励机制，鼓励一部分人延长退休年龄，可以采取相应的激励机制。比如延迟退休一年，养老金就相应增加5%，以便鼓励更多的人参与到这个制度中来。从施行弹性退休制的西方国家的具体实践来看，奖惩激励机制的设计还应该具有多样化，除了在退休的年龄上设立奖惩机制，还可以在工作时间、缴费年限等资格条件之外通过减免税收等优惠措施，提高劳动者延长劳动时间的意愿。这方面西方发达国家有很多成功的经验值得借鉴。

从实证结果来看，为降低个人账户的财政负担，可以考虑增加计发月数。提高职工养老金替代率，可以考虑上调个人缴费率和增值率。至于缴费率和计发月数对财政负担或养老金替代率具有的负面影响，笔者比较赞同杨再贵和石晨曦等学者的观点，那就是通过严谨的精算研究，本着两利相权取其重、两害相权取其轻的原则适时适度调整。

2.8 弹性退休制下基于代际公平的养老金激励机制研究

为减轻养老金支付的财政负担，从精算角度看，在弹性退休制下，参保人的退休年龄对基金账户的财务持续性有着重要的影响，参保人延迟退休意愿越强烈，退休时间选择越晚，对基金账户的积累越有利，因此激励参保人延迟退休就显得尤为重要。总结我国现有基本养老保险制度的一个重要经验就是由于在养老金支付方式上缺乏延长退休年龄的激励机制，所以提前退休的现象普遍存在。夏波光（2001）、汪泽英和曾湘泉（2004）、阳义南和才国伟（2004）、封进和胡岩（2008）、廖少宏（2008）及阳义南（2013）等都对这一现象进行过调查研究。由于提前退休的存在，加之我国现有城镇职工养老保险制度（以下简称"城职保"）采用的退休年龄依然是：规定男性职工 60 岁退休，女性职工 50 岁退休，女性干部 55 岁退休，而同期发达国家的标准退休年龄则普遍设定在 65 岁，并且还有很多国家正在将标准退休年龄延长到 67 岁，与此相比我国的退休年龄明显偏低，这样会导致养老账户收入的减少与支出的增加，将使养老保险制度的发展缺乏可持续性。即使实施弹性退休的主要发达国家也存在着提前退休的现象，比如德国 2014 年共有大约 197000 人提前退休，占所有正常退休者的 23.9%。为了增强参保人的延迟退休意愿，英国、美国及德国等国家对于养老金的支付都设置有各种方式的奖惩机制，除了严格退休的年龄、工作时间、缴费年限等资格条件之外，还对提前退休的劳动者通过削减养老金点数、减少养老金的惩罚。对于延迟退休的劳动者，除了增加一定比例的养老金外，还可以对其再就业部分的收入实行减免税收，从而鼓励劳动者延迟退出劳动领域。从 OECD国家的测算数据看，实施养老金精算中性的奖励点数为 6% ~ 8%；即提前（延迟）退休一年，养老金削减（增加）的比例应为 6% ~ 8%。但在实际执行中，大部分国家奖励点数为 5% 上下，低于理论上实现退休决策激励中性的点数，这是导致许多国家提前退休现象突出、延迟退休动力不足的重要原因之一。这些经验给我国弹性退休制的实施在激励和惩罚机制的设计上的启示是：既要避免由于激励措施设计不当造成激励不足或惩罚太弱，会使得该措施不能达到相应目的，也要避免由于激励条件太过优厚，不仅会增加国家的财政负担，也会产生"搭便车"效应，引起代际公平性方面的问题。

　　20 世纪 70 ~ 80 年代，随着各国人口老龄化的到来，福利国家危机开始显现，一些经济学家和学者将代际正义理论引入社会养老保障中，提出了养老金的"代际公平"问题。国内学术界对养老金的奖惩机制设计问题进行理论研究的文献比较少。钟仁耀和马昂（2016）对我国实施弹性退休制下的养老金奖惩措施进行了设计，但没有对这种机制设计的合理性进行评价；张勇（2021）从效用最大化角度对现有城职保养老金给付奖惩机制的有效性进行了研究。我国的城职保是国家社会保障制度中最重要的项目，应具有二次分配的公共政策功能，具有法定强制性、社会共济性等特性。我国社会保障制度建立的初衷是通过政府的名义担保子代赡养父代的代际责任传承，维系这种制度的基本法则就是要实现代际公平。社会基本养老保险的代际公平主要涉及缴费、收益及风险分担，其核心就是世代间贡献、收益风险分配的正当性和合理性。单纯用效用最大化片面强调"经济效率"，忽视伦理"公平"的方法来设计养老金的奖惩机制明显与我国设立城职保的初衷是相违背的，所以本节拟参考国外的养老金奖惩机制经验，从养老金分配的"代际公平"角度对弹性退休制下我国城职保的养老金支付设计奖惩机制。

2.8.1　假定与模型构建

2.8.1.1　模型假定

（1）对于统筹账户将不考虑制度的各项外部补贴，基金盈余或者缺口都将由现存各代与未来各代参保职工共担；

（2）所有参保职工自制度规定的起始参保年龄起，连续不间断缴费，直至达到养老金领取年龄，不考虑中途断保和退保等不确定因素；

（3）假定单位缴费全部进入统筹账户，缴费和养老金领取均发生在年初。

假设基准年份为 n，个体出生年份为 k，a 岁参保并连续不间断缴费，费率为 τ，养老金领取年龄为 h 岁，极限年龄为 ω 岁。$\overline{W}_t$ 代表 t 年的社会平均工资，g 表示社会平均工资增长率，r 表示折现率。R_t^M 与 R_t^F 分别为 t 年参保男、女职工养老金，i 为养老金增长率，$N^M(n, x)$ 与 $N^F(n, x)$ 分别表示为 n 年 x 岁参保男、女职工总数。T_x^M，T_y^F 分别表示年龄为 x 岁男性与年龄为 y 岁女性的退休年龄。

考虑到我国现行的企业职工退休年龄现状，假设弹性退休制度设计为男性职工可以选择在 60~65 岁，女性职工可以选择在 55~60 岁整岁时自由选择退休。为了在弹性退休制下能够激励参保者延迟退休，本节引入养老金的奖惩机制，引入延迟（提前）退休的奖励（惩罚）因子记为 φ，φ_h^M 与 φ_h^F 分别表示男性与女性在 h 岁退休时养老金相对于基准退休年龄的折算系数。

2.8.1.2　代际账户值

现存出生年份为 k 的世代领取养老金总和的精算现值 PPV 可表示为：

男性：$$PPVM_k^n = \sum_{h=60}^{65}\Big[\sum_{j=\lambda}^{\omega} R_k^M(1+i)^j\varphi_h^M N^M(k+j, j)\Big(\frac{1}{1+r}\Big)^{k+j-n}\Big]\cdot$$

$\mathrm{pro}(T_{n-k}^M = h)$

女性：$$PPVF_k^n = \sum_{h=55}^{60}\Big[\sum_{j=\lambda}^{\omega} R_k^F(1+i)^j\varphi_h^F N^F(k+j, j)\Big(\frac{1}{1+r}\Big)^{k+j-n}\Big]\cdot$$

$\mathrm{pro}(T_{n-k}^F = h)$

其中，$\mathrm{pro}(T_{n-k}^M = h)$ 和 $\mathrm{pro}(T_{n-k}^F = h)$ 分别表示当出生年份为 k 的世代的男性和女性选择在 h 岁退休的比例。上式中当出生年份 $k \leq n-h$，$\lambda = n-k$；当出生年份 $k \in [n-h+1, T]$，$\lambda = h$。

现存出生年份为 k 的各世代缴纳保险费总和的精算现值 FPV 可

表示为：

男性：$FPVM_k^n = \sum_{h=60}^{65} \left[\sum_{j=\theta}^{h-1} \overline{W}_k (1+g)^j \tau N^M(k+j, j) \left(\frac{1}{1+r}\right)^{k+j-n} \right] \cdot$

$\text{pro}(T_{n-k}^M = h)$

女性：$FPVF_k^n = \sum_{h=55}^{60} \left[\sum_{j=\theta}^{h-1} \overline{W}_k (1+i)^j \tau N^F(k+j, j) \left(\frac{1}{1+r}\right)^{k+j-n} \right] \cdot$

$\text{pro}(T_{n-k}^F = h)$

上式中当出生年份 $k \in [n-h+1, n-a-1]$ 时，$\theta = n-k$；当出生年份 $k \in [n-a, n]$，$\theta = a$。

现存出生年份为 k 的世代的总代际账户值 GA 可表示为：

男性：$GAM_k^n = (FPVM_k^n - PPVM_k^n)$

女性：$GAF_k^n = FPVF_k^n - PPVF_k^n$

现存出生年份为 k 的人均代际账户值 PGA_k^n 可表示为：

男性：$PGAM_k^n = GAM_k^n / N^M(n, n-k)$

女性：$PGAF_k^n = GAF_k^n / N^F(n, n-k)$

2.8.1.3 不平衡性百分比和终身净税率

不平衡性百分比和终身净税率是反映代际公平性应用最广泛的两个指标。不平衡性百分比是未来各世代的代际账户值与 t 年出生现存代的代际账户值的比值，这个比值可以反映城职保的负担与福利在各代之间的分配是否公平。不平衡性百分比的绝对值越接近于 1，未来世代与现存世代的代际公平性越高。终身净税率为某一社会成员在其出生年份的代际账户值与其终身劳动收入折现到出生年份的现值之比。终身净税率为正意味着该世代个体为城职保贡献者，其绝对值越大，则该世代个体代际账户值占收入现值的比例越大，对城职保的贡献超过所得的程度也越大，反之则为制度的净获益者，其绝对值越大，代表获益程度越大。

2.8.2　模拟测算

2.8.2.1　精算参数设定

（1）制度参数

本节假定弹性延迟退休从 2025 年初开始实施，因此模型中的基准时刻为 2025 年 1 月 1 日。职工的参保年龄为 22 岁。生存极限年龄参考国内外大多数学者的做法设定为 90 岁。

为了保证养老政策的连续性，假设弹性延迟退休参保职工仍然执行"国发〔1997〕26 号"与"国发〔2005〕38 号"决定的"老人""中人""新人"等类型支付养老金。由于"老人"在 2005 年以前已经退休，现有弹性退休的养老金激励机制对这两类人群没有任何影响。"中人"有部分会弹性退休。"新人"全部弹性退休，所以本节只对这两类人群各世代设立的老金奖惩机制的公平性进行分析。假设过渡养老金计发比例为 1.2%，平均缴费指数设定为 100%，在职人员平均工资与指数化平均缴费工资相等。统筹账户养老金缴费率设定为 16%。

（2）人口参数

①LC 系模型（Lee – Carter 模型、Renshaw – Haberman 模型和 Age – Period – Cohort 模型和 CBD 系模型）是寿险精算中很常见的死亡率预测模型，但这些模型研究只是运用了死亡率这一数据特征，而人口死亡率和预期寿命之间是存在极大关联性的，因此本节采用赵苗苗等（2021）的方法根据预期寿命与死亡率的关系采用 LL 模型使用 2005～2019 年《中国人口与就业统计年鉴》的死亡率历史数据对各年份各年龄的死亡率进行估计。

②参考刘昌平等（2018）、张震等（2022）的做法，生育率采用《世界人口展望 2019》对 2020～2100 年中国总和生育率的预测

数据；出生性别比采用《世界人口展望 2019》对中国出生性别比的预测数据。

③利用《中国人口与就业统计年鉴 2020》提供的 2005～2019 年城镇人口比重分析城镇人口比重的长期趋势。结果见表 2 - 20。根据表 2 - 20 的结果将 2034 年以后城镇人口比重设定为 80.78%。

表 2 - 20　　　　　　　　城镇人口比重预测　　　　　　单位：%

	2022 年	2024 年	2026 年	2028 年	2030 年	2032 年	2034 年
比重	65.23	67.82	70.41	73.01	75.60	78.19	80.78

根据 2010～2020 年各年的国民经济和社会发展统计公报提供的职工基本养老保险参保人数计算总参保率的年平均增长速度。假设 2021 年以后每年的参保率保持 2010～2020 年的年平均增长速度直到 100%。再根据《中国人口与就业统计年鉴 2020》提供的全国分年龄、性别的人口数量、城镇人口比重、城镇私营单位、非私营单位就业人口等相关数据，采用许燕和杨再贵（2019）的方法运用 GM（1，1）模型对 2020 年在职职工各年龄的参保率进行估计，从而得到各年龄的参保人数。对 2021 年以后各年新参工职工采用在 2020 年的总参保率的基础上以 1990～2020 年平均增长速度逐年上调参保率作为当年新参保职工的参保率，这样就可以对 2020 年以后各年新参工职工参保人数进行估计。假设各年龄男女参保比例与性别比一致，就可以得到各年龄发分性别的参保人数。

（3）经济参数

2019 年城镇私营单位就业人员年平均工资 53 604 元，非私营单位就业人员年平均工资 90 501 元。城镇私营单位就业人数为 14 567 万人。城镇非私营单位就业人数为 15 485 万人。2019 年城职工年平均工资为 72 616 元。假定女性平均工资为男性的 75%。参考我国实际与相关文献采用的计息水平，养老金增值率 2021～2030 年为 3.5%；2021～2040 年为 2.85%；2041～2050 年为 2.4%；2051 年及以后为 2%。养老金折现率统一设定为 3%。社会平均工资增长率采用杨再贵和石晨曦（2016）的方法即假设城镇职工工资的增长速度与人均 GDP 的增长速度持平，即 2020 年为 6.5%，以后每 5 年下降 0.5%，直至达到 2%。

2.8.2.2　基于代际公平的养老保险最优奖惩机制的实证结果

因退休年龄的概率分布状况不同，对养老金奖惩机制的代际公平性评价的结果也不同。本节假设退休年龄（Ra）有三种概率分布状况。

在表 2-21 中的三种退休年龄概率分布中，第一种情况退休年龄分布具有"左偏"特征，即参保人趋向于早退休，延迟退休意愿低；第二种情况退休年龄分布具有"钟形"特征，退休年龄分布具有一定的对称性，即绝大部分参保者会在基准年龄左右退休；第三种情况退休年龄分布"右偏"，即参保人趋向于晚退休，延迟退休意愿高。

表 2-21　　　　　　　　　参保人退休年龄概率分布

情境 1				情境 2				情境 3			
男性		女性		男性		女性		男性		女性	
Ra	pro	Ra	pro	Ra	pro	Ra	pro	Ra	Pro	Ra	Pro
60	0.35	55	0.30	60	0.10	55	0.10	60	0.05	55	0.05
61	0.25	56	0.25	61	0.10	56	0.10	61	0.05	56	0.05
62	0.25	57	0.20	62	0.25	57	0.25	62	0.15	57	0.15
63	0.10	58	0.15	63	0.25	58	0.25	63	0.25	58	0.25

续表

情境1		情境2		情境3	
男性	女性	男性	女性	男性	女性
64　0.05	59　0.10	64　0.15	59　0.15	64　0.25	59　0.25
65　0.05	60　0.05	65　0.10	60　0.10	65　0.25	60　0.25

注：为了实证分析的简化，在实证中假设各世代人群的退休年龄概率分布相同。

为了分析弹性退休奖惩机制的最佳方案，根据我国人口年龄结构、考虑到我国男性与女性在预期寿命上的不同以及现有退休年龄的实际情况，男性以62岁为基准退休年龄，女性以58岁为基准退休年龄。参考 OECD 国家的测算数据我们共设定了六种不同力度的养老金激励点数，即不同退休年龄设置了不同的养老金奖惩比例 φ_h^M 和 φ_h^F。进行模拟计算后把相对较优的三种方案列在表2-22中。

表2-22　　　　　　　弹性退休养老金奖惩方案

方案1				方案2				方案3			
男性		女性		男性		女性		男性		女性	
退休年龄	φ_h^M	退休年龄	φ_h^F	退休年龄	φ_h^M	退休年龄	φ_h^F	退休年龄	φ_h^M	退休年龄	φ_h^F
60	92%	55	82%	60	90%	55	85%	60	88%	55	804%
61	96%	56	88%	61	95%	56	95%	61	94%	56	84%
62	100%	57	94%	62	100%	57	100%	62	100%	57	92%
63	105%	58	100%	63	1 056%	58	105%	63	107%	58	100%
64	110%	59	1 061%	64	110%	59	115%	64	114%	59	108%
65	115%	60	1 125%	65	115%	60	125%	65	120%	60	115%

方案 1 中男性的奖励点数在 4% 左右，女性在 6% 左右；方案 2 中男性、女性的奖励点数都在 5% 左右；方案 3 中男性的奖励点数在 7% 左右，女性在 8% 左右。

以 2022 年基准年份，由于假设弹性退休从 2025 年初开始实施，所以对于男性来说，2022 年年龄最大为 56 岁的参保者会弹性退休，对于女性来说，2022 年年龄最大 46 岁的参保者会弹性退休。现存世代男性我们选择最大到 56 岁，女性选择最大到 46 岁分析其人均代际账户值。

从表 2-23～表 2-25 可以看出：从性别来看，男性世代在 20 岁及以前的代际账户值为均为正值，表明这些世代为制度的净贡献方；在 30 岁及以后较年老世代的代际账户值为负值，表明这些世代余生从制度中所获收入大于所缴纳保费，为制度的净获益方。其中在 56 岁代际账户值的绝对值最大，表明这个世代净获益程度最高。女性各世代的人均代际账户值均为负，意味着女性各世代均为制度的净获益方。其中在 46 岁代际账户值的绝对值最大，表明这个世代净获益程度最高。从情境 1 到情境 3 在各个方案的纵向比较中可以发现随着参保者延迟退休意愿的增强，各世代男性和女性的人均代际账户值逐步提高，这是由于随着退休年龄的延长，参保者缴纳保费增多、领取养老减少，导致人均代际账户值的增加；从方案 1 到方案 3 的横向比较中，在情境 1 中无论男性还是女性的人均代际账户值（或绝对值）方案 1 最小，方案 2 居中，方案 3 最大。情境 2 中无论男性还是女性的人均代际账户值（或绝对值）方案 2 最小，方案 1 居中，方案 3 最大。这是在情境 1 和情境 2 中，参保人倾向于早退休的比例较大，而在方案 1 和方案 2 中对早退休的惩罚力度小于方案 3，使得参保者的收入增加，虽然早退休保费的缴纳也会减少，但减少的总量小于前者，导致人均代际账户值减少。在情境 3 中综合来看方案 1、方案 2 居优于方案 3。

表 2 - 23　　　2022 年养老保险人均代际账户值（情境 1）　　单位：万元

男性				女性			
年龄	方案 1	方案 2	方案 3	年龄	方案 1	方案 2	方案 3
0 岁	3.07	3.10	3.24	0 岁	-7.57	-7.98	-8.45
10 岁	2.75	2.84	2.99	10 岁	-11.54	-12.23	-13.37
20 岁	0.81	0.89	0.98	20 岁	-18.25	-19.89	-22.08
30 岁	-29.43	-29.86	-31.68	30 岁	-32.65	-33.57	-34.92
40 岁	-26.08	-27.23	-28.32	40 岁	-59.37	-60.24	-62.15
56 岁	-37.52	-38.26	-39.56	46 岁	-69.79	-74.76	-78.24
2023 年 0 岁	2.49	2.58	2.64	2022 年 0 岁	-6.84	-7.33	-8.43
2024 年 0 岁	2.40	2.44	2.55	2023 年 0 岁	-6.68	-7.25	-7.92
2025 年 0 岁	2.24	2.43	2.52	2024 年 0 岁	-6.45	-7.14	-7.67

表 2 - 24　　　2022 年养老保险人均代际账户值（情境 2）　　单位：万元

男性				女性			
年龄	方案 1	方案 2	方案 3	年龄	方案 1	方案 2	方案 3
0 岁	3.21	3.14	3.30	0 岁	-7.45	-7.52	-8.24
10 岁	2.94	2.93	3.25	10 岁	-10.87	-9.35	-10.78
20 岁	0.92	0.96	1.15	20 岁	-17.68	-16.47	-22.15
30 岁	-28.37	-27.99	-29.25	30 岁	-31.53	-31.22	-33.25
40 岁	-25.42	-24.97	-26.25	40 岁	-58.23	-57.56	-60.27
56 岁	-36.16	-35.25	-37.26	46 岁	-68.42	-67.25	-76.42
2023 年 0 岁	2.78	2.66	2.80	2022 年 0 岁	-6.72	-6.68	-7.82
2024 年 0 岁	2.69	2.52	2.78	2023 年 0 岁	-6.56	-6.46	-7.02
2025 年 0 岁	2.62	2.45	2.72	2024 年 0 岁	6.38	-5.93	-6.77

表 2 - 25　　　　2022 年养老保险人均代际账户值（情境 3）　　单位：万元

男性				女性			
年龄	方案 1	方案 2	方案 3	年龄	方案 1	方案 2	方案 3
0 岁	3.39	3.40	3.59	0 岁	-7.35	-7.42	-8.02
10 岁	3.18	3.32	3.37	10 岁	-9.45	-8.92	-9.79
20 岁	1.15	1.13	1.21	20 岁	-17.23	-16.02	-20.25
30 岁	-26.37	-27.28	-27.85	30 岁	-30.56	-30.78	-32.86
40 岁	-22.38	-22.85	-23.22	40 岁	-55.23	-55.83	-56.24
56 岁	-35.92	-34.93	-36.29	46 岁	-67.46	-66.54	-73.29
2023 年 0 岁	2.83	2.75	2.92	2022 年 0 岁	-6.62	-6.59	-7.12
2024 年 0 岁	2.78	2.70	2.85	2023 年 0 岁	-6.43	-6.37	-6.76
2025 年 0 岁	2.69	2.62	2.82	2024 年 0 岁	-6.12	-5.52	-6.63

从表 2 - 26 ～表 2 - 28 可以看出，在三种退休年龄概率分布情况下，方案 1 和方案 2 的不平衡性百分比均比方案 3 更接近 1，说明方案 1 和方案 2 对于提高养老金的代际公平性优于方案 3。同时，在参保人群整体延迟退休意愿低的情况下，方案 1 优于方案 2；在参保人群整体延迟退休意愿一般的情况下，方案 2 优于方案 1。

表 2 - 26　　　　各世代的不平衡性百分比（情境 1）

年龄	男性			女性		
	方案 1	方案 2	方案 3	方案 1	方案 2	方案 3
2023 年 0 岁	90.40	88.75	79.44	92.29	91.33	83.75
2024 年 0 岁	88.53	87.71	76.29	90.36	89.29	82.48
2025 年 0 岁	86.49	85.55	73.15	88.36	87.49	80.81

表 2 - 27　　　　　各世代的不平衡性百分比（情境 2）

年龄	男性			女性		
	方案 1	方案 2	方案 3	方案 1	方案 2	方案 3
2023 年 0 岁	89.71	92.39	83.78	92.62	94.31	88.93
2024 年 0 岁	88.12	91.08	82.05	90.97	92.77	86.10
2025 年 0 岁	86.25	89.13	78.72	89.86	91.01	84.43

表 2 - 28　　　　　各世代的不平衡性百分比（情境 3）

年龄	男性			女性		
	方案 1	方案 2	方案 3	方案 1	方案 2	方案 3
2023 年 0 岁	88.75	91.36	87.03	92.29	91.33	87.97
2024 年 0 岁	87.71	89.49	84.75	90.36	89.29	85.36
2025 年 0 岁	85.55	88.37	83.42	88.10	87.49	84.65

从表 2 - 29 ~ 表 2 - 31 可以看出，在情境 1 中方案 1 在 2022 年 0 岁至 2024 年 0 岁各世代的终身净税率上的代际不均衡性程度最小，在情境 2 中方案 2 在 2022 年 0 岁至 2024 年 0 岁各世代的终身净税率上的代际不均衡性程度最小在情境中整体上看，方案 1 和方案 2 在 2022 年 0 岁至 2024 年 0 岁各世代的终身净税率上的代际不均衡性程度较小。说明方案 1 和方案 2 在代际均衡性上优于方案 3。

表 2 - 29　　　　　各世代的终身净税率（情境 1）　　　　　单位：%

年龄	男性			女性		
	方案 1	方案 2	方案 3	方案 1	方案 2	方案 3
2022 年 0 岁	3.06	3.29	3.56	-4.05	-4.36	-4.66
2023 年 0 岁	3.03	3.12	3.45	-3.97	-4.20	-4.52
2024 年 0 岁	2.99	3.01	3.18	-3.89	-4.06	-4.18

表 2－30 各世代的终身净税率（情境 2） 单位：%

年龄	男性			女性		
	方案 1	方案 2	方案 3	方案 1	方案 2	方案 3
2022 年 0 岁	3.43	3.08	3.49	－4.34	－4.10	－4.34
2023 年 0 岁	3.25	3.04	3.37	－4.13	－4.03	－4.13
2024 年 0 岁	3.04	2.95	3.25	－3.97	－3.86	－4.01

表 2－31 各世代的终身净税率（情境 3） 单位：%

年龄	男性			女性		
	方案 1	方案 2	方案 3	方案 1	方案 2	方案 3
2022 年 0 岁	3.29	3.14	3.41	－3.73	－3.55	－3.92
2023 年 0 岁	3.08	2.98	3.15	－3.44	－3.33	－3.60
2024 年 0 岁	3.24	3.07	3.26	－3.58	－3.50	－3.64

2.8.3 结论

（1）弹性退休制下，为了增强参保者的延迟退休意愿，必须要在养老金支付方法上设计奖惩机制。本章从"代际公平"角度讨论的奖惩机制的具体方案，充分考虑到世代间贡献、收益风险分配的正当性和合理性，符合我国基本养老保险制度设置的共济性特性，比单纯从"经济效率"角度考虑奖惩机制更为合理。

（2）从各世代的不平衡性百分比和终身净税率两个指标的实证分析结果来看，显示的较优方案中方案 1、方案 2 对改善养老金制度的代际公平性是比较好的，说明在我国实行弹性延迟退休制的情况下，养老金支付发奖励点数男性控制在 4% 左右，女性控制在 6% 左右是相对最优的，这与西方国家主张的 6% ~ 8% 的奖励点数有所不同。

（3）如果我国实施弹性延迟退休，笔者主张养老金设计的奖励点数不宜过高，可以考虑将我国的养老金支付的奖励点数男性控制在4%左右，女性控制在6%左右。做出这样的判断，除了有前面的精算方案的实证结论支持，还基于如下方面的考虑：

首先，我国社会统筹与个人账户相结合的社会基本养老金制度虽然在一定程度上兼顾了公平与效率，但由于各个行业的个人账户积累水平的不同，以及男女参保职工由于退休制度所决定的工作年限的不同等因素导致了即使实施弹性延迟退休年龄政策，对不同年龄层次、不同收入以及不同性别群体产生的影响都不一样，仍然会产生养老金水平的行业差距和性别差距，因此不同群体在这方面都有不同的利益诉求，养老金激励机制设计需要从我国实际情况出发，充分照顾到这些利益诉求。如果奖励点数设置得过高，会加大这种差距，不利于我国基本养老保险制度的可持续发展。

其次，我国居民的预期寿命要比西方国家的低，现行养老制度所能够提供的整体保障水平不高，特别是企业职工养老金已经处于较低水平，勉强能维持退休职工的基本生活，如果奖励点数设置得过高，也会加大不同群体养老金水平的相对差距。弱化我国职工基本养老保险的二次分配属性。

最后，我国养老金制度转轨和人口老龄化引发的养老金缺口很大，如果奖励点数设置得过高，不仅会增加国家的财政负担，加剧我国养老金账户的支付风险。同时对于因为身体、家庭等各方面原因而不得不早退休的老人来说其养老待遇必然会显著降低，这样也会引起代际公平性方面的问题。将我国养老金支付的奖励点数男性控制在4%左右，女性控制在6%左右，在本章假定的制度参数与人口参数等条件下经过粗略测算在方案1和方案2平衡型方案下3种情景对我国财政支出的影响在0.08～0.1个百分点，不会造成大的支付风险。同时，依据现有我国企业职工基本养老保险工资水平来看，这一奖励点数也不会造成因各种原因提前退休造成养老待遇的显著降低，引起代际公平性的问题。对于参保职工来说是可以接受的方案，具有一定的可行性。

（4）我国的"十四五"规划和 2035 年远景目标纲要明确提出，按照"小步调整、弹性实施、分类推进、统筹兼顾"等原则，逐步延迟法定退休年龄。在推进我国养老保险渐进延迟退休政策的实施中可以采取弹性退休与渐进性延迟退休相结合的制度设计。也就是说渐进延迟退休不要搞"一刀切"，规定每个人都必须按照相同的延迟年限节奏退休，而是要体现一定的弹性，增加个人自主选择退休的空间。这种自主选择要充分考虑到不同职业、性别、地区和岗位等方面存在的差异性，设计不同的延迟年限节奏，而且在延迟年限内每个人可以根据自己的身体、家庭等状况弹性选择退休时间，保证渐进延迟具有充分的灵活性与人性化。同时延迟退休改革是一项系统工程，与之相关的配套政策和保障措施非常多，必须需要统筹谋划、协同推进。这种配套措施包括促进大龄劳动者就业创业、加大对就业困难人员特别是灵活就业人员的支持力度等，同时还需要有修订相关法律法规。只有这样，坚持弹性退休与渐进性延迟相结合、统筹兼顾谨慎周密制订方案才能确保延迟退休改革平稳落地、顺利实施，才能够促进我国社会保障事业高质量发展、可持续发展。

（5）"代际公平"不是仅指"精算公平"，还包含伦理"公平"。养老金制度改革的出路不仅在于体制内的模式选择和参数设计，还在于如何处理好体制外代际间的生产、消费、再分配关系。必须加快推进我国多层次、多支柱养老金体系建设，对第一支柱基本养老金不仅要解决存量的优化分配问题，还要通过增强养老金投资的多元化将流量做大做强。壮大养老金的积累水平。大力发展企业年金、职业年金，提高企业年金覆盖率，规范发展养老保险第三支柱，推动个人养老金发展。

第 3 章　基本养老保险账户的
支付风险测度研究

　　目前我国是世界上老龄化程度最高的国家之一，"十四五"期间我国又将进入中等老龄化国家。鉴于中国人口老龄化和少子化、现有退休年龄低龄化、退休人口赡养率高的现状，加之我国近年来出生率与死亡率的变化，导致劳动力短缺等问题的出现，这对我国的社会保障制度带来了巨大的挑战。我国现有退休制度下退休年龄与预期寿命相比表现出退休年龄低龄化、退休人口赡养率高。从全国来看，不少城市出现了养老基金收不抵债的现象，基金运行中面临不同程度的支付风险。《中国社会保障发展报告（2019）》指出我国的劳动年龄人口每年正以三四百万的速度下降，而每年达到退休年龄的新增人口近千万，导致养老金面临支付危机。中国社科院 2019 年上半年发布的《中国养老金精算报告 2019～2050》也预见我国的城镇职工基本养老保险基金的累计结余在 2035 年或将耗尽。

　　有效防控支付风险，建立更加公平、可持续的养老保险制度，是实现"老有所养"的基础，关系到经济发展、社会稳定和国家长治久安。研究养老保险账户支付风险测度，精准度量养老基金的支付风险，对基金的运行进行有效监管是保证我国基本养老保险制度实现长期精算平衡与可持续性的关键。现有文献对养老金账户支付风险的测度研究从分析模型角度看主要有（1）精算模型。如陆安和骆正清

（2010）以精算分析为基础，测算了养老金个人账户的缺口；郭永斌
（2013）和刘学良（2014）通过建立养老保险资金缺口精算模型分析
研究发现我国在未来100年间（2011~2111年）和未来50年间
（2011~2050年）养老保险金缺口分别可以占到2010年GDP的
79.31%和143%；但是，王晓军和米海杰（2013）等学者根据养老
保险金收支数据提出我国养老金根本不存在缺口，而且偿付能力还
在不断增强的相反的结论；苏春红和李松（2016）建立了养老金精
算模型预测了S省2015~2050年企业职工养老保险收支缺口和相
应的财政负担系数，并对两种不同的延迟退休方案对养老金缺口的
影响进行了精算分析；李红艳和唐莉霞费（2019）利用养老金构的
支付风险精算模型分析了缴费年限对养老保险基金支付风险的影
响；姚金海（2020）对两类情景假设条件下部分积累和完全积累模
式中的养老保险个人账户的收支平衡风险及相关影响因素之间的关
系构建了精算模型进行了理论与实证分析。（2）支持向量机模型。
如王春兰和叶尚斌（2015）基于支持向量机理论建立城镇居民养老
金收支模型对城镇居民养老金缺口进行预测，研究得出缺口出现的
时间为2019年且从此往后不断扩大，并于2031年突破2万亿元。
（3）系统动力学模型。如魏臻和梁君林（2016）使用系统动力学
方法建立养老金缺口预测模型，估算得到养老金将会产生4.8万亿
元的缺口。这些研究虽然对我国养老金账户的支付风险进行了评
估，但其结论很不一致，同时评估标准简单，估计水平无法给出置
信度的支持。由于理论界对养老金账户支付风险测度工具的研究文
献及其缺乏，本节拟引用金融风险测度的方法，利用Copula函数理
论建立与置信水平相对应的城镇职工基本养老保险账户支付风险测
度，利用相关依存变量通过回归分析对不同置信水平的支付风险进
行估计。

3.1　基本养老保险账户支付风险测度

3.1.1　养老金账户模型

假设 $X_t = (X_{1t}, \cdots, X_{kt})'$ 表示影响养老金账户收入与支出的因素向量。Y_t 和 Z_t 分别表示一个国家或地区的养老金收入与支出账户。

$$Y_t = \alpha_1 + \beta_1 X_t + \varepsilon_t$$
$$Z_t = \alpha_2 + \beta_2 X_t + \delta_t$$

其中：$\beta = (\beta_1, \cdots, \beta_k)'$ 是模型中的参数向量，ε_t、δ_t 为随机误差项。

由于养老金收入与支出账户具有公共的因素向量，所以两者之间存在着一定的依存关系，为了描述这种依存关系，假设 ε_t、δ_t 在 $X_t = (X_{1t}, \cdots, X_{kt})'$ 给定条件下的联合分布函数是 F，分别具有连续的边际分布函数 F_ε 和 F_δ：

$$\varepsilon_t \mid (X_{1t}, \cdots, X_{kt}) \sim N(0, \sigma_\varepsilon^2), \ \delta_t \mid (X_{1t}, \cdots, X_{kt}) \sim N(0, \sigma_\delta^2)$$

由 Sklar 定理可知，F 一定可以表示成 F_ε 和 F_δ 的一个 Copula 函数 C，即具有如下的相依结构：

$$F(x, y) = C(F_\varepsilon(x), F_\delta(y))$$

则 ε_t、δ_t 的联合密度函数为：

$$f(x, y) = f_\varepsilon(x) f_\delta(y) c(F_\varepsilon(x), F_\delta(y))$$

其中：$f_\varepsilon(x)$ 和 $f_\delta(y)$ 分别为 ε_t 和 δ_t 的边际密度函数，$c(x, y) = \dfrac{\partial C(x, y)}{\partial x \partial y}$。

令 $\eta_t = \varepsilon_t - \delta_t$，$f_\eta(x)$ 为 η_t 的密度函数。则在 $X_t = (X_{1t}, \cdots, X_{kt})'$ 给定的条件下 η_t 的分布函数 F_η 可表示为：

$$F_\eta(x) = \int_{-\infty}^x \int_0^\infty f(t, t-h)\,\mathrm{d}t\mathrm{d}h$$

$$= \int_{-\infty}^x \int_0^\infty f_\varepsilon(t)f_\delta(t-h)c(F_\varepsilon(t), F_\delta(t-h))\,\mathrm{d}t\mathrm{d}h$$

基金收入账户与支出账户的相依性通过影响因子 X_t，随机误差项 ε_t 及 δ_t 产生。令

$$R_t = Y_t - Z_t = (\alpha_1 - \alpha_2) + (\beta_1 - \beta_2)X_t + \varepsilon_t - \delta_t$$

令 $\omega_t = (\alpha_1 - \alpha_2) + (\beta_1 - \beta_2)X_t$，则在 $X_t = (X_{1t}, \cdots, X_{kt})'$ 给定的条件下 R_t 的分布函数可表示为：

$$F_R(x) = \int_{-\infty}^{x-\omega_t} \int_0^\infty f_\varepsilon(t)f_\delta(t-h)c(F_\varepsilon(t), F_\delta(t-h))\,\mathrm{d}t\mathrm{d}h$$

3.1.2　支付风险测度工具

对于养老金账户而言，支付风险的度量主要是依据收入与支出账户水平，如果收支逆差额越大，相应的支付风险也就越高。基于这一事实，我们提出养老金账户支付风险的度量工具。

（1）置信水平为 $1-p$ 的乐观预期赤字 OED（optimistic expected deficit）

$$OED_p = E[R_t \mid Y_t > y^p, Z_t \leqslant z^{1-p}]$$

和保守预期赤字 CED（conservative expected deficit）

$$CED_p = E[R_t \mid Y_t \leqslant y^{1-p}, Z_t > z^p]$$

OED_p 反映了养老金收入账户大于 p 分位数与支出账户不超过 $1-p$ 分位数条件下的逆差均值，是对支付风险的乐观估计。CED_p 反映了养老金收入账户小于 $1-p$ 分位数与支出账户大于 p 分位数条件下的逆差均值，是对支付风险的保守估计。由于在分布函数连续的条件下老金收入账户大于 p 分位数、支出账户不超过 $1-p$ 分位数、养老金收入账户不超过 $1-p$ 分位数以及支出账户大于 p 分位数发生的

概率均为 $1-p$，所以这两种支付风险测度的置信度为 $1-p$。

由定义可知

$$
\begin{aligned}
OED_p &= \frac{\int_{Y_t > y^p, Z_t \leqslant z^{1-p}} R_t \mathrm{d}P}{P(Y_t > y^p, Z_t \leqslant z^{1-p})} \\
&= \frac{\iint_{y > y^p, z \leqslant z^{1-p}} (y-z) f_\varepsilon(\tilde{y}) f_\delta(\tilde{z}) c(F_\varepsilon(\tilde{y}), F_\delta(\tilde{z})) \mathrm{d}y \mathrm{d}z}{\iint_{Y_t > y^p, Z_t \leqslant z^{1-p}} f_\varepsilon(\tilde{y}) f_\delta(\tilde{z}) c(F_\varepsilon(\tilde{y}), F_\delta(\tilde{z})) \mathrm{d}y \mathrm{d}z}
\end{aligned}
$$

$$(3.1)$$

$$
\begin{aligned}
CED_p &= \frac{\int_{Y_t \leqslant y^{1-p}, Z_t > z^p} R_t \mathrm{d}P}{P(Y_t \leqslant y^{1-p}, Z_t > z^p)} \\
&= \frac{\iint_{y \leqslant y^{1-p}, z > z^p} (y-z) f_\varepsilon(\tilde{y}) f_\delta(\tilde{z}) c(F_\varepsilon(\tilde{y}), F_\delta(\tilde{z})) \mathrm{d}y \mathrm{d}z}{\iint_{y \leqslant y^{1-p}, z > z^p} f_\varepsilon(\tilde{y}) f_\delta(\tilde{z}) c(F_\varepsilon(\tilde{y}), F_\delta(\tilde{z})) \mathrm{d}y \mathrm{d}z}
\end{aligned}
$$

$$(3.2)$$

其中：$\tilde{y} = y - \alpha_1 - \beta_1 X_t$，$\tilde{z} = z - \alpha_2 - \beta_2 X_t$。

（2）收入预期赤字比 EIDR（expected income deficit ratio）

$$
EIDR = \frac{ER_t}{EY_t} = 1 - \frac{EZ_t}{EY_t} = 1 - \frac{\int_0^\infty f(\tilde{z}) \mathrm{d}z}{\int_0^\infty f(\tilde{y}) \mathrm{d}y} \tag{3.3}
$$

和支出预期赤字比 EDRE（expected deficit ratio of expenditure）

$$
EDRE = \frac{ER_t}{EZ_t} = \frac{EY_t}{EZ_t} - 1 = \frac{\int_0^\infty f(\tilde{y}) \mathrm{d}z}{\int_0^\infty f(\tilde{z}) \mathrm{d}y} - 1 \tag{3.4}
$$

这两个指标反映了支付风险在收入与支出中所占比重大小，比重越大，代表支付风险越高。

3.2　实证研究

一个国家或地区的养老金账户的收入与支出水平的影响因素有很多，主要包括三个方面：经济因素、人口因素与制度因素。

（1）经济因素

经济的发展规模为居民的基本养老保障的提供物质基础，经济发展水平的高低对基本养老保险保障水平的高低有着直接的影响。人均GDP是衡量经济发展水平最常用的指标，也是宏观经济中最重要的指标之一，因此我们采用人均GDP作为影响养老金账户收入与支出水平的经济因素指标。

（2）人口因素

许多学者对人口因素中的城镇化水平对城镇职工养老保险支付能力的影响进行了研究。惠和于（Hui & Yu，2009）、安德鲁和朱丽叶（Andrew & Juliet，2010）、陈沁和宋铮（2013）、吴昊（2015）、高婧婧（2017）、卢驰文（2018）和舒（Shu，2018）等学者认为城镇化带来的劳动供给增加效应有助于养老保险发展，减轻区域养老保险支付压力；威廉姆斯和沈（Williamson & Shen，2006）、吕学静和李佳（2014）、宁（Ning，2016）和王震（2017）等学者认为城镇化带来的劳动供给增加会诱发企业在劳动力成本提高的情况下虚报缴费基数，对养老保险基金收入产生不利影响；比诺（Bino，2009）等认为城镇化由于人口红利对养老保险支付具有促进作用，由此产生劳动供给增加效用，而抑制作用源于技术进步和医疗卫生水平提高，人均寿命相对延长而引发的长寿风险。对于老龄化对养老保险支付能力的影响方面，学者一致认为老龄化一方面会通过抑制劳动供给，缩减养老保险基金筹集规模，另一方面通过提高老年人口抚养比，扩大养老保险支出规模。因此,人口因素我们选用城镇化率、人口老龄化水平和老年抚养比三个指标。

(3)制度因素

养老保险覆盖水平是影响城镇职工基本养老保险基金收入与支持水平的重要制度因素。一般而言,参加城镇职工养老保险基金的参保人数越多,缴费基数越大,养老保险基金的收入规模就越大,相应领取养老保险的人口总量也就越大。按照我国现在的基本养老保险区域统筹模式,财政资金对基本养老保险基金缺口起兜底作用,地方政府可通过财政支出对区域养老保障水平施加影响。财政资金对养老保障水平的影响并非线性关系,在一定程度上政府对养老的财政支持力度越大,养老保障水平越高,但过于依赖政府财政支持力度,可能会导致个人和企业责任的缺失,反而对养老保障水平提高产生负向作用。财政因素我们选取社会保障和就业支出占财政支出的比重来衡量财政支持水平。

3.2.1 残差的正态性检验

运用 1997~2020 年人力资源和社会保障部、《中国财政年鉴》及《中国劳动统计年鉴》等相关数据整理得到各年中国城镇职工养老保险基金收入(SR)与支出(ZC)、人均 GDP(RGDP)、城镇化率(CZ)、人口老龄化水平(LNB)、老年抚养比(FYB)、养老保险覆盖率 FG 及社会保障和就业支出占财政支出的比重 SB 等指标的样本数据,经回归分析见表 3-1。

表 3-1   回归结果

Dependent Variable: SR	Variable	Coefficient	Std. Error	Prob.	Adj – R^2	Prob(F)	D – W
	C	160 173.7	19 263.77	0.0071	0.9999	0.000000	2.1504
	RGDP	0.924404	0.071377	0.0000			

续表

	Variable	Coefficient	Std. Error	Prob.	Adj – R²	Prob （F）	D – W
Dependent Variable：SR	LOG（LNB）	13 895. 23	6 553. 132	0. 0305			
	LOG（FYB）	57 512. 38	4 969. 198	0. 0000			
	LOG（FG）	22 614. 17	619. 2008	0. 0000			
	LOG（SB）	17 200. 63	117. 1625	0. 0000			
Dependent Variable：ZC	C	67 657. 33	9 412. 876	0. 0186	0. 9999	0. 000000	1. 9554
	RGDP	0. 766511	0. 030472	0. 0000			
	LOG（LNB）	17 666. 981	4 938. 828	0. 0000			
	LOG（FYB）	62 990. 14	1 284. 624	0. 0214			
	LOG（FG）	5 287. 965	184. 8431	0. 0000			
	LOG（SB）	14 079. 65	751. 0591	0. 0000			
	LOG（CZ）	3 509. 823	792. 7594	0. 0000			

从表 3 - 1 可以看出：人均 GDP、城镇化率、人口老龄化水平、老年抚养比、养老保险覆盖率 FG 及社会保障和就业支出占财政支出的比重 SB 等指标对城镇职工基本养老保险支出账户影响显著，回归的拟合效果非常好。人均 GDP、人口老龄化水平、老年抚养比、养老保险覆盖率 FG 社会保障和就业支出占财政支出的比重 SB 等指标对城镇职工基本养老保险收入账户影响显著，回归的拟合效果非常好，城镇化率对收入账户影响不显著。

将养老金账户收入与支出回归模型中的残差序列进行正态分布检验，其结果见图 3 - 1 ~ 图 3 - 4。

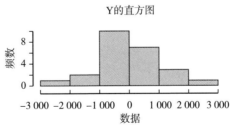

图 3 - 1　收入残差序列直方

注：Shapiro – Wilk 正态性检验
W = 0. 97831，p 值 = 0. 8628。

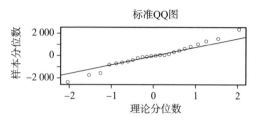

图 3 - 2　收入残差序列 QQ

注：Shapiro - Wilk 正态性检验
W = 0. 97831，*p* 值 = 0. 8628。

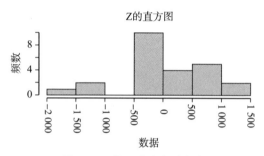

图 3 - 3　收入残差序列直方

注：Shapiro - Wilk 正态性检验
W = 0. 94924，*p* 值 = 0. 2608。

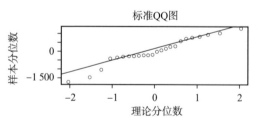

图 3 - 4　收入残差序列 QQ

注：Shapiro - Wilk 正态性检验
W = 0. 94924，*p* 值 = 0. 2608。

通过频率分布直方图、QQ 图（图 3 - 1 - 图 3 - 4）以及 Shapiro - Wilk 正态性检验（$p > 0.05$），可以得出收入与支出数据均服从正态分布，说明模型假设是合理的。

3. 2. 2　Copula 函数与边际分布函数估计

公式（3.1）和公式（3.2）中的 Copula 模型我们考虑三个广泛使用的阿基米德参数 Copula 模型：二元 Clayton Copula、二元 Gumbel Copula 和二元 Frank Copula。

极大似然法（ML）、分布估计（IFM）法和半参数估计等方法是 Copula 函数中模型未知参数的常用估计方法。极大似然法是在边际分布类型已知道的情况下直接建立由 Copula 函数形成的似然函数，然后运用极大似然法直接估计边际分布和 Copula 函数中的未知参数。

模型中连接函数与边际分布函数的相关参数估计对应的似然函数为：

$$l(\vartheta) = \sum_{t=1}^{T} \ln c(F_\varepsilon(x_{1t}, \theta_1), F_\delta(x_{2t}, \theta_2), \theta) + \sum_{i=1}^{2} \sum_{t=1}^{T} \ln f_i(x_{i,t}, \theta_i)$$

常用的参数向量 $\vartheta = (\theta_1, \theta_2, \theta)$ 极大似然估计方法需要满足：

$$\hat{\vartheta} = \arg\max_{\vartheta} l(\vartheta)$$

当样本容量较大时，运用该方法直接估计参数可能在计算上会比较烦琐。因为边际分布参数和 Copula 参数必须联合估计。乔伊（Joe，1997）的研究表明，边际分布中的参数与 Copula 是可分离的，它们可以与不同阶段的 Copula 参数分开估计，称为两阶段方法。在实践中通常不使用极大似然法，而是采用一种叫作边际推断函数法（IFM）的替代方法。该方法将其中的参数的估计分成两个阶段进行，计算上比极大值似然法简单。在第一阶段中，先使用极大似然法估计边际分布函数 F 的参数，然后在第二阶段以边际分布函数 F 估计的结果为基础再运用极大似然法估计 Copula 参数。乔伊（2005）和帕顿（Patton，2006）发现，尽管两阶段估计的效率与单级法相比较低，但效率损失并不大。

以上两种参数估计方法，都需要先确定边际分布函数，若有些边际分布的分布函数无法确定，或者已知分布函数对样本的拟合不显著，那么就无法进行参数估计，或者参数估计不准确。而半参数估计法可以分别基于样本的经验分布函数或核密度函数进行参数估计就可以弥补上述缺点。由于模型中的正态分布假设，故本节选择分布估计法（IFM）估计边际分布函数与 Copula 函数中的未知参数。根据公式（1.8）~公式（1.10）其相关参数估计结果如表 3 – 2 所示。

表 3 – 2　　　　　　　　边际分布函数与 Copula 函数参数估计

$\hat{\sigma}_\varepsilon^2$	$\hat{\sigma}_\delta^2$	$\hat{\alpha}_C$	$\hat{\alpha}_G$	$\hat{\alpha}_F$
7.1423×10^5	6.8542×10^5	0.7489	1.3459	2.4928

3.2.3　Copula 函数拟合优度的检验

根据 1.2.2 中黄和普罗克霍若夫（Wanling Huang & Artem Prokhorov，2014）的方法，运用 $\hat{\varepsilon}_t = Y_t - \hat{Y}_t$、$\hat{\delta}_t = Z_t - \hat{Z}_t$ 两个残差序列，使用该方法得到三种 Copula 函数拟合的统计量样本值。

从表 3 – 3 可以看出，Clayton Copula 和 Gumbel Copula 拟合的统计量样本观察值较大，所以其对应的 P 值远远小于 5%，Frank Copula 拟合所对应的 P 值较大，说明运用 Frank Copula 描述模型中的相依结构是合适的，而 Clayton Copula 和 Gumbel Copula 是不合适的。

表 3 – 3　　　　　　　　Copula 拟合检验统计量样本值

Copula	χ^2	Prob
Clayton	14.8557	0.0050
Gumbel	18.2298	0.0000
Frank	0.807326	0.3689

3.2.4　中国城镇职工养老金账户支付风险测算

由公式（3.1）~公式（3.4）可知，要对我国城镇职工养老保险账户的支付风险进行估计必须要对公式中人均 GDP、城镇化率、人口老龄化水平、养老保险覆盖率及社会保障和就业支出占财政支出的比重等指标进行预测。

利用《中国人口与就业统计年鉴 2020》提供的 2005~2019 年城镇人口比重分析城镇化率的长期变化趋势。结果见表 3-4。根据表 3-4 的结果将 2034 年以后城镇人口比重设定为 80.78%。

表 3-4　　　　　　　　　　城镇人口比重预测

	2020 年	2022 年	2024 年	2026 年	2028 年	2030 年	2034 年
比重（%）	62.65	65.23	67.82	70.41	73.01	75.60	80.78

根据 1997~2020 年相关指标数据，运用时间序列模型对均 GDP、人口老龄化水平、养老保险覆盖率及社会保障和就业支出占财政支出的比重等指标进行预测，其模型选择结果如下。

经比较发现用物价指数调整以后对数化人均 GDP 较优的模型 ARMA（1, 3），见表 3-5。

表 3-5　　　　　　　log（RGDP）估计参数及检验

Variable	Coefficient	Std. Error	t - Statistic	Prob.	Adj - R^2	AIC	SCI
AR（1）	1.008027	0.002051	491.5779	0.0000	0.9926	-3.005	-2.9067
MA（3）	0.898879	0.037085	24.23852	0.0000			

对数化的老年人口比的较优模型 ARMA（2，2），估计结果见表3-6。

表3-6　　　　　　　　　log（LNB）估计参数及检验

Variable	Coefficient	Std. Error	t - Statistic	Prob.	Adj - R^2	AIC	SCI
C	1.608551	0.255823	6.287758	0.0000			
AR（1）	1.628661	0.199487	8.164231	0.0000			
AR（2）	-0.608152	0.210489	-2.889234	0.0102	0.9996	-8.4148	-8.1669
MA（1）	0.825550	0.152830	5.401745	0.0000			
MA（2）	0.999950	0.187897	5.321805	0.0001			

养老保险覆盖率较优模型为 ARMA（1，1），估计结果见表3-7。

表3-7　　　　　　　　　log（FG）估计参数及检验

Variable	Coefficient	Std. Error	t - Statistic	Prob.	Adj - R^2	AIC	SCI
C	0.173064	0.824764	2.209834	0.0559			
AR（1）	0.964025	0.035792	26.93403	0.0000	0.9898	-4.8950	-4.7469
MA（1）	0.738500	0.150858	4.895348	0.0001			

对数化的城镇化率较优模型为 ARMA（1，1），估计结果见表3-8。

表3-8　　　　　　　　　log（CZ）估计参数及检验

Variable	Coefficient	Std. Error	t - Statistic	Prob.	Adj - R^2	AIC	SCI
C	4.422616	0.174583	25.33247	0.0000			
AR（1）	0.942599	0.019493	48.35559	0.0000	0.9039	-2.3308	-2.1827
MA（1）	-0.999901	0.132964	-7.520065	0.0000			

对数化的老年抚养比较优模型为 ARIMA（1，1，2），估计结果见表 3 - 9。

表 3 - 9　　　　　　dlog（FYB）估计参数及检验

Variable	Coefficient	Std. Error	t - Statistic	Prob.	Adj - R^2	AIC	SCI
AR（1）	0.932379	0.116792	7.983260	0.0000			
MA（1）	- 1.145425	0.053956	- 21.22904	0.0000	0.8139	- 5.9240	- 5.7252
MA（2）	0.868232	0.038967	22.28141	0.0000			

对数化的社会保障和就业支出占财政支出的比重较优模型为 AR-MA（1，2），估计结果见表 3 - 10。

表 3 - 10　　　　　　log（CZ）估计参数及检验

Variable	Coefficient	Std. Error	t - Statistic	Prob.	Adj - R^2	AIC	SCI
C	2.592728	0.241748	10.72491	0.0000			
AR（1）	0.860949	0.075726	11.36922	0.0000	0.9610	- 2.8953	- 2.7473
MA（2）	0.900241	0.069042	13.03913	0.0000			

根据表 3 - 1、表 3 - 2 相关参数以及 Frank Copula 的估计结果、表 2 - 4 ~ 表 2 - 10 的对相关变量的预测结果，运用 MATLAB R2019b 统计软件采用数值积分方法估计公式（3.1）~ 公式（3.4）中的结果，得到我国城镇职工基本养老保险账户支付风险的测算值（见表 3 - 11）。

表 3 – 11　中国城镇职工养老金支付风险测算

单位：亿元

p	2022 年		2025 年		2030 年		2035 年		2040 年	
	OED_p	CED_p	OED_p	CED_p	OED_p	CED_p	OED_p	CED_p	OED_p	CED_p
0.05	7 390.82	5 883.78	-234.75	-2 362.23	-12 968.47	-32 638.92	-49 884.64	-73 205.45	-73 648.89	-112 422.35
0.1	7 197.56	5 926.35	-285.84	-2 064.27	-14 794.84	-31 643.39	-52 986.79	-71 214.23	-76 723.82	-105 823.73
0.2	6 831.14	5 983.28	-389.58	-1 925.48	-15 985.58	-29 976.69	-54 117.67	-69 121.83	-79 283.69	-102 953.88
0.3	6 786.96	6 154.32	-463.42	-1 749.52	-16 823.42	-28 034.27	-57 102.37	-68 124.96	-81 757.19	-96 432.32
0.4	6 612.47	6 292.21	-587.56	-1 512.34	-17 778.56	-27 387.34	-59 118.98	-66 919.65	-85 392.36	-94 587.76
0.5	6 490.64	6 334.39	-654.73	-1 327.74	-18 954.73	-26 583.47	-61 198.37	-64 364.37	-87 535.34	-92 745.33

由表 3-11 可以看出：从纵向来看，在不同的置信水平我国城镇职工养老金账户 2022 年预期收入大于预期支出，其中乐观估计预期余额在 6 400 亿～7 300 亿元之间，保守估计在 5 800 亿～6 300 亿元之间。从 2025 年开始会出现预期赤字。2025 年乐观估计预期赤字在 230 亿～650 亿元之间，保守估计在 1 300 亿～2 400 亿元之间；2030 年乐观估计预期赤字在 13 000 亿～19 000 亿元之间，保守估计在 26 000 亿～32 000 亿元之间；2035 年乐观估计预期赤字在 50 000 亿～60 000 亿元之间，保守估计在 640 000 亿～73 000 亿元之间；2040 年乐观估计预期赤字在 73 000 亿～87 000 亿元之间，保守估计在 93 000 亿～1 240 000 亿元之间。从横向看，在 95% 的置信水平下，2022～2040 年预期赤字乐观与保守估计的变动水平会从 1 500 亿元左右（余额）增加到 39 000 亿元左右；在 90% 的置信水平下，2022～2040 年预期赤字乐观与保守估计的变动水平会从 1 300 亿元左右（余额）增加到 30 000 亿元左右；在 80% 的置信水平下，2022～2040 年预期赤字乐观与保守估计的变动水平会从 850 亿元左右（余额）增加到 23 000 亿元左右；在 70% 的置信水平下，2022～2040 年预期赤字乐观与保守估计的变动水平会从 630 亿元左右（余额）增加到 15 000 亿元左右；在 60% 的置信水平下，2022～2040 年预期赤字乐观与保守估计的变动水平会从 320 亿元左右（余额）增加到 9 000 亿元左右；在 50% 的置信水平下，2022～2040 年预期赤字乐观与保守估计的变动水平会从 150 亿元左右（余额）增加到 5 200 亿元左右。

由表 3-12 可以看出：按照现有状况发展，我国城镇职工养老金账户 2022 年当年预期赤字（账户结余）与预期收入账户、支出账户的比分别为 10% 和 7% 左右，收入账户与支出账户的财务平衡性较好。从 2025 年开始账户收支出现净赤字。2025～2050 年当年预期赤字与预期收入账户、支出账户的比均有逐年扩大的趋势。预期赤字与当年预期收入账户比在 25 年间会由 1.7% 增加到 128% 左右，预期赤字与当年预期支出账户比在 25 年间会由 1.6% 左右增加到 51% 左右，赤字负担较重。由表 3 – 12 也可以看出收入账户预期赤字比的增长速度远高于支出账户的预期赤字比，这是由于人口老年化、生育率下降及劳动人口减少等诸多原因造成收入账户逐年减少，支出账户逐年增加的原因导致。

表 3 – 12　　　　　　　　中国城镇职工养老金支付风险测算

	2022 年	2025 年	2030 年	2035 年	2040 年	2050 年
EIDR	0.09139	– 0.01725	– 0.28098	– 0.56461	– 0.81529	– 1.2879
EDRE	0.10058	– 0.01691	– 0.21144	– 0.33964	– 0.51717	– 0.51375

第4章 弹性延迟退休基本养老保险长期精算平衡研究

　　党的十八届三中全会首次将"精算平衡"写入全会《决定》，作为建立更加公平可持续的社会保障制度的重要原则。国家"十三五"规划纲要再次强调，完善社会保险体系要"坚持精算平衡"，加快推进我国养老保险精算管理工作，实现精算平衡，对于防范财政风险、促进养老保险基金管理科学化、规范化具有重要的意义。我国社会保险基金收支平衡压力主要是由于我国人口老龄化水平的提高，以及城镇职工、城镇居民和农村居民养老保险制度的逐步并轨而逐渐加大的。周渭兵（2000，2002）、王晓军（2001，2006）等最早对我国城镇职工基本养老保险账户的长期精算平衡问题进行了分析，提出了相应的精算模型，对账户的长期精算平衡状况进行了预测；王晓军（2006）、黄晓（2006）、黄健元、刘洋和徐春兰（2009）以及齐艺莹和陶萌（2011）等对短期内的账户精算平衡问题进行了研究，并提出了相关的对策。如宋世斌、冯羽和彭俊（2006）研究了养老保险个人账户调整对长期精算平衡的影响；王立剑（2011）建立了养老保险社会统筹账户基金购房精算模型，并对统筹账户基金用于购房的长期精算平衡问题进行了分析；石晨曦（2017）对企业养老保险在绝对水平和相对水平上的精算平衡问题进行了分析测算。杜立金和李茹兰（2015）基于行为经济学和制度经济学的相关理论，分析居民参保行为对养老保险精算平衡的影响。曹园（2015）、许鼎和敖小波（2016）对机关事业单位养老保险的精算平衡进行了分析，周成刚（2015）、江红莉和姚洪兴（2016）、刘晓艳和高艳平（2017）对刚性延迟退休条件下社会养老保险长期精算平衡进行了测算；吴永求和冉光和（2012）从行为经济学的角度对居民参保行为建立精算平衡模型，并进行了政策模拟。现有学术界还未有涉及弹性延迟退休制度下社会基本养老保险账户长期精算平衡的相关研究成果。本书拟通过运用非连续带跳的利率与死亡率随机模型对这一问题进行研究。

4.1　长期精算平衡的意义

　　养老保险是为老年职工退休提供收入保障。职工在年轻时加入计划到退休后领取养老金，直至投保人死亡为止，这需要经历一个很长的时间。在这一长时期内养老保险在对参加人口未来养老金做出承诺或者收取保费后，就意味着必须不断进行基金积累以兑现未来的养老金支付责任，为了保证制度的偿付能力，需要测算长期内债务的变动、基金的积累规模。为了使养老保险制度在长期内保持收支平衡，需要测算长期内的收支变动。同时，通过长期精算分析，也可以对养老保险的财务风险进行评估。城镇职工基本养老保险账户的长期精算平衡研究一般是对 20 年以上的基金账户平衡进行精算估计，用于分析在长期内计划财务收支的平衡状态。养老保险长期精算平衡分析的主要内容包括未来各年的收支预测、偿付能力估计和基金状况的评估。基本养老保险制度涉及面广，影响每个参保公民的养老保障水平。建立更加公平、更可持续的养老保险制度，是实现"老有所养"的基础，关系到经济发展、社会稳定和国家长治久安。基本养老保险制度可持续运行的关键、提高社会养老保障质量的重要抓手就在于基金账户能否保持长期收支平衡，所以我国的基本养老保险制度必须坚守长期精算平衡的原则。

4.2　长期精算平衡的基本内容

4.2.1　弹性延迟退休城镇企业职工基本养老保险未来各年收支精算模型

未来各年收支的预测是对年度内养老保险的收入额、支出额与收支差额的估计。年度内的收入额由参加养老保险的在职职工人数、缴费水平等决定。养老保险的支出额包括计划的给付支出和费用支出，由计划规定的给付水平、计划受益人口规模以及计划费用水平决定。根据养老保险的给付与缴费水平可以估计每年的收入与支出水平。当年收入额大于支出额时，养老保险在当年形成一定的积累，当年缴费总额小于支出，年度财务收支入不敷出。

4.2.1.1　收入精算模型

假设弹性延迟退休设计为男性职工可以选择在 60～65 岁，女性职工可以选择在 50～60 岁的整岁自由选择退休。设 T_x^*，T_y^* 分别为年龄为 x 岁男性和 y 岁女性的退休年龄，设 $0 < p < 1$。

$$P(T_x^* = k) = C_{k-60}^6 p^{k-60} (1-p)^{6-(k-60)}, \quad k = 60, \cdots, 65$$

$$P(T_y^* = k) = C_{k-50}^{11} p^{k-50} (1-p)^{11-(k-50)}, \quad k = 50, \cdots, 60 \quad (4.1)$$

由于不同行业、不同企业、不同职工缴费工资的差异性很大，本节考虑全行业缴费工资的期望值，即每年的职工缴费工资参数统一设定为城镇企业职工社会平均工资。假设养老保险缴纳与支付均发生在年末。参照现有最新的职工养老金缴费比例将个人养老保险缴费比例设定为 8%，工作单位缴费比例设定为 16%。设 I_t 第 t 年末的养老保险基金收入，a 代表参工的起始年龄，$\overline{W}_t$ 代表第 t 年的社会平均工资，$L_{q,t}$ 代表第 t 年 q 岁参保职工人数、$L_{x,t}$、$L_{y,t}$ 分别为 t 年末 x 岁男性与 y 岁女性的参保职工人数，T_q^* 表示 t 年 q 岁职工的退休年龄，则 t 年末城镇企业职工基本养老保险基金收入为：

$$AI_t = (A_{1t} + A_{2t} + A_{3t} + A_{4t}) \cdot \overline{W}_{t-1} \cdot 24\%$$

其中：$A_{1t} = \sum_{x=a}^{59} L_{x,t} \quad A_{2t} = \sum_{x=60}^{65} \sum_{j=0}^{x-60} L_{x,t} \left[1 - \sum_{j=1}^{x-60} P(T_x^* = x - j) \right]$

$A_{3t} = \sum_{y=a}^{49} L_{y,t} \quad A_{4t} = \sum_{x=50}^{60} \sum_{j=0}^{x-50} L_{y,t} \left[1 - \sum_{j=1}^{x-50} P(T_x^* = x - j) \right]$

4.2.1.2 支出精算模型

为了保证养老政策的连续性，假设弹性延迟退休参保职工仍然执行《关于建立统一的企业职工基本养老保险制度的决定》与《关于完善企业职工基本养老保险制度的决定》决定的"老人""中人""新人"等类型支付养老金。城镇企业职工基本养老保险基金支出主要包括"老人""过渡中人""新中人""新人"等养老金支出与死亡引起的个人账户支出。若 n 代表弹性退休制实施的年份，"新中人"又分为 n 年前退休和 n 年后退休的人员，而 n 年后退休的"新中人"又分为 n 年至 t 年前退休和 t 年后退休两个阶段。按有关政策规定新人养老金支出包括基础养老金和个人账户养老金两个部分。

基础养老金 =（职工退休时上一年度当地职工平均工资

+ 本人指数化月平均缴费工资）÷ 2

× 退休时缴费年限（含视同缴费年限）× 1%

$$个人账户养老金 = \frac{退休时个人账户积累额}{退休年龄相对应的计发月数}$$

"中人"的养老金支出包括三个部分即：基础养老金、过渡养老金及个人账户养老金三个部分来测算。基础养老金、个人账户养老金计算办法与"新人"相同。

$$过渡养老金 = 职工退休时上一年度当地职工平均工资$$
$$\times 职工本人平均缴费工资指数$$
$$\times 改革时已缴费年限（含视同缴费年限）$$
$$\times 过渡养老金计发系数$$

参考王晓军《中国养老金制度及其计算评价》中的测算方法，"新人"与"中人"职工死亡时个人账户缴费部分需退还给受益人，这可视作计划的死亡给付支出，在职职工的死亡给付为退还个人账户个人缴费的累积额，已退休职工的死亡给付为个人账户在退休时的累积额与已发放退休的差额中个人缴费部分。死亡引起的个人账户支出设计为职工死亡将其个人账户余额一次性付给受益人，考虑到"老人"无个人账户，"过渡中人"在弹性延迟退休实施时，退休时间已经很长，而其个人账户积累时间很短，其账户余额可忽略，故本节对死亡所引起的个人账户支付主要考虑"新中人"与"新人"。

（1）"老人"支出额：

为简化计算假设"老人"的支付标准按 1998 年养老金给付额的一定比例调整，则 t 年末养老金支出应为：

$$男性：P_1^{lt} = \sum_{x=60+t-1998}^{\omega} M_{1998}\left(1+\varphi g\right)^{(t-1998)} R_{x+1998-t\,(t-1998)} p_{(x+1998-t)}$$

$$女性：P_2^{lt} = \sum_{y=50+t-1998}^{\omega} M_{1998}\left(1+\varphi g\right)^{(t-1998)} R_{y+1998-t\,(t-1998)} p_{(y+1998-t)}$$

其中：ω 表示极限年龄；M_{1998} 代表 1998 年退休人员平均养老金给付额；φ 表示养老金按工资增长率的调整率；g 为社会平均工资增长率；$R_{x+1998-t}$ 和 $R_{y+1998-t}$ 分别为 1998 年为 $x+1998-t$ 岁和 $y+1998-t$ 的男、女退休职工人数。

（2）"过渡中人"支出精算现值

①"过渡中人"在第 t 年支出的基础性养老金支出。

男性：$P_{11}^{gzt} = \lambda \sum\limits_{x=60+t-2006}^{60+t-1999} L_{x,t} \overline{W}_{t+59-x} (1+g)^{(x-60)}$

女性：$P_{12}^{gzt} = \lambda \cdot \sum\limits_{y=50+t-2006}^{50+t-1999} L_{y,t} \overline{W}_{t+49-y} (1+g)^{(y-50)}$

其中：λ 为基础养老金计发比率。

②"过渡中人"第 t 年末领取的过渡性养老金支出。

男性：$P_{21}^{gzt} = \varepsilon\beta \sum\limits_{x=60+t-2006}^{60+t-1999} L_{x,t} \overline{W}_{t+60-x} (1+g)^{(x-60)}$

女性：$P_{22}^{gzt} = \varepsilon\beta \sum\limits_{y=50+t-2006}^{50+t-1999} L_{y,t} \overline{W}_{t+50-y} (1+g)^{(y-50)}$

其中：ε 是过渡养老金计发比率，β 表示在职职工平均工资缴费指数。

为计算的简化，假设所有"过渡中人"的视同缴费年限均满 15 年。

③"过渡中人"第 t 年领取的个人账户养老金支出。

男性：$P_{31}^{gzt} = 8\% \times \dfrac{\overline{W}_{1997}}{N} \sum\limits_{x=60+t-2006}^{60+t-1999} L_{x,t} (1+g)^{(t-1937-x)} a(1)^{(t-1938-x)}$

女性：$P_{32}^{gzt} = 8\% \times \dfrac{\overline{W}_{1997}}{N} \sum\limits_{y=50+t-2006}^{50+t-1998} L_{y,t} (1+g)^{(t-1947+x)} a(1)^{(t-1948+x)}$

其中：$a(1) = e^{\int_0^1 r(s)\,\mathrm{d}s}$ 是养老保险基金账户相隔 1 年的累计函数，N 表示个人账户计发年数。

（3）"新中人"支出精算现值

①n 年后退休的"新中人"在第 t 年未基础性养老金支出。

男性：

$$P_{11}^{zzt} = 1\% \times \left(\dfrac{1+\beta}{2}\right) \overline{W}_{1997} \Big\{ \sum\limits_{x=60}^{65} L_{x,t} \sum\limits_{j=0}^{x-60} P(T_x^* = x-j)(t-1998$$

$$-j)(1+g)^{(t-1998-j)} + \sum\limits_{x=66}^{60+t-2007} L_{x,t} \sum\limits_{d=60}^{65} P(T_x^* = d)(d+t$$

$$-x-1998)(1+g)^{(d+t-x-1999)} \Big\}$$

女性：

$$P_{12}^{zzt} = 1\% \times \left(\frac{1+\beta}{2}\right)\overline{W}_{1997}\left\{\sum_{y=50}^{60} L_{y,t}\sum_{j=0}^{y-50} P(T_y^* = y-j)(t-1998\right.$$

$$-j)(1+g)^{(t-1998-j)} + \sum_{y=61}^{50+t-2007} L_{y,t}\sum_{d=50}^{60} P(T_y^* = d)(d+t$$

$$\left.-y-1998)(1+g)^{(d+t-y-1999)}\right\}$$

②n 年后退休的"新中人"在第 t 年末过渡性养老金支出。

男性：

$$P_{21}^{zzt} = \varepsilon\beta\left[\sum_{x=60}^{65} L_{x,t}(1997+x-t-a)\sum_{j=60}^{x}\overline{W}_{t-j-x-1}(1+g)^{j-x}P(T_x^* = j)\right.$$

$$\left.+\sum_{x=66}^{60+t-2007} L_{x,t}(1997+x-t-a)\sum_{j=60}^{65}\overline{W}_{t-j-x-1}(1+g)^{(x-j)}P(T_x^* = j)\right]$$

女性：

$$P_{22}^{zzt} = \varepsilon\beta\left[\sum_{y=50}^{60} L_{y,t}(1997+y-t-a)\sum_{j=50}^{y}\overline{W}_{t-j-y-1}(1+g)^{j-y}P(T_y^* = j)\right.$$

$$\left.+\sum_{y=61}^{60+t-2007} L_{y,t}(1997+y-t-a)\sum_{j=50}^{60}\overline{W}_{t-j-y-1}(1+g)^{(y-j)}P(T_y^* = j)\right]$$

③n 年后退休的"新中人"在第 t 年未养老金个人账户支出。

男性：

$$P_{31}^{zzt} = 8\% \times \frac{\overline{W}_{1997}}{N}\left\{\sum_{x=60}^{65} L_{x,t}\sum_{j=x}^{65}\left[(1+g)^{(j-x-1998+t)}a(1)^{(j-x-1999+t)}P(T_x^* = j)\right]\right.$$

$$\left.+\sum_{x=66}^{60+t-2007} L_{x,t}\left[\sum_{j=60}^{65}(1+g)^{(j-x-1998+t)}a(1)^{(j-x-1999+t)}P(T_x^* = j)\right]\right\}$$

女性：

$$P_{32}^{zzt} = 8\% \times \frac{\overline{W}_{1997}}{N}\left\{\sum_{x=50}^{60} L_{y,t}\sum_{j=y}^{60}\left[(1+g)^{(j-y-1998+t)}a(1)^{(j-y-1999+t)}P(T_y^* = j)\right]\right.$$

$$\left.+\sum_{y=61}^{50+t-2007} L_{y,t}\left[\sum_{j=50}^{60}(1+g)^{(j-y-1998+t)}a(1)^{(j-y-1999+t)}P(T_y^* = j)\right]\right\}$$

④n 年后退休的"新中人"在第 t 年末死亡支出。

"新中人"由于是在实施弹性延迟后退休，所以第 t 年末的死亡支出应该包括在职死亡支出和退休后死亡支出。在这个群体中对男性参保职工涉及 60～65 岁、对女性参保职工涉及 50～60 岁可能同时存在在职死亡支出和退休死亡支出，所以相对比较复杂。

男性：

当 $t \leqslant 2057 - a$ 时

$$P_{41}^{zzt} = 8\% \times \overline{W}_{1997} \left\{ \sum_{x=a+t-1997}^{59} L_{x,t} \mid q_x (1+g)^{(t-1998)} a(1)^{(t-1999)} + \sum_{x=60}^{60+t-n} L_{x,t} \mid \right.$$

$$q_x (\sum_{j=60}^{x} (1 - P(T_x^* = j))(1+g)^{(t-1998)} a(1)^{(t-1999)})$$

$$\sum_{x=60}^{60+t-n} L_{x,t} \mid q_x ((I_{(x \leqslant 65)} \sum_{j=60}^{x} P(T_x^* = j) + I_{(x>65)} \sum_{j=60}^{65} P(T_x^* = j))$$

$$\left. (1+g)^{(t+j-x-1998)} a(1)^{(t+j-x-1999)} \max \left(1 - \frac{j-60}{N}, 0 \right) \right) \right\}$$

当 $2057 - a < t \leqslant 2063 - a$ 时

$$P_{41}^{zzt} = 8\% \times \overline{W}_{1997} \left\{ \sum_{x=a+t-1997}^{65} L_{x,t} \mid q_x (\sum_{j=60}^{x} 1 - P(T_x^* = j)(1+g)^{(t-1998)} a(1)^{(t-1999)}) \right.$$

$$\sum_{x=a+t-1997}^{60+t-n} L_{x,t} \mid q_x (I_{(x \leqslant 65)} \sum_{j=60}^{x} P(T_x^* = j) + I_{(x>65)} \sum_{j=60}^{65} P(T_x^* = j))$$

$$\left. (1+g)^{(t+j-x-1998)} a(1)^{(t+j-x-1999)} \max \left(1 - \frac{j-60}{N}, 0 \right) \right\}$$

当 $t > 2063 - a$ 时

$$P_{41}^{zzt} = 8\% \times \overline{W}_{1997} \left[\sum_{x=a+t-1997}^{60+t-n} L_{x,t} \mid q_x (\sum_{j=60}^{65} P(T_x^* = j))(1+g)^{(t+j-x-1998)} \right.$$

$$\left. a(1)^{(t+j-x-1999)} \max \left(1 - \frac{j-60}{N}, 0 \right) \right]$$

女性：

当 $t \leqslant 2047 - a$ 时

$$P_{42}^{zzt} = 8\% \times \overline{W}_{1997} \left\{ \sum_{y=a+t-1997}^{49} L_{y,t} \mid q_y (1+g)^{(t-1998)} (1+r)^{(t-1999)} + \sum_{y=50}^{50+t-n} L_{y,t} \mid \right.$$

$$q_y (\sum_{j=50}^{y} (1 - P(T_y^* = j))(1+g)^{(t-1998)} a(1)^{(t-1999)})$$

$$\sum_{y=50}^{50+t-n} L_{y,t} \mid q_y \left(I_{(y \leqslant 60)} \sum_{j=50}^{y} P(T_y^* = j) + I_{(y>60)} \sum_{j=50}^{60} P(T_x^* = j) \right)$$

$$(1+g)^{(t+j-y-1998)} a(1)^{(t+j-y-1999)} \max\left(1 - \frac{j-50}{N}, 0 \right) \bigg) \bigg\}$$

当 $2047 - a < t \leqslant 2057 - a$ 时

$$P_{42}^{zzt} = 8\% \times \overline{W}_{1997} \left\{ \sum_{y=a+t-1997}^{50+t-n} L_{y,t} \mid q_y \left(\sum_{j=50}^{y} 1 - P(T_y^* = j) \right) (1+g)^{(t-1998)} \right.$$

$$a(1)^{(t-1999)} + \sum_{y=a+t-1997}^{50+t-n} L_{y,t} \mid q_y \left(I_{(x \leqslant 60)} \sum_{j=60}^{x} P(T_x^* = j) + I_{(x>60)} \right)$$

$$\sum_{j=50}^{60} P(T_x^* = j) \right) (1+g)^{(t+j-x-1998)} a(1)^{(t+j-x-1999)} \max\left(1 - \frac{j-50}{N}, 0 \right) \bigg\}$$

当 $t > 2057 - a$ 时

$$P_{42}^{zzt} = 8\% \times \overline{W}_{1997} \left[\sum_{y=t-1976}^{50+t-n} L_{y,t} \mid q_y \left(\sum_{j=50}^{60} P(T_y^* = j) \right) (1+g)^{(t+j-y-1998)} \right.$$

$$a(1)^{(t+j-y-1999)} \max\left(1 - \frac{j-50}{N}, 0 \right) \bigg]$$

其中 $I_{(.)}$ 为示性函数。

⑤n 年前退休的"新中人"在第 t 年末基础性养老金支出。

由于 n 年前退休的"新中人"在实施延迟退休之前已经退休，所以这部分群体的养老金支出较容易确定。

男性：$P_{11}^{Tzt} = 1\% \times \left(\dfrac{1+\beta}{2} \right) (60-a) \overline{W}_{1997} \sum_{x=59+t-n}^{60+t-2006} L_{x,t} (1+g)^{t-1998}$

女性：$P_{12}^{Tzt} = 1\% \times \left(\dfrac{1+\beta}{2} \right) (50-a) \overline{W}_{1997} \sum_{y=49+t-n}^{50+t-2006} L_{y,t} (1+g)^{t-1998}$

⑥n 年前退休的"新中人"在第 t 年过渡性养老金支出。

男性：$P_{21}^{Tzt} = \varepsilon\beta \sum_{x=60+t-n}^{60+t-2006} L_{x,t} \overline{W}_{t-x+59} (1997 + x - t - a)$

女性：$P_{22}^{Tzt} = \varepsilon\beta \sum_{y=50+t-n}^{50+t-2006} L_{y,t} \overline{W}_{t-y+49} (1997 + y - t - a)$

⑦ n 年前退休的"新中人"在第 t 年末个人账户养老金支出。

男性：$P_{31}^{nt} = 8\% \times \dfrac{\overline{W}_{1997}}{N} \sum\limits_{x=60+t-n}^{60+t-2006} L_{x,t} (1+g)^{(t-x-1938)} (1+r)^{(t-x-1939)}$

女性：$P_{32}^{nt} = 8\% \times \dfrac{\overline{W}_{1997}}{N} \sum\limits_{y=50+t-n}^{50+t-2006} L_{y,t} (1+g)^{(t-y-1948)} (1+r)^{(t-x-1949)}$

⑧ n 年前退休的"新中人"在第 t 年末死亡给付支出。

男性：

$$P_{41}^{Tzt} = 8\% \times \overline{W}_{1997} \sum\limits_{x=60+t-n}^{60+t-2006} L_{x,t} \mid q_x \cdot (1+g)^{(t-x-1938)} a(1)^{(t-x-1939)}$$

$$\max\left(1 - \frac{x-60}{N}, 0\right)$$

女性：

$$P_{42}^{Tzt} = 8\% \times \overline{W}_{1997} \sum\limits_{x=50+t-n}^{50+t-2006} L_{y,t} \mid q_y \cdot (1+g)^{(t-y-1948)} a(1)^{(t-y-1949)}$$

$$\max\left(1 - \frac{y-50}{N}, 0\right)$$

（4）"新人"支出精算现值

由于"新人"是 1998 年后参工，假定平均参工年龄为 22 岁，故对男性来说，2036 年后才会产生养老金支出，对女性来说，2026 年后才会产生养老金支出。

① "新人"退休后在第 t 年末的基础性养老金支出。

男性：

$$P_{11}^{nt} = 1\% \left(\frac{1+\beta}{2}\right) \sum\limits_{x=60}^{t-1976} I_{(t \geqslant 2036)} L_{x,t} \sum\limits_{j=60}^{65} \overline{W}_{t+j-x-1} (1+g)^{(j-a)} (j-a) P(T_x^* = j)$$

女性：

$$P_{12}^{nt} = 1\% \left(\frac{1+\beta}{2}\right) \sum\limits_{x=50}^{t-1976} I_{(t \geqslant 2026)} L_{y,t} \sum\limits_{j=50}^{60} \overline{W}_{t+j-y-1} (1+g)^{(j-a)} (j-a) P(T_y^* = j)$$

② "新人"退休后在第 t 年末的领取的个人账户养老金支出。

男性：

$$P_{21}^{nt} = 8\% \times \frac{1}{N} \Big\{ \sum_{x=60}^{t-1976} I_{(t \geq 2036)} L_{x,t} \Big[\sum_{j=60}^{65} \overline{W}_{t+j-x-1} (1+g)^{(j-a)}$$

$$a(1)^{(j-a-1)} P(T_x^* = j) \Big] \Big\}$$

女性：

$$P_{22}^{nt} = 8\% \times \frac{1}{N} \Big\{ \sum_{y=55}^{t-1976} I_{(t \geq 2026)} L_{y,t} \Big[\sum_{j=50}^{60} \overline{W}_{t+j-y-1} (1+g)^{(j-a)}$$

$$a(1)^{(j-a-1)} P(T_y^* = j) \Big] \Big\}$$

③ "新人" 在第 t 年后死亡未来支出的个人账户余额现值为：

男性：

当 $t < 2058 - a$，对于男性 "新人" 群体来说，还尚未有人达到退休年龄，这时只存在在职的死亡给付。

$$P_{31}^{nt} = 8\% \times \sum_{x=a+1}^{a+t-1998} L_{x,t} \mid q_x \overline{W}_{t-x+a-1} (1+g)^{(x-a)} a(1)^{(x-a-1)}$$

当 $t \geq 2058 - a$，"新人" 与 "新中人" 类似，由于是在实施弹性延迟后退休，所以第 t 年末的死亡支出应该包括在职死亡支出和退休后死亡支出。

当 $2058 - a \leq t < 2063 - a$ 时

$$P_{31}^{nt} = 8\% \times \Big\{ \sum_{x=a+1}^{59} L_{x,t} \mid q_x \overline{W}_{t-x+a-1} (1+g)^{(x-a)} a(1)^{(x-a-1)} + \sum_{x=60}^{a+t-1998} L_{x,t} \mid$$

$$q_x \Big[\sum_{j=60}^{x} (1 - P(T_x^* = j)) \overline{W}_{t-j+a-1} (1+g)^{(j-a)} a(1)^{(j-a-1)} \Big]$$

$$\sum_{x=60}^{a+t-1998} L_{x,t} \mid q_x \sum_{j=60}^{x} P(T_x^* = j) (1+g)^{(t+j-x-1998)}$$

$$a(1)^{(t+j-x-1999)} \max\Big(1 - \frac{j-60}{N}, 0 \Big) \Big\}$$

当 $t \geq 2063 - a$ 时

$$P_{31}^{nt} = 8\% \times \Big\{ \sum_{x=a+1}^{59} L_{x,t} \mid q_x \overline{W}_{t-x+a-1} (1+g)^{(x-a)} a(1)^{(x-a-1)} + \sum_{x=60}^{65} L_{x,t} \mid$$

$$q_x \Big[\sum_{j=60}^{x} (1 - P(T_x^* = j)) \overline{W}_{t-j+a-1} (1+g)^{(j-a)} a(1)^{(j-a-1)} \Big]$$

$$\sum_{x=60}^{a+t-1998} L_{x,t} \mid q_x (I_{(x\leqslant 65)} \sum_{j=60}^{x} P(T_x^* = j) + I_{(x>65)} \sum_{j=60}^{60} P(T_x^* = j))$$

$$(1+g)^{(t+j-x-1998)} a(1)^{(t+j-x-1999)} \max\left(1 - \frac{j-60}{N}, 0\right)\Big\}$$

女性：

当 $t < 2048 - a$，对于女性"新人"群体来说，还尚未有人达到退休年龄，这时只存在在职的死亡给付。

$$P_{32}^{nt} = 8\% \times \sum_{y=a+1}^{a+t-1998} L_{y,t} \mid q_y \overline{W}_{t-y+a-1} (1+g)^{(y-a)} a(1)^{(y-a-1)}$$

当 $t \geqslant 2048 - a$，与男性类似，由于是在实施弹性延迟后退休，所以第 t 年末的死亡支出应该包括在职死亡支出和退休后死亡支出。

当 $2048 - a \leqslant t < 2058 - a$ 时

$$P_{32}^{nt} = 8\% \times \Big\{ \sum_{y=a+1}^{49} L_{y,t} \mid q_y \overline{W}_{t-y+a-1} (1+g)^{(y-a)} a(1)^{(y-a-1)} + \sum_{y=55}^{a+t-1998} L_{y,t} \mid$$

$$q_y \Big[\sum_{j=60}^{y} (1 - P(T_y^* = j)) \overline{W}_{t-j+a-1} (1+g)^{(j-a)} a(1)^{(j-a-1)} \Big]$$

$$\sum_{y=50}^{a+t-1998} L_{y,t} \mid q_y \sum_{j=50}^{y} P(T_y^* = j) (1+g)^{(t+j-y-1998)} a(1)^{(t+j-y-1999)}$$

$$\max\left(1 - \frac{j-50}{N}, 0\right)\Big)\Big\}$$

当 $t \geqslant 2058 - a$ 时

$$P_{32}^{nt} = 8\% \times \Big\{ \sum_{y=a+1}^{49} L_{y,t} \mid q_y \overline{W}_{t-y+a-1} (1+g)^{(y-a)} a(1)^{(y-a-1)} + \sum_{y=50}^{60} L_{y,t} \mid$$

$$q_y \Big[\sum_{j=50}^{y} (1 - P(T_y^* = j)) \overline{W}_{t-j+a-1} (1+g)^{(j-a)} a(1)^{(j-a-1)} \Big]$$

$$\sum_{y=50}^{a+t-1998} L_{y,t} \mid q_y (I_{(y\leqslant 60)} \sum_{j=60}^{y} P(T_y^* = j) + I_{(y>60)} \sum_{j=50}^{60} P(T_y^* = j))$$

$$(1+g)^{(t+j-y-1998)} a(1)^{(t+j-y-1999)} \max\left(1 - \frac{j-50}{N}, 0\right)\Big\}$$

则 t 年末后城镇企业职工基本养老保险支出精算现值：

$$统筹账户：P_1^t = \sum_{i=1}^{2} P_i^{lt} + \sum_{i=1}^{2} \sum_{j=1}^{2} P_{ij}^{gzt} + \sum_{i=1}^{2} \sum_{j=1}^{2} P_{ij}^{zzt} + \sum_{i=1}^{2} \sum_{j=1}^{2} P_{ij}^{Tzt}$$

$$+ \sum_{i=1}^{2} P_{1i}^{nt}$$

$$个人账户：P_2^t = \sum_{i=1}^{2} P_{3i}^{gzt} + \sum_{i=1}^{2} P_{3i}^{zzt} + \sum_{i=1}^{2} P_{3i}^{Tzt} + \sum_{i=1}^{2} P_{4i}^{Tzt} + \sum_{i=1}^{2} P_{2i}^{nt}$$

$$+ \sum_{i=1}^{2} P_{3i}^{nt}$$

在部分积累的现收现付模式下，养老保险基金在偿付能力通常由基金率来衡量，是用来衡量年度支出可以由资产满足的程度。基金率的计算公式为：

$$基金率 = \frac{年初积累资产}{下年度支出} \times 100\%$$

假设支出发生在年末，$t+1$ 年初累计资产 = (t 年初累计资产 + t 年养老金收入) × (1 + 年利率) − t 年内支出基金率越高，年初基金的支付能力越强，当基金率大于等于 100% 时，年初积累的基金足以支付年度的支出；当基金率小于 100% 时，年初积累的基金不足以支付年度的支出，基金面临偿付困难。

4.2.2　年度收入率、成本率和年度平衡值精算模型

对养老保险在财务收支进行长期分析时，需要对不同时期的收入和成本进行比较。每年收入率成本率之差说明当年收支率的差距，称为年度平衡值。

$$养老保险年收入率 = \frac{养老保险年收入额}{养老保险当年缴费工资总额} \times 100\%$$

$$养老保险年收入率 = \frac{养老保险年成本额}{养老保险当年缴费工资总额} \times 100\%$$

$$年度均衡值 = 养老保险年收入率 − 养老报险年成本率$$

由于不同行业、不同企业、不同职工的缴费工资的差异性很大，为简化计算本节考虑全行业缴费工资的期望值，即每年的职工缴费工资总额统一设定为城镇企业职工社会平均工资乘以参保人数。养老保险年成本额不考虑养老保险费等开支，即仅包含在 4.2.1.2 中养老金支出精算模型中所列出的支出。

年度均衡值表明收入超过年成本的数额占当年缴费工资的比例。当年度均衡值为正值时，表明收入率大于成本率，当年收入用于支出能够形成一定的积累；反之，如果年度均衡值为负值时，表明当年收入不足当年成本开支，需要动用过去积累的基金。在年度均衡值为负值时，如果过去有一定的基金积累，可以补足当年开支，但当积累的基金仍不能够补足当年开支，养老保险当年的财务将入不敷出。年度均衡值为零时，表明养老保险的收入率与成本率在当年保持平衡，没有盈余与赤字。如果加入期初基金因素，年度收入率为期初基金与年度收入之和与年缴费工资额的比例，成本率是年度成本与年缴费工资额的比例，在收入率中加入期初基金后，当年收入率小于年成本率时，养老保险在当年就面临支付赤字。

年收入率、年成本率及年度平衡在不同时期的对比分析，可以说明养老保险收入水平在不同时期的变动。如果年度平衡值在一定时期保持稳定增长的趋势，表明养老保险积累的基金不断增加，制度的偿付能力不断增强，基金率不断提高。如果年度平衡值在一定时期内保持稳定的下降趋势，表明偿付能力正在减弱。当年度平衡值降低到负值时，开始出现支付赤字，需要采取一定的措施增加收入或降低成本以减少赤字，当过去积累的资产不能够弥补赤字，养老保险将难以维持。

4.2.3 长期精算平衡评估指标

把年度精算平衡综合起来就可以进行长期综合精算平衡分析。综合精算平衡值是综合收入率与综合支出率之差。综合收入率是期初基金余额与时期内每年总收入（不包括利息收入）的现值之和与时期内缴费工资现值的比例。综合支出率是时期内每年支出现值与时期末目标基金数额现值之和与时期内缴费工资现值的比例时期末目标基金数额通常规定为预计的下一年支出额，可以看作对未来风险的准备金。以 SIR_{tn} 表示 t 到 $t+n$ 年期内的综合收入率，SCR_{tn} 表示 t 到 $t+n$ 年 n 年期内的综合成本率，第 t 年的年收入为 AI_t，年成本为 $AC_t = P_1^t + P_2^t$，年缴费工资总额为 W_t，期初基金余额为 FB_{t0}，n 年内期末目标基金数额现值之和为 FB_{tn}。t 到 $t+n$ 年内每年收入在 t 年初的现值为 $PVAI_{tn}$、每年成本在 t 年初的现值为 $PVAC_{tn}$、每年收入缴费工资总额在 t 年初的现值为 PVW_{tn}。第 $t+i$ 年的折现率为 v_{ti}（$i = 1，\cdots，n$）。则

$$PVAI_{tn} = \sum_{i=0}^{n-1} AI_{t+i} v_{ti}$$

$$PVAC_{tn} = \sum_{i=0}^{n-1} AC_{t+i} v_{ti}$$

$$PVW_{tn} = \sum_{i=0}^{n-1} W_{t+i} v_{ti}$$

$$SIR_{tn} = \frac{FB_{t0} + PVAI_{tn}}{PVW_{tn}}$$

$$SIR_{tn} = \frac{FB_{tn} v_{tn} + PVAC_{tn}}{PVW_{tn}}$$

长期内的综合收入率与综合成本率之差是长期综合精算平衡值，用于反映养老保险在长期内的财务收支的精算平衡状态。以 SB_{tn} 表示 t 到 $t+n$ 年期的长期精算平衡值。

$$SB_{tn} = SIR_{tn} - SCR_{tn}$$

当长期综合精算平衡值为零时，表明养老保险制度处于完全精算

平衡状态。当精算平衡值为正值时，表明积累的资产除了用于预测期内的资本支出之外，在预测期末形成了超过目标支付水平的基金积累。当精算平衡值为负值时，表明未来预计收入和起初资产不足以形成期末用于下一年支出的基金，甚至不能满足预测期内的成本支出，因此，也称为精算赤字额。

4.2.4　长期封闭的精算平衡检验

长期封闭精算平衡检验是把一系列逐渐延长测算时期的精算平衡值与规定时期内的精算平衡值相比较，检验预测结果是否在规定的精算平衡值范围内，从而说明养老保险精算在长期内的精算平衡状态是否可以接受的分析。长期封闭的精算平衡检验先从长期预测的起点开始，在较短的时期内进行精算平衡检验，逐步延长检验的时期，一般是每次估计时期长度增加一年，直到包括所有长期精算平衡估计的时期。最常用的分析指标是精算赤字占综合成本率中的比例。

精算平衡由于预测时期越远，可信度相应越低，通常规定在开始的较短时期内精算赤字允许为负值或零。随着时期的延长，精算赤字可适当放大。精算平衡在测算时期内通过长期封闭精算平衡检验。可以发现在长期预测时精算赤字开始超过允许范围的时期，如果在一系列封闭期间的精算检验中，精算赤字占综合成本率的百分比超出允许的数额时，说明计划没有通过封闭精算平衡检验，精算平衡意味着计划未来的财务存在问题，需要考虑通过采取提高缴费率或降低成本率的办法，改变计划未来的财务状况。

4.3　实证研究

4.3.1　参数设定

为了保证养老政策的连续性，假设弹性延迟退休参保职工仍然执行"国发〔1997〕26 号"与"国发〔2005〕38 号"决定的"老人""中人""新人"等类型支付养老金。假定弹性延迟退休的实施从 2023 年初开始，因此模型中的 n 时刻为 2023 年 1 月 1 日。

（1）制度参数

考虑我国的实际经济状况及相关文献，相关主要制度参数设定如下：

①职工的参保年龄 a 为 22 岁。

②生存极限年龄 ϖ 参考国内外大多数学者对生存极限年龄的设定为 90 岁。

③本节设定平均工资增长率 g 为 6%。

④养老金收益率 r 设定为 4%。

⑤养老金增长调整系数设定为 0.8。

⑥设定过渡养老金计发比例为 1.2%。

⑦平均缴费指数设定为 100%。

⑧本节假设在职人员平均工资与指数化平均缴费工资相等。

⑨根据相关政策规定设定养老金发放比例 $\lambda = 20\%$。

⑩养老金替代率为 80%，计发年数假定 $N = 15$。

（2）人口参数

①参考刘昌平等（2018）、张震等（2022）的做法，生育率采用

《世界人口展望 2019》对 2020～2100 年中国总和生育率的预测数据；出生性别比采用《世界人口展望 2019》对中国出生性别比的预测数据。

②利用《中国人口与就业统计年鉴 2020》提供的 2005～2019 年城镇人口比重分析城镇人口比重的长期趋势。结果见表 4－1。根据表 4－1 的结果将 2034 年以后城镇人口比重设定为 80.78%。

表 4－1　　　　　　　　　城镇人口比重预测　　　　　　　单位：%

	2022 年	2024 年	2026 年	2028 年	2030 年	2032 年	2034 年
比重	65.23	67.82	70.41	73.01	75.60	78.19	80.78

根据 2010～2020 年各年的国民经济和社会发展统计公报提供的职工基本养老保险参保人数计算总参保率的年平均增长速度。假设 2021 年以后每年的参保率保持 2010～2020 年的年平均增长速度直到 100%。再根据《中国人口与就业统计年鉴 2020》提供的全国分年龄、性别的人口数量、城镇人口比重、城镇私营单位、非私营单位就业人口等相关数据，采用许燕和杨再贵（2019）的方法运用 GM（1，1）模型对 2020 年在职职工各年龄的参保率进行估计，从而得到各年龄的参保人数。对 2021 年以后各年新参工职工采用在 2020 年的总参保率的基础上以 1990～2020 年平均增长速度逐年上调参保率作为当年新参保职工的参保率，这样就可以对 2020 年以后各年新参工职工参保人数进行估计。假设各年龄男女参保比例与性别比一致，就可以得到各年龄发分性别的参保人数。

（3）经济参数

2019 年城镇私营单位就业人员年平均工资 53 604 元，非私营单位就业人员年平均工资 90 501 元。城镇私营单位就业人数为 14 567 万人。城镇非私营单位就业人数为 15 485 万人。2019 年城职工年平均工资为 72 616 元。假定女性平均工资为男性的 75%。参考我国实际与相关文献采用的计息水平，养老金增值率 2021～2030 年为 3.5%；2021～2040 年为 2.85%；2041～2050 年为 2.4%；2051 年及以后为 2%。社会平均工资增长率采用杨再贵和石晨曦（2016）的方法即假设城镇职工工资的增长速度与人均 GDP 的增长速度持平，即 2020 年为 6.5%，以后每 5 年下降 0.5%，直至达到 2%。

（4）利率与死亡率模型参数

积累函数利率采用模型（1.29），其参数估计采用表 1–3 相关结果。为简化计算，利用折现率与积累函数关系取期望折现率的倒数。死亡率模型（1.13）参数估计采用中国保险监督委会于 2005 年 12 月 19 日颁布的《中国人寿保险业经验生命表（2000～2003）》—养老金业务男表 CL3（2000～2003）和 2016 年 12 月 28 日颁布的《中国人寿保险业经验生命表（2010～2013）》—养老金业务男表 CL5（2010～2013）数据。根据公式（1.24）～公式（1.27）估计参数。为简化计算我们从 0 岁开始，三年内的死亡率模型（1.13）中的参数采用同样的估计值。考虑到我国生育率与死亡率的变化，我们采用学者尚勤和秦学志（2009）趋势递减方法对相关进行调整作为 2023 年后各年龄段死亡率参数的估计值。

4.3.2　年度收支测算

根据 4.2.1 中的养老保险未来各年收支精算模型和 4.3.1 中的相关参数设定，在不考虑现有养老金结余的情况，即假设现有养老基金结存清零的情况下[①]，分别设置退休年龄模型（4.1）中 $p = 0.4$ 和

---

① 2022 年 8 月 25 日，人力资源和社会保障部养老保险司负责人亓涛在中共中央宣传部就党的十八大以来就业和社会保障工作进展与成效举行发布会上公布的数据显示，2021 年，我国企业职工基本养老保险基金收入 4.4 万亿元，基金支出 4.1 万亿元，基金结余 3 000 亿元。期收支总体平衡。至 2021 年底累计结存 5.1 万亿元。

$p = 0.7$ 两种情境下测算出自 2023 年实施弹性延迟退休后我国城镇企业职工基本养老保险在 2023~2072 年 50 年的收支预测见表 4 - 2。

表 4 - 2　我国城镇企业职工养老金年度收支及基金率预测（$p = 0.4$）

单位：百亿元

年份	年收入	老人支出	过渡中人性支出	统筹账户支出	个人账户支出	死亡给付	支出合计	收支差	基金率
2023	694.55	2.58	174.15	302.43	87.95	41.54	619.65	85.9	28.61%
2024	752.23	1.89	202.35	320.79	91.27	46.29	672.59	89.64	35.55%
2025	797.35	1.31	244.72	334.68	98.24	49.14	716.09	69.26	39.82%
2026	870.21	0.90	299.49	349.19	103.62	54.26	807.46	62.75	43.46%
2027	940.34	0.51	354.64	357.38	110.74	56.35	852.62	60.72	46.90%
2028	1 018.17	0.23	411.34	362.99	118.83	59.96	940.35	64.82	49.08%
2029	1 100.75	0.16	461.73	384.72	127.23	64.40	1 082.24	62.51	48.48%
2030	1 154.19	0.08	494.74	424.49	134.15	67.12	1 200.58	33.61	43.84%
2031	1 218.06	0.04	542.68	460.23	148.82	72.66	1 294.43	- 6.37	39.32%
2032	1 322.18	0.01	606.52	482.72	165.92	79.15	1 394.32	- 12.14	35.09%
2033	1 419.32	0	650.24	524.12	179.58	85.11	1 509.04	- 19.72	30.43%
2034	1 524.62	0	694.77	578.58	189.93	92.79	1 596.08	- 31.46	25.52%
2035	1 652.51	0	756.92	637.71	201.56	97.61	1 693.81	- 41.3	19.96%
2036	1 742.59	0	815.82	677.88	214.79	104.47	1 804.96	- 70.37	13.49%
2037	1 835.32	0	887.24	709.88	229.07	109.76	1 924.95	- 100.63	9.07%
2038	1 952.26	0	934.63	743.04	236.74	115.04	1 989.45	- 77.19	6.50%
2039	2 114.12	0	1 006.32	782.73	246.08	122.76	2 067.89	- 43.77	5.02%
2040	2 222.66	0	1 056.34	817.86	255.84	119.88	2 149.93	- 27.27	3.66%
2041	2 335.62	0	1 119.19	849.58	268.26	125.24	2 254.26	- 26.64	3.04%
2042	2 446.26	0	1 175.79	875.44	278.21	128.48	2 337.93	- 11.67	7.08%
2043	2 668.68	0	1 223.16	917.57	284.89	136.44	2 394.06	106.62	12.37%

续表

年份	年收入	老人支出	过渡中人性支出	统筹账户支出	个人账户支出	死亡给付	支出合计	收支差	基金率
2044	2 826.23	0	1 271.11	967.04	295.66	142.71	2 484.50	149.71	20.04%
2045	3 014.94	0	1 312.46	1 016.91	307.89	150.06	2 587.30	227.62	29.46%
2046	3 182.59	0	1 342.91	1 072.83	317.82	156.22	2 670.78	292.81	40.16%
2047	3 320.78	0	1 294.81	1 165.32	351.62	164.99	2 786.74	344.04	50.61%
2048	3 426.08	0	1 122.52	1 313.68	442.48	189.88	2 869.55	357.53	58.98%
2049	3 518.21	0	1 033.07	1 420.91	533.42	202.52	2 969.9	328.29	66.77%
2050	3 612.97	0	955.30	1 516.53	605.52	217.22	3 071.57	318.4	74.76%
2051	3 703.72	0	834.28	1 609.35	708.47	225.94	3 172.04	325.68	83.11%
2052	3 807.84	0	690.11	1 712.83	819.92	235.88	3 270.74	349.1	94.50%
2053	3 994.37	0	554.57	1 798.23	932.23	246.59	3 371.62	462.75	104.91%
2054	4 076.74	0	385.02	1 865.68	1 109.14	258.32	3 438.16	458.58	113.03%
2055	4 094.67	0	219.86	1 950.73	1 256.97	276.40	3 503.96	390.71	121.38%
2056	4 244.39	0	59.90	2 059.58	1 396.87	291.97	3 570.3	436.07	125.98%
2057	4 343.97	0	0.53	2 158.44	1 492.73	316.69	3 636.39	376.10	126.05%
2058	4 421.57	0	0	2 253.17	1 583.71	330.54	3 703.42	254.15	127.65%
2059	4 608.76	0	0	2 306.44	1 680.10	345.39	3 773.93	276.83	131.08%
2060	4 792.35	0	0	2 380.84	1 727.41	358.36	3 843.79	325.44	131.43%
2061	4 911.62	0	0	2 457.47	1 822.39	372.40	3 919.26	259.36	133.79%
2062	5 193.83	0	0	2 547.53	1 899.72	389.64	3 997.6	356.94	134.49%
2063	5 280.84	0	0	2 618.46	1 984.59	408.83	4 072.22	268.95	133.48%
2064	5 462.13	0	0	2 714.91	2 086.85	424.59	4 133.17	235.78	132.63%
2065	5 617.56	0	0	2 803.45	2 168.06	442.17	4 185.34	203.88	130.05%
2066	5 735.76	0	0	2 895.86	2 258.99	459.62	4 277.23	121.28	126.90%
2067	5 846.58	0	0	2 966.41	2 354.73	473.46	4 350.68	51.97	124.52%
2068	6 048.46	0	0	3 051.87	2 429.13	488.18	4 370.82	79.28	121.73%
2069	6 196.37	0	0	3 128.29	2 516.00	502.37	4 352.92	49.71	119.43%
2070	6 326.95	0	0	3 169.45	2 584.22	520.46	6 274.13	52.82	116.37%
2071	6 416.84	0	0	3 198.72	2 604.10	528.56	6 331.38	85.45	

　　由表4-2可知：当 $p=0.4$ 时，意味着参保职工男性的预期退休年龄为62.4岁，女性为54.4岁，参保职工的延迟退休意愿不高。从2023～2030年养老金年度收入均大于年度支出。从2031年开始，年度收入小于年度支出，到2037年收支差达到最大，从2038年开始收支差额逐渐缩小。从2042年开始，直到2072年年度收入均大于年度支出。从基金率来看，2052年以前，基金率均小于100%，说明如果没有当年的养老金收入，则年初积累无法满足当年的养老金支出。2051年以后，基金率均大于100%。即使没有当年的养老金收入年初积累足以应付当年支出。这说明实施弹性延迟退休，即使参保职工的延迟退休意愿不高，在不考虑现有基金结存的情况下，养老金系统有较强的能力维持基金的年度收支平衡，收支风险可控。

　　由表4-3可知：当 $p=0.7$ 时，意味着参保职工男性的预期退休年龄为64.2岁，女性为57.7岁，参保职工的延迟退休意愿较高。从2023～2072年50年养老金年度收入均大于年度支出。从基金率来看，2028年以前，基金率均小于100%，说明如果没有当年的养老金收入，则年初积累无法满足当年的养老金支出。2028年以后，基金率均大于100%。即使没有当年的养老金收入年初积累足以应付当年支出。这说明实施弹性延迟退休，如果男性平均退休年龄在64岁左右，女性平均退休年龄在58岁左右，即使不考虑现有基金结存的情况下，养老金系统有极强的能力维持基金的年度收支平衡，收支风险可控。

表4-3　　我国城镇职工养老金年度收支及基金率预测（$p=0.7$）

单位：百亿元

年份	年收入	老人支出	过渡中人性支出	统筹账户支出	个人账户支出	死亡给付	支出合计	收支差	基金率
2023	718.67	2.58	159.78	279.39	81.01	43.01	565.78	152.89	27.02%
2024	779.29	1.89	185.43	296.01	83.98	48.00	615.31	163.98	51.50%

续表

年份	年收入	老人支出	过渡中人性支出	统筹账户支出	个人账户支出	死亡给付	支出合计	收支差	基金率
2025	826.13	1.31	224.23	308.79	90.38	50.96	675.67	150.46	69.17%
2026	901.73	0.90	274.39	322.15	95.32	56.27	749.02	152.71	82.78%
2027	974.52	0.51	324.88	329.66	101.85	58.45	815.35	159.16	95.57%
2028	1 055.30	0.23	376.77	334.80	109.28	62.20	883.29	172.01	107.69%
2029	1 141.03	0.16	422.88	354.80	116.99	66.81	961.65	179.38	117.57%
2030	1 196.57	0.08	453.06	391.43	123.34	69.64	1 037.56	159.01	124.29%
2031	1 262.94	0.04	496.91	424.34	136.82	75.40	1 133.51	129.43	125.19%
2032	1 371.06	0.01	555.30	445.03	152.52	82.14	1 235.00	136.06	125.92%
2033	1 471.96	0	595.26	483.14	165.05	88.34	1 331.79	140.18	127.29%
2034	1 581.36	0	635.95	533.28	174.55	96.33	1 440.12	141.24	127.53%
2035	1 714.22	0	692.76	587.71	185.22	101.34	1 567.04	147.18	126.59%
2036	1 807.88	0	746.58	624.66	197.35	108.48	1 677.07	130.80	126.08%
2037	1 904.31	0	811.85	654.07	210.45	113.99	1 790.35	113.95	124.47%
2038	2 025.89	0	855.11	684.55	217.47	119.48	1 876.61	149.27	126.70%
2039	2 194.12	0	920.60	721.03	226.02	127.52	1 995.17	198.95	129.15%
2040	2 307.04	0	966.25	753.31	234.96	124.54	2 079.06	227.98	134.90%
2041	2 424.58	0	1 023.62	782.43	246.34	130.12	2 182.51	242.07	139.60%
2042	2 539.74	0	1 075.27	806.16	255.45	133.51	2 270.38	269.35	146.06%
2043	2 770.99	0	1 118.46	844.85	261.55	141.79	2 366.66	404.33	157.20%
2044	2 934.93	0	1 162.17	890.30	271.40	148.33	2 472.21	462.72	169.21%
2045	3 131.27	0	1 199.84	936.11	282.60	155.98	2 574.54	556.74	184.11%
2046	3 305.79	0	1 227.53	987.47	291.68	162.41	2 669.10	636.69	201.44%
2047	3 449.74	0	1 183.43	1 072.48	322.67	171.55	2 750.13	699.62	220.94%
2048	3 559.56	0	1 025.85	1 208.88	405.99	197.44	2 838.17	721.39	239.51%
2049	3 655.72	0	944.00	1 307.41	489.38	210.62	2 951.40	704.31	254.18%
2050	3 754.63	0	872.83	1 395.23	555.46	225.94	3 049.46	705.17	269.13%

续表

年份	年收入	老人支出	过渡中人性支出	统筹账户支出	个人账户支出	死亡给付	支出合计	收支差	基金率
2051	3 849.40	0	762.17	1 480.45	649.84	235.03	3 127.49	721.91	285.50%
2052	3 958.09	0	630.39	1 575.47	751.97	245.40	3 203.23	754.86	302.31%
2053	4 152.48	0	506.53	1 653.83	854.88	256.57	3 271.80	880.68	322.90%
2054	4 238.62	0	351.62	1 715.66	1 016.99	268.81	3 353.09	885.52	341.48%
2055	4 257.77	0	200.76	1 793.67	1 152.41	287.66	3 434.51	823.26	357.35%
2056	4 413.98	0	54.69	1 893.54	1 280.52	303.90	3 532.66	881.32	372.37%
2057	4 518.08	0	0	1 984.20	1 368.25	329.67	3 682.12	835.96	379.96%
2058	4 599.34	0	0	2 071.05	1 451.47	344.13	3 866.65	732.69	380.78%
2059	4 794.63	0	0	2 119.77	1 539.64	359.63	4 019.04	775.59	385.64%
2060	4 986.22	0	0	2 187.90	1 582.81	373.18	4 143.89	842.33	394.34%
2061	5 110.93	0	0	2 258.06	1 669.65	387.84	4 315.56	795.37	397.09%
2062	5 405.24	0	0	2 340.54	1 740.30	405.85	4 486.69	918.55	402.41%
2063	5 496.45	0	0	2 405.44	1 817.85	425.89	4 649.18	847.27	406.57%
2064	5 685.82	0	0	2 493.75	1 911.29	442.36	4 847.40	838.42	407.24%
2065	5 848.31	0	0	2 574.79	1 985.44	460.73	5 020.95	827.36	409.65%
2066	5 972.08	0	0	2 659.36	2 068.48	478.97	5 206.81	765.28	409.72%
2067	6 088.20	0	0	2 723.83	2 155.90	493.45	5 373.19	715.01	410.34%
2068	6 299.17	0	0	2 801.98	2 223.76	508.85	5 534.60	764.58	412.19%
2069	6 453.99	0	0	2 871.82	2 303.02	523.71	5 698.55	755.44	413.59%
2070	6 590.78	0	0	2 909.27	2 365.20	542.63	5 817.10	773.68	418.46%
2071	6 685.22	0	0	2 935.80	2 383.13	551.14	5 870.07	815.15	428.57%

4.3.3　年收入率、年成本率与年度平衡值测算

以表4-2和表4-3中的各项收支测算值，不考虑现有基金结存

的情况下，可以测算出弹性延迟退休我国城镇企业职工基本养老保险在 2023～2072 年 50 年的年收入率、年成本率与年度平衡值。

由表 4－4 可知：当 $p=0.4$ 时，意味着参保职工男性的预期退休年龄为 62.4 岁，女性为 54.4 岁，参保职工的延迟退休意愿不高。在不包含起初结余的情况下 2032 年前精算平衡之均为正值。从 2031 年开始精算平衡值为负值。到 2037 年达到高峰为－17%，以后精算赤字逐渐降低，从 2043 年开始精算平衡值为正。在 2048～2072 年，在不包含期初基金的情况下精算平衡值在 8% 左右，包含期初基金的情况下，到 2072 年的精算平衡值达到 235%，表明即使不考虑现有基金结存的情况下，养老金账户具有较强的偿付能力。

表 4－4　　　　年收入率、年成本率与年度平衡值（$p=0.4$）　　　　单位：%

年份	不包含期初基金			包含期初基金		
	收入率	成本率	精算平衡	收入率	成本率	精算平衡
2023	24	16	8	24	16	8
2024	24	15	9	31	15	16
2025	24	15	9	41	15	26
2026	24	14	10	48	14	34
2027	24	19	5	56	19	37
2028	24	21	3	65	21	44
2029	24	22	2	74	22	52
2030	24	22	2	73	22	51
2031	24	25	－ 1	72	25	47
2032	24	26	－ 2	70	26	44
2033	24	26	－ 2	65	26	39
2034	24	28	－ 4	60	28	32
2035	24	30	－ 6	52	30	22
2036	24	32	－ 8	45	32	13

续表

年份	不包含期初基金			包含期初基金		
	收入率	成本率	精算平衡	收入率	成本率	精算平衡
2037	24	34	−10	41	34	7
2038	24	33	−9	37	33	4
2039	24	32	−8	36	32	4
2040	24	30	−6	34	30	4
2041	24	28	−4	34	28	6
2042	24	27	−3	38	27	11
2043	24	23	1	45	23	22
2044	24	20	4	55	20	35
2045	24	20	4	67	20	47
2046	24	19	5	85	19	66
2047	24	17	7	98	17	81
2048	24	16	8	115	16	99
2049	24	16	8	120	16	104
2050	24	16	8	125	16	109
2051	24	16	8	129	16	113
2052	24	16	8	134	16	118
2053	24	16	8	142	16	126
2054	24	16	8	149	16	133
2055	24	16	8	155	16	139
2056	24	17	7	159	17	142
2057	24	18	6	162	18	144
2058	24	19	5	167	19	148
2059	24	16	8	169	16	153
2060	24	15	9	174	15	159
2061	24	17	7	178	17	161
2062	24	16	8	183	16	167

续表

年份	不包含期初基金			包含期初基金		
	收入率	成本率	精算平衡	收入率	成本率	精算平衡
2063	24	16	8	190	16	174
2064	24	16	8	197	16	181
2065	24	15	9	206	15	191
2066	24	15	9	214	15	199
2067	24	17	7	221	17	204
2068	24	16	8	227	16	211
2069	24	15	9	234	15	219
2070	24	16	8	243	16	227
2071	24	17	7	252	17	235

由表 4-5 可知：当 $p = 0.7$ 时，意味着参保职工男性的预期退休年龄为 64.2 岁，女性为 57.7 岁，参保职工的延迟退休意愿较高。从 2023~2072 年 50 年内，除 2037 年外精算平衡值均为正值。在不包含期初基金的情况下从 2068 年开始精算平衡值达到 16% 左右，包含期初基金的情况下，到 2072 年的精算平衡值达到 284%，表明即使不考虑现有基金结存的情况下，养老金账户具有较强的偿付能力。

表 4-5　　　年收入率、年成本率与年度平衡值（$p = 0.7$）　　　单位：%

年份	不包含期初基金			包含期初基金		
	收入率	成本率	精算平衡	收入率	成本率	精算平衡
2023	24	15	9	24	15	9
2024	24	13	11	33	13	20
2025	24	13	11	44	13	31
2026	24	12	12	52	12	40

续表

年份	不包含期初基金			包含期初基金		
	收入率	成本率	精算平衡	收入率	成本率	精算平衡
2027	24	18	6	60	18	42
2028	24	21	3	70	21	49
2029	24	20	4	77	20	57
2030	24	22	2	81	22	59
2031	24	21	3	87	21	66
2032	24	21	3	90	21	69
2033	24	22	2	95	22	73
2034	24	23	1	99	23	76
2035	24	23	1	103	23	80
2036	24	24	0	108	24	84
2037	24	25	−1	112	25	87
2038	24	22	2	115	22	93
2039	24	21	3	118	21	97
2040	24	19	5	121	19	102
2041	24	17	7	126	17	109
2042	24	17	7	130	17	113
2043	24	16	8	135	16	119
2044	24	17	7	141	17	124
2045	24	18	6	146	18	128
2046	24	15	9	154	15	139
2047	24	13	11	158	13	145
2048	24	12	12	165	12	153
2049	24	11	13	170	11	159
2050	24	10	14	174	10	164
2051	24	9	15	180	9	171
2052	24	10	14	186	10	176
2053	24	8	16	191	8	183

续表

年份	不包含期初基金			包含期初基金		
	收入率	成本率	精算平衡	收入率	成本率	精算平衡
2054	24	10	14	197	10	187
2055	24	10	14	202	10	192
2056	24	9	15	208	9	199
2057	24	11	13	215	11	204
2058	24	11	13	219	11	208
2059	24	11	13	226	11	215
2060	24	12	12	232	12	220
2061	24	12	12	237	12	225
2062	24	11	13	241	11	230
2063	24	13	11	246	13	233
2064	24	12	12	252	12	240
2065	24	10	14	256	10	246
2066	24	9	15	263	9	254
2067	24	8	16	267	8	259
2068	24	8	16	272	8	264
2069	24	8	16	279	8	271
2070	24	8	16	284	8	276
2071	24	7	17	291	7	284

4.3.4　长期精算平衡测算

在平均工资增长率 g 为 6% 的假设条件下，第 $t+i$ 年的缴费工资总额以第 t 的缴费工资总额为基础，按年增长率 6% 速度进行估算。第 t 的缴费工资总额等于第 t 的年平均工资乘以估计的年参保人数。$v_{t+i} = v(t, i)$。在不考虑现有养老金结余的情况，运用 4.2.3 中相关精算指标，以表4-3和表4-4中相关数据为基础对弹性延迟退休参保职工养老金账户的长期精算平衡状况进行测算。

由表4-6可知：在2023~2042年，由于"老人"与"过渡中人"的养老金支付的存在，综合收入率略高于综合支出率，精算平衡值为1%，说明如果参保职工男性的预期退休年龄为62.4岁，女性为54.4岁的情况下实施弹性延迟退休制度在20年内可以形成每年平均超过目标收入水平1%的基金支出。在2043~2072年，由于"过渡中人"参保人口数量的下降和"新人"比重的增加，综合收入率增长速度快于综合成本的增长速度，综合收入率大大高于综合成本率。制度的精算结余达到最高水平。实施弹性延迟退休制度在这30年内可以形成每年平均超过目标支出水平18%的基金积累。在2023~2072年的50年期间，平均来看，每年的精算结余可以分别达到4%。说明实施弹性延迟退休可以保证我国城镇职工的基本养老保险制度实现长期的精算平衡。

表4-6　　　　　　　　　　长期精算平衡测算（$p=0.4$）　　　　　　　　单位：%

期间	综合收入率	综合成本率	精算平衡值
2023~2042年	24	23	1
2043~2072年	30	14	16
2023~2072年	24	16	4

由表4-7可知：如果参保职工男性的预期退休年龄为64.2岁，女性为57.7岁的情况下实施弹性延迟退休制度在2023~2042年，综合收入率略大于综合支出率，在这一期间制度在财务上可以保证收支平衡并略有结余。在这20年内可以形成每年平均超过目标支出水平4%的基金积累。在2043~2072年，由于"过渡中人"参保人口数量的下降和"新人"比重的增加，综合收入率增长速度快于综合成

本的增长速度，综合收入率大大高于综合成本率。制度的精算结余达到最高水平，在这 30 年内可以形成每年超过目标支出水平 26% 的基金积累。在 2023 ～ 2072 年的 50 年期间，平均来看，每年的精算结余可以达到 12%。说明实施弹性延迟退休可以保证我国城镇职工的基本养老保险制度实现长期的精算平衡。

表 4 - 7　　　　　长期精算平衡测算（$p = 0.7$）　　　　单位：%

期间	综合收入率	综合成本率	精算平衡值
2023 ～ 2042 年	24	20	4
2042 ～ 2072 年	36	10	26
2023 ～ 2072 年	24	12	12

4.3.5　长期封闭的精算平衡检验

以表 4 - 2 和 4 - 3 的年度收支预测为基础，在不考虑现有养老金结余的情况下进行弹性延迟退休城镇企业职工基本养老保险基金 2023 ～ 2072 年的长期封闭的精算平衡检验，其结果见表 4 - 8 和表 4 - 9。

表 4 - 8　　　　长期封闭的精算平衡检验（$p = 0.4$）　　　单位：%

期间	综合收入率	综合成本率	预算赤字占比
2023 ～ 2032 年	24	20	20.00
2023 ～ 2033 年	24	21	14.29
2023 ～ 2034 年	24	21	14.29
2023 ～ 2035 年	24	22	9.09
2023 ～ 2036 年	24	23	4.35
2023 ～ 2037 年	24	26	- 7.69
2023 ～ 2038 年	24	25	- 4.00

续表

期间	综合收入率	综合成本率	预算赤字占比
2023~2039 年	24	25	-4.00
2023~2040 年	24	24	0
2023~2041 年	24	24	0
2023~2042 年	24	23	4.35
2023~2043 年	24	23	4.35
2023~2044 年	24	22	9.09
2023~2045 年	24	22	9.09
2023~2046 年	24	22	9.09
2023~2047 年	24	21	14.29
2023~2048 年	24	22	9.09
2023~2049 年	24	21	14.29
2023~2050 年	24	21	14.29
2023~2051 年	24	20	20.00
2023~2052 年	24	20	20.00
2023~2053 年	24	19	26.32
2023~2054 年	24	19	26.32
2023~2055 年	24	19	26.32
2023~2056 年	24	19	26.32
2023~2057 年	24	18	33.33
2023~2058 年	24	18	33.33
2023~2059 年	24	18	33.33
2023~2060 年	24	18	33.33
2023~2061 年	24	17	41.18
2023~2062 年	24	18	33.33
2023~2063 年	24	17	41.18
2023~2064 年	24	17	41.18
2023~2065 年	24	17	41.18
2023~2066 年	24	17	41.18

续表

期间	综合收入率	综合成本率	预算赤字占比
2023~2067 年	24	16	50.00
2023~2068 年	24	16	50.00
2023~2069 年	24	16	50.00
2023~2070 年	24	16	50.00
2023~2071 年	24	16	50.00
2023~2072 年	24	16	50.00

表 4-9　　　　长期封闭的精算平衡检验（$p=0.7$）　　单位：%

期间	综合收入率	综合成本率	预算赤字占比
2023~2032 年	24	17	41.18
2023~2033 年	24	17	41.18
2023~2034 年	24	18	33.33
2023~2035 年	24	19	26.32
2023~2036 年	24	20	20.00
2023~2037 年	24	23	4.35
2023~2038 年	24	22	9.09
2023~2039 年	24	22	9.09
2023~2040 年	24	22	9.09
2023~2041 年	24	21	14.29
2023~2042 年	24	20	20.00
2023~2043 年	24	19	26.32
2023~2044 年	24	19	26.32
2023~2045 年	24	18	33.33
2023~2046 年	24	18	33.33
2023~2047 年	24	17	41.18
2023~2048 年	24	18	33.33

续表

期间	综合收入率	综合成本率	预算赤字占比
2023~2049 年	24	16	50.00
2023~2050 年	24	17	41.18
2023~2051 年	24	16	50.00
2023~2052 年	24	16	50.00
2023~2053 年	24	15	60.00
2023~2054 年	24	15	60.00
2023~2055 年	24	15	60.00
2023~2056 年	24	14	71.43
2023~2057 年	24	14	71.43
2023~2058 年	24	14	71.43
2023~2059 年	24	13	84.62
2023~2060 年	24	14	71.43
2023~2061 年	24	13	84.62
2023~2062 年	24	13	84.62
2023~2063 年	24	14	71.43
2023~2064 年	24	13	84.62
2023~2065 年	24	13	84.62
2023~2066 年	24	14	71.43
2023~2067 年	24	14	71.43
2023~2068 年	24	13	84.62
2023~2069 年	24	14	71.43
2023~2070 年	24	13	84.62
2023~2071 年	24	12	100.00
2023~2072 年	24	12	100.00

由表 4-8 可知：假设参保职工男性的预期退休年龄为 62.4 岁，女性为 54.4 岁的情况下，如果允许的精算赤字比例为不超过 8% 的

话，则弹性延迟退休制度是通过了封闭精算平衡检验。由表 4 - 9 可知：假设参保职工男性的预期退休年龄为 64.2 岁，女性为 57.7 岁的情况下精算赤字比例均为正数，说明弹性延迟退休制度能够通过封闭精算平衡检验。

第5章　主要研究结论与政策建议

5.1　主要研究结论

本书着力从多角度研究弹性延迟退休社会基本养老保险的支付风险问题。

（1）本书运用我国城镇企业职工基本养老保险不同年龄参保人群建立了弹性延迟退休个人账户养老金替代率及财政负担的精算模型。依据精算假设，模拟测算了2030年初、2040年初及2050年初个人账户养老金的财政负担及2030年初的养老金替代率水平。研究了计发月数、缴费率、工资增长率及增值率等对个人账户养老金财政负担的影响程度。利用精算方法测算弹性延迟退休养老金个人账户未来支出及财政负担。为了减轻财政负担，本书建立了分析养老金制度代际公平性的精算模型，提出了弹性退休养老金奖惩方案，根据多种奖惩方案模拟测算的对比分析发现了具有最优代际公平性的养老金奖惩机制。

从实证研究结果来看，主要有如下结论：

①弹性延迟退休，个人账户的财政负担会有逐年下降的趋势，这主要是因为一方面弹性退休在尊重个人意愿的条件下增加了个人账户

的收入，延迟了退休时间也减少了账户的支出，另一方面"过渡中人"群体也越来越少也减轻了个人账户的财政负担，说明弹性延迟退休制度在财务上表现出一定的可持续性。

②通过对 30 岁参保男性职工的研究发现：个人账户养老金财政负担与缴费率、工资增长率、个人账户增值率同向变动；与计发月数呈反向变动。各因素的影响程度由强到弱依次是缴费率、工资增长率、记账利率和计发月数。增加计发月数，会减少超计发月数，降低个人账户养老金财政负担。提高缴费率、提高工资增长率及个人账户增值率等都将增加个人账户积累额和养老金待遇水平，若其退休后余命超过计发月数将导致超过计发月数的养老金支出增加，从而个人账户养老金财政负担增大。

③通过对 30 岁参保男性职工的研究发现：个人账户养老金替代率与缴费率、增值率呈同向变动；与计发月数、工资增长率呈反向变动。各因素对男性个人账户养老金替代率的影响程度由强到弱依次为计发月数、缴费率、工资增长率和增值率；对女性的影响程度由强到弱依次为计发月数、工资增长率、缴费率和增值率。

④如果我国实施弹性延迟退休，笔者主张养老金设计的奖励点数不宜过高，可以考虑将我国的养老金支付的奖励点数男性控制在 4%左右，女性控制在 6% 左右。

这些研究有利于分析养老金个人账户的长期财务状况，便于发现潜在支付风险。有利于相关主管部门通过体现代际公平的奖惩机制设计激励参保者延迟退休，为制订财务可持续的弹性延迟退休政策方案具有重要的理论价值与现实意义。

（2）本书假定基金收入与支出相依条件下借助 Copula 函数对收入账户与支出账户的依存关系进行分析，建立回归模型。在此基础上引用金融风险测度的方法，提出了置信水平为 $1-p$ 预期赤字和收入预期赤字比的新的一定置信度下的两种养老金账户支付风险测度工具。运用我国 1997 ~ 2020 年的相关经济指标数据对不同置信水平的 2022 ~ 2040 年城镇职工基本养老保险基金的支付风险进行了测算，弥补了现有学术界对养老金账户支付风险评估的标准简单，且估计水平无法给出置信度支持的缺陷。

从实证研究结果来看，主要有如下结论：

①从纵向来看，在不同的置信水平我国城镇职工养老金账户 2022 年预期收入大于预期支出，其中乐观估计预期余额在 6 400 亿 ~ 7 300 亿元之间，保守估计在 5 800 亿 ~ 6 300 亿元之间。从 2025 年开始会出现预期赤字。2025 年乐观估计预期赤字在 230 亿 ~ 650 亿元之间，保守估计在 1 300 亿 ~ 2 400 亿元之间；2030 年乐观估计预期赤字在 1 300 亿 ~ 1 900 亿元之间，保守估计在 2 600 亿 ~ 3 200 亿元之间；2035 年乐观估计预期赤字在 50 000 亿 ~ 60 000 亿元之间，保守估计在 640 000 亿 ~ 73 000 亿元之间；2040 年乐观估计预期赤字在 73 000 亿 ~ 87 000 亿元之间，保守估计在 93 000 亿 ~ 1 240 000 亿元之间。从横向看，在 95% 的置信水平下，2022 ~ 2040 年预期赤字乐观与保守估计的变动水平会从 1 500 亿元左右（余额）增加到 39 000 亿元左右；在 90% 的置信水平下，2022 ~ 2040 年预期赤字乐观与保守估计的变动水平会从 1 300 亿元左右（余额）增加到 30 000 亿元左右；在 80% 的置信水平下，2022 ~ 2040 年预期赤字乐观与保守估计的变动水平会从 850 亿元左右（余额）增加到 23 000 亿元左右；在 70% 的置信水平下，2022 ~ 2040 年预期赤字乐观与保守估计的变动水平会从 630 亿元左右（余额）增加到 15 000 亿元左右；在 60% 的置信水平下，2022 ~ 2040 年预期赤字乐观与保守估计的变动水平会从 320 亿元左右（余额）增加到 9 000 亿元左右；在 50% 的置信水平下，2022 ~ 2040 年预期赤字乐观与保守估计的变动水平会从 150 亿元左右（余额）增加到 5 200 亿元左右。

②按照现有状况发展，我国城镇职工养老金账户 2022 年当年预

期赤字（账户结余）与预期收入账户、支出账户的比分别为 10% 和 7% 左右，收入账户与支出账户的财务平衡性较好。从 2025 年开始账户收支出现净赤字。2025～2050 年当年预期赤字与预期收入账户、支出账户的比均有逐年扩大的趋势。预期赤字与当年预期收入账户比在 25 年间会由 1.7% 增加到 128% 左右，预期赤字与当年预期支出账户比在 25 年间会由 1.6% 左右增加到 51% 左右，赤字负担较重。由表 3－12 也可以看出收入账户预期赤字比的增长速度远高于支出账户的预期赤字比，这是由于人口老年化、生育率下降及劳动人口减少等诸多原因造成收入账户逐年减少，支出账户逐年增加的原因导致。

（3）本书建立了弹性延迟退休我国城镇企业职工基本养老保险账户年度收益率、成本率和年度平衡值等相关精算模型，并对 2025～2075 年的各年的收益率、成本率和年度平衡值进行了测算，在此基础上，对未来各年的长期精算评估状态进行了精算分析。

从实证研究结果来看，主要有如下结论：

①实施弹性延迟退休，假设参保职工男性的预期退休年龄为 62.4 岁，女性为 53.3 岁，从基金率来看，2052 年以前，基金率均小于 100%，说明如果没有当年的养老金收入，则年初积累无法满足当年的养老金支出。2051 年以后，基金率均大于 100%。假设参保职工男性的预期退休年龄为 63.6 岁，女性为 56.6 岁。从 2023～2072 年 50 年养老金年度收入均大于年度支出。从基金率来看，2028 年以前，基金率均小于 100%，说明如果没有当年的养老金收入，则年初积累无法满足当年的养老金支出。2028 年以后，基金率均大于 100%。这说明实施弹性延迟退休，即使不考虑现有基金结存的情况下，养老金系统有极强的能力维持基金的年度收支平衡，收支风险可控。

②实施弹性延迟退休，假设参保职工男性的预期退休年龄为 62.4 岁，女性为 53.3 岁。在不包含起初结余的情况下 2032 年前精算平衡之均为正值。从 2031 年开始精算平衡值为负值。到 2037 年达

到高峰为 -17%，以后精算赤字逐渐降低，从 2043 年开始精算平衡值为正。在 2048~2072 年，在不包含期初基金的情况下精算平衡值在 8% 左右，包含期初基金的情况下，到 2072 年的精算平衡值达到 235%。假设参保职工男性的预期退休年龄为 63.6 岁，女性为 56.6 岁。从 2023~2072 年 50 年内，除 2037 年外精算平衡值均为正值。在不包含期初基金的情况下从 2068 年开始精算平衡值达到 16% 左右，包含期初基金的情况下，到 2072 年的精算平衡值达到 284%，表明即使不考虑现有基金结存的情况下，养老金账户具有较强的偿付能力。

③实施弹性延迟退休，假设参保职工男性的预期退休年龄为 62.4 岁，女性为 53.3 岁，在 2023~2042 年这 20 年内可以形成每年平均超过目标收入水平 1% 的基金支出。在 2043~2072 年，综合收入率大大高于综合成本率。制度的精算结余达到最高水平。实施弹性延迟退休制度在这 30 年内可以形成每年平均超过目标支出水平 18% 的基金积累。在 2023~2072 年的 50 年期间，平均来看，每年的精算结余可以分别达到 4%。假设参保职工男性的预期退休年龄为 63.6 岁，女性为 56.6 岁。在 2023~2042 年这 20 年内可以形成每年平均超过目标支出水平 4% 的基金积累。在 2043~2072 年这 30 年内可以形成每年超过目标支出水平 26% 的基金积累。在 2023~2072 年的 50 年期间，平均来看，每年的精算结余可以达到 12%。说明实施弹性延迟退休可以保证我国城镇职工的基本养老保险制度实现长期的精算平衡。

④弹性延迟退休制度可以通过封闭精算平衡检验。

5.2　对策建议

弹性延迟退休是以弹性方式延长退休时间，虽然有利增加养老基金收入，减少养老金支出。但是我国养老金账户的支付风险是由多种因素形成的，包括制度转轨的"转制成本"、退休年龄偏低、退休待遇刚性调整等制度因素及人口老龄化等社会因素等造成。因此为有效防控养老基金支付风险，需要中央做好人口、基金监管、制度参数设计以及统筹管理等配套制度的顶层设计。

（1）完善鼓励人口生育等方面的配套措施

为维持人口总量平衡，保障经济增长，政府可能为应对人口少子化付出更多的人力、物力和财力，需要从宣传和切实奖励上多下功夫，转变居民观念，进一步保障民生，使人们想生、敢生、能生。

第一，各级政府部门应尽快制定鼓励生育的配套政策，提高政府对于新生人口的抚养支出，减少家庭负担，并加强宣传，提升适龄人口生育意愿。这方面，我国如甘肃、四川、江苏及新疆等省、自治区已率先行动起来。

第二，政府应对加大医疗设施的投入，切实提高适龄妇女的生育保障，对生育、医疗及教育等费用采取优惠政策，有条件地区可鼓励全部减免。

第三，政府应在提升人口质量和生育水平方面大幅增加财政投入的力度。

（2）建立健全养老金监管机制，确保养老金的保值增值

第一，借鉴发达国家的经验并结合我国实际情况，建立健全养老基金监督工作的长效机制。通过设置科学合理的养老金监管指标评估体系对养老金运营各环节进行评估和监督，形成以政府监督为主体，养老金内部监督为核心，社会监督为补充的多层次监管体系，对养老金运营的各环节进行全方位监督，切实保证养老金在各个环节的安全，防止被挪用，以及进行高风险投资。在多方位监管的基础上，引入第三方审查制度，进一步规范监督工作，促进养老金科学、合理、透明的运营。

第二，为了实现养老金的保值和增值，应增强养老金投资的多元

化、选择套利交易及选择一级市场股权投资等风险较低的方式来保证养老金本金的安全，在风险可控的前提下实现合理收益，提高养老金在资本市场投资收益率。

（3）因应我国老龄化现状，必须优化制度参数设计

随着我国居民的平均预期寿命的增加以及国家的不断提高的养老保障水平，预示着养老基金的支付压力越大，抚养比和老龄化程度对支付压力有负向影响，因此为防范支付风险，需要我国实际情况出发灵活提高退休年龄，建立延迟退休的养老金激励机制，减少支付规模。激励机制的设计需要考虑如下方面：

首先，由于各个行业的个人账户积累水平的不同，以及男女参保职工由于退休制度所决定的工作年限的不同等因素导致了即使实施弹性延迟退休年龄政策，对不同年龄层次、不同收入以及不同性别群体产生的影响也不一样，仍然会产生养老金水平的行业差距和性别差距，因此不同群体在这方面有着不同的利益诉求，养老金激励机制设计需要从我国实际情况出发，充分照顾到这些利益诉求。如果奖励点数设置得过高，会加大这种差距，不利于我国基本养老保险制度的可持续发展。

其次，我国居民的预期寿命要比西方国家低，现行养老制度所能够提供的整体保障水平不高，特别是企业职工养老金已经处于较低水平，勉强能维持退休职工的基本生活，如果奖励点数设置得过高，也会加大不同群体养老金水平的相对差距，弱化我国职工基本养老保险的二次分配属性。

最后，我国养老金制度转轨和人口老龄化引发的养老金缺口很大，如果奖励点数设置得过高，不仅会增加国家的财政负担，加剧我国养老金账户的支付风险。同时对于因为身体、家庭等各方面原因而不得不提早退休的老人来说，其养老待遇必然会显著降低，这样也会引起代际公平性方面的问题。

（4）优化全国统筹的中央和地方政府支出的责任分担机制

我国从 2022 年 1 月已经开始实施养老保险的全国统筹，实施弹性延迟退休后，坚持养老金的全国统筹理模式能够充分发挥统筹模式在全国范围内对地区间养老保险基金余缺调剂，确保养老金按时足额发放、在制度上解决了基金的结构性矛盾问题等方面的优势。当然要更好地发挥养老统筹的政策优势，必须合理分担中央和地方政府的支出责任。中央财政要对西部地区省份养老保险的补助力度要保持稳定性和连续性，同时也要明确地方政府的支出责任。国家需要在养老保险政策、基金管理、经办服务、信息系统等方面加强统一管理水平，进一步提升整体保障能力，增强制度的统一性和规范性。

（5）加快多层次、多支柱养老金体系建设

养老金制度改革的出路不仅在于体制内的模式选择和参数设计，还在于如何处理好体制外代际间的生产、消费、再分配关系。必须加快推进我国多层次、多支柱养老金体系建设，对第一支柱基本养老金不仅要解决存量的优化分配问题，还要通过增强养老金投资的多元化将流量做大做强。壮大养老金的积累水平。大力发展企业年金、职业年金，提高企业年金覆盖率，规范发展养老保险第三支柱，推动个人养老金发展。

参 考 文 献

[1] 陈沁，宋铮. 城市化将如何应对老龄化？——从中国城乡人口流动到养老基金平衡的视角 [J]. 金融研究，2013 (6)：1 - 15.

[2] 封进，胡岩. 中国城镇劳动力提前退休行为的研究 [J]. 中国人口科学，2008 (4)：88 - 94.

[3] 郭永斌. 我国养老保险资金缺口的评估和可持续性分析 [J]. 南方金融，2013 (4)：62 - 69.

[4] 李红艳，唐莉霞. 缴费年限对养老保险基金支付风险的影响研究 [J]. 保险研究，2019 (9)：113 - 127.

[5] 廖少宏. 提前退休模式与行为及其影响因素——基于中国综合社会调查数据的分析 [J]. 中国人口科学，2012 (3)：96 - 112.

[6] 刘昌平，毛婷，常懿心. 基于代际公平的城镇职工基本养老保险最优缴费率研究 [J]. 社会保障研究，2021 (1)：43 - 53.

[7] 吕学静，李佳. 流动人口养老保险参与意愿及其影响因素的实证研究——基于"有限理性"学说 [J]. 人口学，2014 (4)：14 - 23.

[8] 单戈，王晓军. 应对长寿风险的分红年金：随机精算建模与应用 [J]. 数理统计与管理，2017，36 (3)：419 - 428.

[9] 尚勤，秦学志. 随机死亡率和利率下退休年金的长寿风险分析 [J]. 系统工程，2009 (11)：56 - 61.

[10] 苏春红，李松. 养老金支付风险预测及延迟退休作用评

估——以 S 省为例 [J]. 财政研究，2016 (7)：23 – 31.

[11] 孙荣. 弹性退休制下退休年金的随机精算模型与模拟测算 [J]. 工程数学学报，2016，33 (2)：111 – 119.

[12] 汪泽英，曾湘泉. 中国社会养老保险收益激励与企业职工退休年龄分析 [J]. 中国人民大学学报，2004 (6)：74 – 78.

[13] 王春兰，叶尚斌. 我国城镇居民养老金缺口建模及预测 [J]. 统计与决策，2015 (8)：160 – 162.

[14] 王陆安，骆正清. 个人账户养老金缺口的精算模型与实证研究 [J]. 数学的实践与认识，2010 (24)：33 – 38.

[15] 王晓军，蔡正高. 死亡率预测模型的新进展 [J]. 统计研究，2008 (8)：80 – 84.

[16] 王晓军，米海杰. 养老金支付缺口：口径、方法与测算分析 [J]. 数量经济技术经济研究，2013 (10)：49 – 61.

[17] 王晓军. 社会保险精算原理与实务 [M]. 北京：中国人民大学出版社，2009.

[18] 王勇，隋鹏达，关晶奇. 金融风险管理 [M]. 北京：机械工业出版社，2014.

[19] 王震. 人口流动与养老地区的差距——基于回归的不平等分析 [J]. 劳动经济研究，2017 (1)：61 – 82.

[20] 魏臻，梁君林. 中国养老保险制度并轨资金缺口的动态模拟 [J]. 人口与发展，2016 (4)：49 – 64.

[21] 夏波光. "提前退休"养老基金永远的痛 [J]. 中国社会保障，2001 (5)：6 – 10.

[22] 许燕，杨再贵. 基于 GM (1，1) 模型的城乡居民基本养老保险参保率测算 [J]. 保险研究，2019 (4)：116 – 127.

[23] 阳义南，才国伟. 推迟退休年龄和延迟领取基本养老金年龄可行吗——来自广东省在职职工预期退休年龄的经验证据 [J]. 财

贸经济，2012（10）：111 – 122.

[24] 阳义南. 基本养老保险制度激励提前退休的实证研究 [J]. 财贸研究，2013（3）：91 – 98.

[25] 杨再贵，石晨曦. 国外养老金代际公平论争及启示 [J]. 国外理论动态，2015（11）：63 – 69.

[26] 杨再贵，石晨曦. 企业职工个人账户养老金的财政负担与替代率 [J]. 财政研究，2016（7）：80 – 91.

[27] 姚金海. 基本养老保险个人账户收支平衡风险评估及对策 [J]. 上海经济研究，2020（5）：73 – 80.

[28] 张勇. 养老金奖惩机制与延迟退休 [J]. 社会保障评论，2021，5（3）：52 – 61.

[29] 张震，马茜. 中国出生性别比转变的人口老龄化后果：前景与对策 [J]. 人口研究，2022，46（1）：3 – 16.

[30] 赵苗苗，肖鸿民，白爱琴. 用预期寿命预测中国未来人口死亡率 [J]. 应用数学进展，2021，10（5）：32 – 45.

[31] 赵明，王晓军. 保险公司长寿风险度量 [J]. 统计研究，2015（12）：72 – 83.

[32] 钟仁耀，马昂. 弹性退休年龄的国际经验及其启示 [J]. 社会科学，2016（7）：64 – 74.

[33] 周志波，潘欣欣，姜松. 我国养老保险精算管理研究——基于国际养老保险精算平衡制度的借鉴 [J]. 当代金融研究，2019，10（1）：100 – 108.

[34] A. E. Van Heerwaarden, R. Kaas, M. J. Goovaerts. Optimal reinsurance in relation to ordering of risks [J]. Insurance：Mathematics and Economics，1989（8）：11 – 17.

[35] Ait – Sahalia Y. , Jacod J. Testing for jumps in a discretely observed process [J]. Annalas of Statistics，2009（37）：184 – 222.

[36] Artzner P. , Delbae F. , Eber J. M. Thinking coherently—generalised scenatios rather than VAR should be used when calculating regulatory capital [J]. Risk, 1997, 10 (11): 68 –71.

[37] Artzner P. , Delbaen F. , Eber J. M. , Heath D. Coherent measures of risk [J]. Math. Finance, 1999, 9 (3): 203 –227.

[38] Bibby B. M. , Jacobsen M. , Sorensen M. EstiInating functions for discretely sampled diffusion—type models. In Handbook of Financial Econmetrics. Amsterdam: North—HolIand, 2002.

[39] Bibby B. M. , Sorensen M. Martingale estimation functions for discreteIy observed diffusion processes [J]. Bern-oulli, 1995 (1): 17 –39.

[40] Bino P. G. Demographic dividend or defict: insights from data on india laboour [J]. International Journal of education economics and development, 2019, 1 (2): 142 –155.

[41] Cairns A. J. G, Blake D. and Dowd K. Pricing death: frameworks for the valuation and seeuritization of mortality risk [J]. Astin Bulletin, 2006, 36 (1): 79 –120.

[42] Cairns A. J. G. , Blake D. , Dowd K. , Coughlan G. D. , Epstein D. , Ong A. , Balevich, I. A quantitative comparison of stochastic mortality models using data from England & Wales and the United States. Working Paper, Heriot – Watt University, and Pensions Institute Discussion Paper PI – 0701, 2007.

[43] Cairns A. J. G. , Blake D. , Dowd K. Pricing death: Frameworks for the valuation and securitization of mortality risk [J]. Astin Bulletin, 2006 (36): 79 –120.

[44] Cairns A. J. G. , Blake D. , Dowd K. The plausibility of mortality density forecasts: an analysis of six stochastic mortality mod-

els. Working Paper, Heriot – Watt University, and Pensions Institute Discussion Paper PI – 0801, 2008.

[45] Cai W. Wei. Optimal reinsurance with positively dependent risk [J]. Insurance: Mathematics and Economics, 2012 (50): 57 – 63.

[46] C. C. L. Tsai. On the stop-loss transform and order for the surplus process perturbed by diffusion [J]. Insurance: Mathematics and Economics, 2006 (39): 151 – 170.

[47] Comte F. , Genon-Catalot V. , Rozenholc Y. Penalized nonparametric mean square estimation of the coefficients of diffusion processes [J]. Bernoulli, 2007 (13): 514 – 543.

[48] Currie I. D. Smoothing and forecasting mortality rates with P – splines. Talkgiven at the Institute of Actuaries, June 2006. Available at http: //www. ma. hw. ac. uk/ ~ iain/ research /talks. html.

[49] Denneberg D. Non-additive measure and integral [M]. Springer – Verlag, Berlin, 1994.

[50] Dobric J. , Schmid F. A goodness of flt test for copulas based on Rosenblatt's transformation [J]. Computational Statistics and Data Analysis, 2007 (51): 4633 – 4642.

[51] Fan J. , Zhang C. A re-examination of diffusion estimations with applications of financial model Validation [J]. Journal of the American Statistcal Association, 2003 (98): 118 – 134.

[52] Federico M. B. , Thong H. N. On the functional estimation of jump-diffusion [J]. Journal of Econometrics, 2003 (116): 293 – 328.

[53] Fermanian J. D. Goodness-of-fit test for couplar [J]. Journal of multivariate analysis, 2005, 95 (1): 119 – 152.

[54] Föllmer H. , Schied A. Stochastic. Finance – An Introduction in Discrete Time. second edition [M]. Springer – Verlag, Berlin, 2004.

[55] Florens-Zmirou D. Approximate discrete time schems for statistics of diffusion processes [J]. Statistics, 1989 (20): 547 – 557.

[56] F. X. Hu, R. M. Wang. Optimal allocation of policy limits and deductibles in a model with mixture risks and discount factors [J]. Journal of Computational and Applied Mathematics, 2010 (234): 2953 – 2961.

[57] Genest C. , Quessy J. F. , Remillard B. Goodness-of-fit procedures for Copulas models based on the integral probability transformation [J]. Scandinavian Journal of Statistics, 2006, 33 (2): 337 – 366.

[58] G. H. Hard, J. E. Littlewood, G. Poyla. Inequalities 2nd ed [M]. Cambridge University Press, Cambridge, 1952.

[59] H. Buhlmann, B. Gagliardi, H. U. Gerber, E. Straud. Some inequalities for stop-loss permiums [J]. Astin Bulletin, 1997 (9): 75 – 83.

[60] Huang W. L. Prokhorov A. A Goodness-of-fit test for copulas [J]. Econometric Reviews, 2014, 33 (7): 751 – 771.

[61] Hui E. , Yu K. Residential mobility and aging population in Hong Kong? [J]. Habitat International, 2009 (33): 10 – 14.

[62] Jagadeesh Gokhale, Benjamin R. Page, John Sturrock. Generational accounts for the United States: An Update [J]. Americ Economic Review [J]. 1999, 90 (2): 293 – 296.

[63] K. C. Cheung. Optimal allocation of policy limits and deductibles [J]. Insurance: Mathematics and Economics, 2007 (41): 291 – 382.

[64] Kristensen, D. Estimation in two classes of semiparametric diffusion models. FMG Discussion Papers DP500, London School of Economics, 2004.

[65] Kristensen D. Pseudo-maximmum likelillood estimation in

twoclasses of semiparametric diffusion models [J]. Journal of Econometrics, 2010 (156): 239 – 259.

[66] Kupiec P. H. Techniques for verifying the accuracy of risk measurement models [M]. Division of Research and Statistics, Division of Monetary Affairs, Federal Reserve Board, 1995.

[67] Lee R. D., Carter L. R. Modelling and forecasting US mortality [J]. Journal of the American Statistical Associa-tion, 1992 (87): 659 – 675.

[68] L. Hua, K. C. Cheung. Stochastic orders od scalar products with applications [J]. Insurance: Mathematics and Economics, 2008 (42): 865 – 872.

[69] L. Hua, K. C. Cheung. Worst allocations of policy limits and deductibles [J]. Insurance: Mathematics and Economics, 2008 (43): 93 – 98.

[70] Linter J. The valuation of risk assets and selection of risky investments in stock Portfolio and capital budgets J. Review of Economics and Statistics, 1965, 47 (1): 13 – 37.

[71] Li S. G., Peng J., Zhang B. The uncertain premium principle based on the distortion function [J]. Insur: Math Econ, 2013, 53 (5): 317 – 324.

[72] Liu B. Uncertain random graph and uncertain random network [J]. J. Uncertain Syst, 2014, 8 (1): 3 – 12.

[73] Liu B. Uncertain risk analysis and uncertain reliability analysis [J]. J. Uncertain Syst, 2010, 4 (3): 163 – 170.

[74] Liu B. Uncertainty theory: a branch of mathematics for modeling human uncertainty [M]. Springer – Verlag, Berlin, 2010, b.

[75] Liu B. Uncertainty theory, second [M]. Springer – Verlag,

Berlin, 2007.

［76］ Liu Y. H. , Ha M. H. Expected value of function of uncertain variables ［J］ J. Uncertain. Syst, 2010, 4 (3): 181 – 186.

［77］ Liu Y. , Ralescu A. D. Risk index in uncertain random risk analysis ［J］. Int. J. Uncertain. Fuzz, 2014, 22 (4): 491 – 504.

［78］ Liu Y. Uncertain random logic and uncertain random entailment. Technical Report, 2013.

［79］ Liu Y. Uncertain random programming with applications ［J］. Fuzzy Optim. Decis. Ma. 2013, 12 (2): 153 – 169.

［80］ Liu Y. Uncertain random variables: A mixture of uncertainty and randomness ［J］. Soft Comp, 2013, 17 (4): 625 – 634.

［81］ MaeMinn R. , Broekett P. and Blake D. Longevity risk and capital markets ［J］. The Journal of Risk and Insur-ance, 2006, 73 (4): 551 – 557.

［82］ Marcus A. , Sun J. , Yao Q. On the dual representation of coherent risk measures ［J］. Ann Oper Res, 2015 (3): 1 – 18.

［83］ M. Denuit, C. Vermandele. Lorenz and excess wealth order, with application in reinsurance theory ［J］. Scan-dinavian Actuarial Journal, 1999 (2): 170 – 185.

［84］ Milevsky M. A. , Promislow S. D. and Young V. R. Killing the law of large numbers: mortality risk premiums and the sharpe ratio ［J］. The Journal of Risk and Insurance, 2006, 73 (4): 673 – 686.

［85］ Morgan J. P. Risk metrics TM – technical document, fourth ［M］. Morgen Guaranty Trust Companies, New York, 1996.

［86］ M. Shaked, J. G. Shanthikumar. Stochastic orders and their applications ［M］. Academic Press, London, 2007.

［87］ N. Bauerle, A. Glauner. Optimal risk allocation in reinsurance networks [J]. Insurance: Mathematics and Economics, 2018 (82): 37 – 47.

[88] Nelsen R. B. An introduction to copulas [M]. Springer Science & Business Media, 2006.

[89] Nicolau, J. Nonparametric estimation of scend-order stochastic differential equations [J]. Econometric Theory, 2007 (23): 880 – 898.

[90] Nishiyama, Y. A note on semiparametric estimation for ergodic diffusion processes. Unpublished paper (2009).

[91] Oakes D. Multivariate survival distributions [J]. Journaltitle of Nonparametric Statistics, 1994, 3 (3 – 4): 343 – 354.

[92] Peng Z. X. , Iwamura K. A sufficient and necessary condition of uncertainty distribution [J]. J. Interdiscip. Math, 2010, 13 (3): 277 – 285.

[93] Renshaw, A. E. and Haberman, S. A cohort-based extension to the Lee – Carter model for mortality reduction factors [J]. Insurance: Mathematics and Economics, 2006 (38): 556 – 570.

[94] Rockafellar R. T. , Uryasev S. , Zabarankin M. Generalized deviation in risk analysis [J]. Financ Stoch, 2006 (10): 51 – 74.

[95] Roy A. D. Safety-first and the holding of assets [J]. Econometrica, 1952 (20): 431 – 449.

[96] S. Ariyafa, M. Tata, M. Rezapour, M. Madadi. Comparison of aggregation, minimum and maximum of two risky portfolios with dependent claims [J]. Journal of Multivariate Analysis, 2020 (178): 1 – 15.

[97] Sharpe W. Capital asset prices [J]. Journal of Finance, 1964, 19 (3): 425 – 442.

[98] Shih, J. H. , Louis, T. A. Inferences on the association parameter in copula models for bivariate survival data [J]. Biometrics,

1995: 1384 – 1399.

[99] Shoji, I. Semiparametric estimation of volatility functions of diffusion processes from discretely observed data. Unpublished paper, 2008.

[100] Shu L. The effect of the new social pension insurance program on the retirement and labor supply decision in china [J]. Journal of the Economic of Ageing, 2018, 12 (11): 135 – 150.

[101] Sklar M. Fonctions de repartition an dimensions et leurs marges [J]. Publ. inst. statist. univ. Paris, 1959 (8): 229 – 231.

[102] Stallard E. Demographic issues in longevity risk analysis [J]. The Journal of Risk and Insurance, 2006, 73 (4): 575 – 609.

[103] Stanton, R. A nonparametric model of term structure dynamics and the market price of interest rate risk [J]. The Journal of Finance, 1997 (52): 1973 – 2002.

[104] Tang, C. Y. , Chen, S. , X. Parameter estimation and bias correction for diffusion processes [J]. Journal of Econometrics, 2009 (149): 65 – 81.

[105] Wen M. L. , Kang R. Reliability analysis in uncertain random system [J]. Fuzzy Optim. Decis. Ma, 2016, 15 (4): 1 – 16.

[106] W. Feller. An introduction to probability theory and its applications [M]. Volume II, Wiley, New York, 1971.

[107] W. Zhang, Z. Chen, T. Hu. Optimal allocation of policy limits and deductibles under distortion risk measures [J]. Insurance: Mathematics and Economics, 2009 (44): 409 – 414.

[108] Xu, K. L. Re-weighted functional estimation of diffusion models [J]. Econometric Theory, 2010 (26): 541 – 563.

[109] Y. Cheng, J. S. Pai. On the nth stop-loss transform order of ruin probability [J]. Insurance: Mathematics and Economics, 2003 (32): 167 –

175.

［110］ Z. Liu, L. Meng. Stochastic comparisons for allocations of policy limits and deductibles with applications ［J］. Insurance: Mathematics and Economics, 2011 (48): 338 – 343.

后　　记

　　我国民政部发布的《2022年民政事业发展统计公报》显示，截至2022年底，全国60周岁及以上老年人口28 004万人，占总人口的19.8%，我国已进入中度老龄社会。其中65周岁及以上老年人口20 978万人，占总人口的14.9%。从未来发展趋势来看，我国的老龄化程度仍在不断加深，而步入深度老龄化社会的城市也在不断扩容，这对养老保险体系的压力不小。为应对人口老龄化对我国现有社会基本养老保险制度的冲击，中央需要进行新的顶层制度设计。延迟退休无疑是一个改革的大方向，但从我国国情出发，必须选择制度转轨这种社会成本最小的延迟方式。弹性延迟退休的最大特点是有弹性空间，公民拥有选择权，即采取自愿的原则，让公民在制度框架内自行选择自己的退休年龄。鉴于我国的人口年龄结构、人口的教育水平以及人口抚养比等因素的变化等实际情况，弹性延迟退休具有可行性，应当是未来我国社会养老保险制度改革的选项之一。作者一直从事养老保险精算问题研究，基于一位普通研究者的社会责任，撰写此专著的目的就是从保险精算的角度分析弹性延迟退休条件下养老金个人账户未来支出及财政负担，发现是否存在潜在支付风险。希望专著中的相关研究成果可以为政府相关部门制订财务可持续的保证公平性的弹性延迟退休政策方案、促进我国养老保障事业的高质量发展提供有价值的精算参考。

孙　荣

2024年3月